Universale Economica

RAYMOND CHANDLER
BLUES DI BAY CITY
e altri racconti

Traduzione di Attilio Veraldi

Feltrinelli

Titoli delle opere originali
MANDARIN'S JADE
© 1937 by Raymond Chandler
BAY CITY BLUES
© 1938 by Raymond Chandler
THE LADY IN THE LAKE
© 1939 by Raymond Chandler
NO CRIME IN THE MOUNTAINS
© 1941 by Raymond Chandler

Traduzione dall'inglese di
ATTILIO VERALDI

© Giangiacomo Feltrinelli Editore Milano
Prima edizione nella collana "Il brivido e l'avventura" novembre 1964
Prima edizione nell'"Universale Economica" giugno 1975
Settima edizione giugno 2000

ISBN 88-07-80720-3

La giada cinese

1

Trecento carati di Fei Tsui

Stavo fumando la pipa nel mio ufficio e contemplando, al rovescio, il mio nome scritto sul pannello di vetro della porta, quando Violetta M'Gee mi chiamò al telefono. Era da una settimana che non vedevo clienti.

"Come va il mercato della malavita, lince?" chiese. Violetta M'Gee è nella squadra omicidi dello sceriffo. "Ti va qualcosa di nuovo? Guardia del corpo o roba del genere, eh?"

"Qualunque cosa, purché abbia a che fare coi dollari, tranne ammazzamenti. Per quello che dici tu, tre fogli da cinquanta."

"Farai un ottimo lavoro, ne sono sicuro. Eccoti l'indirizzo, John."

Mi diede nome, indirizzo e numero di telefono di un certo Lindley Paul — viveva a Castellamare, era uno scopasalotti, portava la marsina dappertutto eccetto che sul lavoro, perché era l'unico posto dove non andava mai, viveva solo con un servo giapponese e guidava un macchinone immenso, presidenziale. Quelli dello sceriffo non avevano niente contro di lui, tranne un po' d'invidia per il fatto che se la spassava un po' troppo.

Castellamare è ai confini della città, ma non ha per niente l'aria del quartiere di periferia: qualche decina di case grandi e piccole aggrappate al fianco d'una montagna in modo cosí precario che, pare, basta una brezza leggera per farle rotolare giú sulla spiaggia, tra i bossi. C'è un caffè tipo Parigi sulla strada e, poco oltre questo, un'arcata di cemento che in realtà è un cavalcavia per i pedoni. Dall'estremità di questo una fuga di gradini di cemento bianco s'inerpica dritto su per il fianco della montagna.

Per telefono, il signor Lindley Paul mi aveva detto che se non mi pesava farla a piedi, la Quinonal Avenue era la terza strada in salita. E, aveva aggiunto, secondo lui era piú semplice andarci a piedi la prima volta, se si voleva trovare il posto, visto che quelle strade erano tutte un intricato groviglio di curve, sapeva di gente che ci aveva scarrozzato per ore, senza percorrere piú strada di un verme in un barattolo.

Cosí parcheggiai lí sotto la mia Chrysler azzurra e affrontai i gradini di cemento. Una serata magnifica: quando m'avviai il mare sotto di me era ancora tutto cosparso di riflessi; ma quando arrivai in cima erano scomparsi. Mi sedetti sull'ultimo gradino a massaggiarmi i polpacci e ad aspettare che mi passasse il fiatone. Dopodiché mi scrollai la camicia che mi s'era appicicata addosso e puntai sulla casa, ch'era l'unica in vista.

Era abbastanza graziosa, ma non da ricconi. Una scaletta di ferro tutta incrostata di salmastro conduceva alla porta d'ingresso e alla rimessa, che stava di sotto. Lí dentro scorsi ancorata una lunga corazzata nera, un carrozzone immenso capace di contenere altre tre macchine, con una coda di coyote che svettava sul tappo del radiatore. A occhio e croce doveva essere costata piú della casa.

L'uomo che venne ad aprire la porta in cima alla scaletta di ferro indossava un completo di flanella bianca con un fazzoletto di seta viola avvolto con negligenza all'interno del colletto della camicia. Aveva un collo bruno delicato, che pareva il collo d'una donna robusta, lucidi occhi verde acquamarina, lineamenti forse un tantino cascanti ma belli, capelli biondi e folti che spiovevano dalla fronte bruna formando tre precisi ciuffetti. Sarà stato qualche centimetro piú alto di me — mettiamo uno e ottantacinque — e, nel complesso, aveva l'aria del tipo che può indossare un completo di flanella bianca con un fazzoletto di seta viola al collo.

Si schiarí la voce e, guardando oltre la mia spalla sinistra, disse:

"Sí?"

"Sono l'uomo che aspettava. Quello raccomandato da Violetta M'Gee."

"Violetta? Grandio, che nome bizzarro. Vediamo un po', lei si chiama..."

Esitò e io lo lasciai fare fino a quando non si schiarí

nuovamente la gola e fece vagare i suoi occhi acquosi a parecchi chilometri di distanza sopra la mia spalla, la destra questa volta.

"Dalmas," suggerii infine. "Come nel pomeriggio, tale e quale."

"Oh, si accomodi, signor Dalmas. Sono certo che vorrà scusarmi. Il cameriere ha la sua serata di libertà, cosí devo..." Sorrise con disapprovazione nel chiudere la porta, come se il fatto di averla aperta e chiusa con le proprie mani gliele avesse in qualche modo sporcate.

La porta dava su un ballatoio che girava, per tre quarti, intorno a un vasto soggiorno, nel quale scendemmo per tre gradini posti subito dopo la porta. Con un cenno delle sopracciglia, Lindley Paul m'indicò una sedia rosa garofano; mi ci andai a sedere sperando di non lasciar tracce.

Era il tipo di stanza in cui la gente si siede a terra su cuscini, con le gambe incrociate alla turca, succhiando zollette di zucchero imbevute d'assenzio e parlando dal fondo della gola, o al massimo, emettendo gridolini. C'erano bassi scaffali di libri lungo tutto il ballatoio, sotto di questo, e pezzi di scultura spigolosa in argilla verniciata, su piedistalli; qualche divanetto accogliente, delle frange di seta che sbattevano qua e là contro le lampade, e cosí via. C'era anche un gran pianoforte a coda in bois-de-rose su cui trionfava un enorme vaso con dentro una sola rosa gialla e, sotto le gambe intagliate, un tappeto cinese color pesca, sul quale un topo avrebbe potuto sbizzarrirsi in tutta comodità una settimana intera senza mai sporgere il muso fuori.

Lindley Paul andò ad appoggiarsi nell'ansa del piano a coda e, senza offrirmene, s'accese una sigaretta. Buttò il capo all'indietro per rovesciare il fumo verso il soffitto, e in questo gesto il suo collo sembrò piú che mai il collo di una donna.

"Si tratta di una sciocchezza," disse, con noncuranza. "Forse non valeva nemmeno la pena di scomodarla. Ma ho pensato che tanto valeva mi prendessi una guardia del corpo. Però mi deve promettere di non sparare mai, né con la pistola né con altri strumenti del genere. Avrà una pistola con sé, immagino."

"Certo," risposi. "Certo." Notai la fossetta che aveva sul mento: c'entrava una moneta intera, di taglio.

"Be', non voglio che ne faccia uso, sa, niente cose del

genere. Devo incontrare un paio di tipi che mi venderanno una cosetta, e dovrò portarmi dietro un po' di soldi in contanti."

"Quanti e per comprare cosa?" chiesi, accendendomi una delle mie sigarette con uno dei miei fiammiferi.

"Be', veramente..." Il sorriso che fece era aggraziato, ma ci avrei piantato sopra la mano aperta senza pentirmi — quell'uomo non mi piaceva.

"È un incarico piuttosto delicato, un favore che faccio a un'amica. Preferirei non entrare nei particolari."

"Cosí, vuole solo che le venga dietro per porgerle il cappello?"

La sua mano ebbe un fremito e la cenere gli cadde sul polsino candido. Questo lo innervosí. Si accigliò; poi, a bassissima voce, col tono del sultano che suggerisce un cappio di seta per la donna dell'harem dei cui capricci ne abbia ormai piene le scatole, disse: "Non starà mica facendo l'impertinente, spero."

"Si vive di speranza."

Per un istante non mi tolse gli occhi di dosso. "Sto provando una maledetta voglia — darle un bel pugno sul naso," mi comunicò alla fine.

"È un po' troppo," risposi. "Dovrebbe essere piú in esercizio per poterselo permettere. Però la gente di spirito mi piace. Ma ora parliamo d'affari."

Non gli era passata ancora. "Ho chiesto una guardia del corpo," disse, freddo. "Se anche avessi un segretario personale non gli comunicherei certo tutti i miei affari privati."

"Li saprebbe comunque, se lavorasse da lei fisso. Li saprebbe benissimo, dal primo all'ultimo. Ma io lavoro a giornata, perciò devo sapere subito. Di che si tratta — ricatto?"

Dopo averci pensato su a lungo, disse: "No. Si tratta di una collana di giada Fei Tsui, del valore di almeno settantacinquemila dollari. Ha mai sentito parlare della giada Fei Tsui?"

"No."

"Be', beviamoci un cognac e gliene parlo. Sí, beviamoci un cognac."

Si allontanò dal pianoforte avanzando come un ballerino, senza muovere il corpo dalla vita in su. Spensi la sigaretta, annusai l'aria e mi sembrò di sentire odore di legno di sandalo. Poi Lindley Paul tornò con una bottiglia ch'era tutta una promessa e un paio di bicchieri panciuti.

Vi versò dentro un cucchiaio di roba e me ne porse uno. Lo mandai giú tutto d'un fiato e aspettai che la smettesse di farsi roteare il bicchiere sotto il naso e si decidesse a parlare. Ci volle un bel po'.

Quando finalmente cominciò a parlare aveva un tono di voce abbastanza gradevole: "La Fei Tsui è l'unica qualità di giada veramente pregevole. Il valore delle giade comuni consiste soprattutto nella lavorazione, quelle Fei Tsui hanno invece anche un valore intrinseco. Non se ne conoscono giacimenti non sfruttati, e le pietre in giro sono pochissime perché la maggior parte dei giacimenti sono stati ormai sfruttati da centinaia d'anni. Bene, una mia amica possedeva una collana di questa giada: cinquantuno grani cinesi, tutti intagliati, perfettamente appaiati, di sei carati circa ognuno. Purtroppo, fu rubata tempo fa. Rubarono solo la collana e niente altro, e fummo avvertiti — mi trovavo per caso con questa signora, e questa è una delle ragioni per cui affronto il rischio di questo 'pagamento' — di non avvertire né la polizia né la compagnia di assicurazioni, ma di aspettare soltanto una telefonata. La telefonata arrivò dopo un paio di giorni: il prezzo del riscatto venne fissato a diecimila dollari e l'ora per questa notte alle undici. Il posto ancora non m'è stato comunicato, ma dovrebbe essere qui vicino, dalle parti delle Palisades."

Scandagliai con lo sguardo il mio bicchiere panciuto: era vuoto. Lo scossi. Mi forní ancora un altro goccino di cognac. Gli feci fare la stessa fine della dose-madre e mi accesi un'altra sigaretta, una delle sue questa volta: una bella Virginia Straight Cut con su stampato il suo monogramma.

"È la banda dei gioielli," dissi. "E sono anche bene organizzati, altrimenti non saprebbero dove e quando procedere. La gente di solito non porta addosso gioielli di valore e, quando li porta, il piú delle volte son falsi. È difficile imitare la giada?"

"Come materiale no," fece Lindley Paul. "Ma come lavorazione — ci vorrebbe tutta una vita."

"Dunque non vale la pena di tagliare la pietra. Il che significa che non può essere ricettata se non per una parte piccolissima del suo valore effettivo, e che quindi il guadagno della banda sta solo nel prezzo del riscatto. Secondo me son pronti a tutto. Ha rimandato un po' troppo il problema della guardia del corpo, signor Paul. Come fa a sapere se la storia della guardia del corpo andrà a genio a quelli lí?"

"Non lo so, infatti," rispose, piuttosto a fatica. "Non sono un eroe, però. Nel buio mi piace stare in compagnia. Se la cosa va buca, va buca. In un primo momento avevo pensato di andarci da solo, ma poi mi sono detto: perché non tenere un amico nascosto nella mia macchina, per ogni eventualità?"

"Per l'eventualità, forse, che prendano il danaro buono e le diano in cambio un pacchetto fasullo? Come potrei prevenirlo? Se io comincio a sparare e salto fuori all'ultimo momento e il pacchetto è veramente fasullo, lei la sua giada non la rivede piú. L'intermediario dirà di non sapere chi c'è dietro la banda. Mentre, se non salto fuori, quelli spariranno prima che lei possa vedere che cosa le hanno lasciato. Potrebbero anche non darle niente; potrebbero dirle che glielo faranno avere per posta, dopo aver controllato se i soldi sono segnati. Sono segnati?"

"Miodio, no."

"Devono esserlo," brontolai. "Oggi esiste un sistema per cui si scopre il trucco solo al microscopio e alla luce nera. Ma per questo ci vuole una attrezzatura, il che significa polizia. Okay. Mi darò da fare io. La mia assistenza le costa cinquanta biglietti. Meglio darmeli ora, nel caso non dovessimo tornare. Mi piace palpeggiare la carta-moneta."

Il bel faccione si schiarí un poco. Disse, in fretta: "Beviamoci ancora un po' di cognac."

Questa volta me ne versò una dose come si deve.

Ci sedemmo ad aspettare la telefonata. In tasca, avevo i miei cinquanta biglietti.

Il telefono squillò quattro volte e dalla sua voce capii che si trattava di donne. La telefonata che aspettavamo non venne prima delle dieci e quaranta.

2

Perdo il cliente

Guidai io. O meglio, mi limitai a tenere fra le mani il volante del macchinone nero, lasciando che facesse tutto da solo. Indossavo un soprabito sportivo a colori vivaci e un cappello appartenenti entrambi a Lindley Paul. In una delle tasche avevo diecimila dollari in biglietti da cento. Paul sedeva dietro. Aveva una Luger decorata in argento che aveva un'aria molto gradassa, e mi augurai che sapesse usarla. Non c'era niente che mi piacesse in tutta quella faccenda.

L'incontro doveva aver luogo su al Purissima Canyon, a un quarto d'ora dalla casa di Lindley Paul, il quale disse che conosceva benissimo il posto e che non gli sarebbe stato difficile guidarmi.

Ci arrampicammo a zigzag su per il fianco della montagna finché mi venne il capogiro e, all'improvviso, sbucammo sulla statale, dove i fari del fiume di macchine formavano un solo e continuo fascio di luce, in qualunque direzione si guardasse. Autorimorchi, quasi tutti.

Dopo una stazione di servizio a Sunset Boulevard svoltammo verso l'interno. Eravamo soli adesso, e per un attimo fummo investiti dall'odore fortissimo della salvia selvaggia. Dall'alto d'una cima solitaria ci ammiccò la luce lontana e fioca d'una finestra. Una macchina ci venne incontro, rombando e abbagliandoci per un istante coi suoi fari. La luna crescente, alta nel cielo, si nascondeva di tanto in tanto dietro strati di caligine irrequieta.

"Da qui c'è il Bel-Air Beach Club," disse Paul. "Il prossimo canyon è Las Pulgas e l'altro dopo il Purissima. Giriamo in cima alla prossima altura." La sua voce era tesa, soffocata. Aveva perso tutta la petulanza da Park Avenue che aveva quando c'eravamo incontrati.

"'Tenga giú la testa," gli grugnii di rimando. "Potremmo essere spiati lungo la strada. Questa macchina salta agli occhi come una ciliegia sulla torta."

L'auto-ciliegia mi portava docile in salita quando: "Giri a destra, ora," mi bisbigliò lui, secco — eravamo in cima all'altura.

Portai il macchinone nero su un largo boulevard ricoperto da un tappeto d'erbacce, una strada abbandonata che non s'era mai solidificata in un'arteria di traffico. Sui marciapiedi non pavimentati svettarono le ombre nere dei lampioni lasciati incompleti. La sterpaglia straripava, da un'immensa distesa, sul cemento. Potevo sentire cantare i grilli e le raganelle tanto la macchina procedeva silenziosa.

A un centinaio di metri circa c'era una casa tutta buia: la gente se n'era andata a letto con le galline, evidentemente. Alla fine di questa strada il cemento s'interruppe

bruscamente e scivolammo giú per un pendio polveroso
fino a un terrapieno, poi ancora giú per un altro pendio
finché una transenna d'assi dipinte di bianco ci bloccò la
strada per traverso.

Udii un mormorio dietro di me e Paul, sporgendosi di
sopra al sedile, mi sussurrò, quasi in un singhiozzo: "Questo è il posto. Deve scendere e rimuovere quella transenna
e poi spingere la macchina fino al viottolo. Probabilmente
la cosa è stata studiata per impedirci una rapida uscita,
visto che per uscire con questo macchinone dobbiamo fare
doppia manovra. Vogliono avere tutto il tempo per andarsene."

"Zitto, e si tenga giú, a meno che non mi senta urlare."

Spensi il motore silenziosissimo e rimasi in ascolto. I grilli e le raganelle si fecero sentire piú forte. Si sentivano
solo loro. Lí intorno nessuno doveva muoversi, altrimenti
i grilli avrebbero smesso. Toccai il calcio freddo della pistola che avevo sotto l'ascella, aprii lo sportello della macchina, scivolai sull'argilla dura e lí rimasi. Sterpaglia tutt'intorno. Sentivo odore di salvia — ce n'era tanta da tener
nascosto un reggimento di fanteria. Mi avvicinai alla transenna.

Magari tutto questo era una prova: per vedere se Paul
faceva veramente come gli avevano detto di fare.

Afferrai un'estremità della transenna con tutt'e due le
mani e cominciai a spostarla di lato. Non era una prova:
da un cespuglio distante appena qualche metro fui colpito
in piena faccia dal fascio di luce piú accecante del mondo.

Una voce forte, piagnucolosa, da negro, risuonò nel buio
dietro la luce:

"Siamo in due e armati. Alza le manine bene in vista e
prega."

Non risposi; per un attimo rimasi con la transenna sollevata da terra. Paul, nella macchina, era morto; quasi non
respirava nemmeno. Poi il peso della transenna convinse i
muscoli, e la volontà che ci stava dietro, a metter tutto
giú. Lentamente sollevai le mani in alto. Ero inchiodato dal
fascio di luce come una zanzara, schiacciata da una pantofola contro la parete. Non pensavo a qualcosa di preciso, mi
chiedevo solo confusamente se noi due non avremmo potuto
procedere meglio.

"Cosí va bene," fece la voce aspra e piagnucolosa. "Tienile sempre alte cosí finché non ti sarò alle spalle."

Quella voce mi risvegliò vari e vaghi echi nella mente — ma niente di preciso, la mia memoria di solito rimbomba di tali echi. Mi chiesi cosa diavolo stesse facendo Paul. Intanto, una figura sottile si stagliò contro il fascio di luce; poi cessò d'essere ombra per tramutarsi in un leggero fruscio al mio fianco. Infine il fruscio mi si spostò alle spalle. Rimasi a mani alzate, sbattendo le palpebre contro la luce accecante.

Una mano leggerissima mi sfiorò la schiena, poi fu sostituita dalla bocca pressante d'una pistola. La voce più-o-meno-familiare annunciò: "Questo forse non ti farà tanto bene."

Poi una risatina e, ancora, un sibilo. Un lampo abbagliante m'accecò più di quanto fossi già accecato e un tuono m'esplose nel cranio. Mi accasciai sulla transenna, mi ci afferrai e lanciai un urlo. La mano destra cercò di corrermi sotto l'ascella sinistra.

Non udii il sibilo la seconda volta. Vidi soltanto il lampo bianco ingigantirsi sempre più, fino a divenire un solo e unico universo di bianca luce abbagliante. Poi sprofondai nel buio, nel quale qualcosa di rosso si contorceva come un microbo sotto il microscopio. Poi la cosa rossa scomparve, nulla più si contorse, e fu la tenebra assoluta e, più forte di tutte, la sensazione di precipitare inesorabilmente.

Mi svegliai con l'occhio sciocamente fisso a una stella e l'orecchio teso ad ascoltare due tipi in cappello nero che confabulavano tra loro.

"Lou Lid."
"Che dici?"
"Lou Lid."
"E chi è Lou Lid?"
"Uno scimmione corazzato. L'hai visto una volta alla Centrale sotto un terzo grado."
"Oh... Lou Lid."

Mi rigirai su me stesso, mi sollevai da terra e mi trascinai su un ginocchio. Poi mandai un gemito. Non c'era nessuno: ero io che, risuscitando, parlavo da solo. Cercai di riprendere l'equilibrio, con le mani piantate a terra, restando in ascolto e niente ascoltando. Quando alzai le mani, c'era fango attaccato alle palme e l'umore viscoso della salvia purpurea dal quale le api selvatiche ricavano il loro miele.

Miele dolce: troppo dolce e forte per il mio stomaco. Mi piegai in avanti e vomitai.

Passò del tempo; alla fine mi ripresi. Continuavo a non sentir niente, tranne il forte ronzio alle orecchie. Mi alzai con molta cautela, come un vecchio che esce dalla vasca da bagno. I piedi non me li sentivo quasi piú e le gambe erano di gomma. Vacillando, mi asciugai il freddo sudore di nausea dalla fronte e mi tastai la nuca. Era soffice e molle come una pesca intaccata; appena la sfiorai sentii distintamente il dolore fin giú alle caviglie. Fu un congresso di dolore, una panoramica indietro nel tempo, fino ai primi calci buscati a scuola, alle elementari.

Infine la vista mi si schiarí abbastanza da permettermi di scorgere i contorni di uno squallido fossato con gli argini ricchi di sterpaglia tanto fitta che formava come un muro, e una strada polverosa, senza contorni nella luce calante della luna, che s'inerpicava nella direzione opposta. Poi vidi il macchinone.

Era abbastanza vicino, a quasi una decina di metri, solo che non avevo guardato prima da quella parte. Era il macchinone di Lindley Paul, coi fari spenti. Mi ci avvicinai incespicando e istintivamente feci per afferrare la pistola. Naturalmente non c'era piú. Ci aveva certo pensato il tipo dalla voce piagnucolosa che mi ricordava qualcuno. Mi restava però la torcia elettrica tascabile. La tirai fuori, aprii lo sportello posteriore della macchina ed esplorai l'interno.

Non c'era niente — né sangue, né strappi nella tappezzeria, né vetri incrinati o scheggiati, né corpi umani. Insomma il macchinone, a quanto pareva, non era stato campo di nessuna battaglia; era soltanto vuoto. Le chiavi pendevano dal cruscotto intarsiato. L'avevano portato fin là e abbandonato. Puntai il fascio di luce per terra, tutt'intorno, e mi misi alla ricerca di lui. Doveva essere da quelle parti, visto che c'era la macchina.

All'improvviso, nel gelido silenzio un motore rombò sull'altra sponda del vasto fossato. Spensi la torcia. Delle luci — fari — ondeggiarono sopra le cime della sterpaglia. Mi buttai a terra e mi trascinai carponi fino alle ruote posteriori del macchinone di Lindley Paul.

I fari si stavano avvicinando, divennero piú forti. Scendevano per la strada polverosa verso il limite del fossato. Adesso distinsi benissimo il rombo sordo e petulante di un motore di piccola cilindrata.

A mezza strada la macchina si fermò. Un riflettore sul lato del parabrezza si accese e la luce schizzò tutta da un lato. Poi si abbassò e restò fissa, puntata su un punto che non riuscivo a vedere. Infine si spense e la macchina riprese a scendere lentamente. Giunta in fondo, il suo muso girò in modo da illuminare con i fari il macchinone nero. Mi strinsi il labbro superiore tra i denti, strinsi forte senza accorgermene, finché non sentii il sapore del sangue.

La macchina si spostò ancora un poco. Poi i fari si spensero all'improvviso, e anche il motore, e all'improvviso la notte divenne immensa, vuota, nera e silenziosa. Niente — non un suono, all'infuori dei grilli e delle raganelle che avevano continuato a stridere ininterrottamente, anche se non ci avevo fatto piú caso. Poi uno sportello sbatté e una luce s'accese — dei passi rapidi, e un fascio di luce mi sfiorò la testa, tagliente come una spada.

Una risata. La risata di una ragazza — forzata, tesa come la corda di un violino. La luce bianca questa volta spazzò sotto il macchinone e colpí i miei piedi.

La voce della ragazza, secca, disse: "Okay, l'ho vista. Venga fuori con le mani in alto e ben vuote — vuote, attenzione!"

Non mi mossi.

La voce insisté: "Stia a sentire. Ho tre pallottole per i suoi piedi, signorino, e altre sette per il suo stomaco. Piú la riserva, che posso mettere in canna in gran fretta. Convinto? Viene?"

"Metta via quel giocattolo," ringhiai. "O glielo strappo di mano." La mia voce sembrava quella di un altro: rauca, cavernosa.

"Oh, un galantuomo coriaceo." C'era un leggero tremolio nella sua voce adesso. Poi tornò dura di nuovo: "Viene fuori o no? Conto fino a tre. Guardi quante possibilità le offro — anche i dodici grossi cilindri dietro cui nascondersi, o son forse sedici? Ma il piede le darà lo stesso un brutto dolore: le ossa delle caviglie ci mettono anni per sistemarsi, e qualche volta..."

Mi alzai e fui preso in pieno dal fascio di luce. "Anch'io parlo troppo quando ho paura," dissi.

"Non — non si muova di un millimetro! Chi è lei?"

"Un semplice detective privato — per servirla. Che gliene importa?"

Mi mossi per fare il giro della macchina e andarle vicino. Non sparò. A due metri quasi da lei mi fermai.

"Stia fermo dov'è!" m'investí con rabbia, dopo che mi ero già fermato.

"Certo. Cosa stava guardando prima, laggiú, col riflettore del parabrezza?"

"Un uomo."

"Ferito?"

"Morto, ho paura," disse, tranquilla. "E anche lei mi sembra piú morto che vivo."

"Mi hanno un po' sfiancato," risposi. "E questo mi procura sempre un po' di occhiaie."

"Bello spirito. Proprio da becchino."

"Andiamo a vedere il morto," dissi, brusco. "Se ci tiene, e se ci si sente piú sicura, può starsene dietro di me con quel ferro."

"Non mi sono mai sentita cosí sicura in vita mia," rispose, stizzita, e si allontanò indietreggiando.

Girai intorno alla berlinetta che l'aveva portata fin lí. Un'automobilina come tante altre, graziosa e pulita, e tutta luccichii sotto quel poco di luna ch'era rimasta. Udivo i suoi passi dietro di me, ma non le prestai alcuna attenzione. A metà circa della salita, a qualche metro scarso dal ciglio della strada, scorsi il piede di lui.

Vi diressi sopra il piccolo fascio della mia torcia tascabile e la ragazza vi aggiunse quello della sua. Lo vidi per intero, intendo dalla testa ai piedi. Stava riverso sulla schiena, accanto a un cespuglio, tutto imbrattato, in una posizione inconfondibile, come un sacco abbandonato.

La ragazza non aprí bocca. Se ne stava discosta da me e la sentivo respirare; teneva ben saldo il raggio di luce, come uno abituato a quelle cose.

Un braccio del morto era allungato in fuori, stecchito. Le dita erano piegate ad artiglio. L'altro braccio stava sotto il corpo e il soprabito era tutto attorcigliato, come se avessero tentato di sfilarglielo. I capelli, biondi e folti, erano tutti chiazzati di sangue, nero come lucido per scarpe sotto la luna, e ce n'era ancora sulla faccia, mescolato a macchie d'erba. Mancava il cappello.

Poi feci qualcosa che mi sarebbe potuto costare la vita. Fino a quel momento non avevo pensato per niente al malloppo che avevo in tasca; il pensiero mi attraversò il cervello cosí rapidamente, stridette cosí forte in me, che portai di colpo la mano alla tasca. Dovetti dare l'esatta impressione di voler tirar fuori la pistola.

La tasca era vuota. Piú che vuota: vuotissima. Ritirai la mano e mi voltai verso la ragazza.

"Signorino," disse con un mezzo sospiro, "se non avessi già tratto le mie conclusioni sulla sua faccia..."

"Avevo diecimila dollari," dissi. "Erano di quello lí. Glieli portavo io. Servivano per un riscatto. Me ne sono ricordato all'improvviso, per fortuna lei gode del piú bel fascio di nervi che abbia mai visto in una donna. Quello lí non l'ho ucciso io."

"Mica avevo pensato che l'avesse ucciso lei," rispose. "Dovevano odiarlo discretamente, per spaccargli la testa a quel modo."

"Non ho avuto il tempo per odiarlo, lo avevo appena conosciuto. Tenga ancora puntata la torcia."

Mi inginocchiai e frugai nelle tasche, cercando di non muoverlo troppo. Aveva degli spiccioli, qualche banconota, delle chiavi in un astuccio di pelle sbalzata, il solito portafoglio con lo scomparto trasparente per la patente e, dietro questa, la solita cartella dell'assicurazione. Niente danaro nel portafoglio. Mi chiesi perché non l'avessero frugato nelle tasche dei pantaloni. Forse erano stati spaventati dalla luce, altrimenti gli avrebbero tolto anche le mutande. Sollevai altre cose contro la torcia della ragazza: due fazzoletti finissimi, bianchi e crespi e asciutti come neve secca, mezza dozzina di scatole di fiammiferi con la pubblicità di locali notturni, un portasigarette d'argento pesante come piombo e pieno di sigarette esotiche (Virginia Straight Cut), un secondo portasigarette, cerchiato di tartaruga e il coperchio di seta imbottito con su ricamato un drago tutto contorcimenti. Ne feci scattare l'apertura: dentro, tenute dall'elastico c'erano tre sigarette lunghissime, di marca russa, coi bocchini vuoti. Ne presi una: era vecchia, secca.

"Per le donne, forse," commentai. "Lui fumava le altre."

"O magari per gli appassionati," disse la ragazza dietro di me, respirandomi sul collo. "Una volta conoscevo un ragazzo che le fumava. Posso dare un'occhiata?"

Le passai il portasigarette e lei lo illuminò in pieno con la torcia, finché non l'avvertii con un grugnito di riabbassare la luce. Non c'era niente altro da esaminare. La ragazza richiuse la scatola con uno scatto, me la restituí e io la rimisi nella tasca di petto da cui l'avevo presa.

"Questo è tutto. Chiunque l'ha colpito, ha avuto paura d'aspettare e far piazza pulita. Grazie."

Mi alzai, lentamente, mi voltai e le strappai di mano la piccola pistola.

"Maledizione, non c'era bisogno che diventasse villano!" esclamò, stizzita.

"Lasci perdere," feci. "Mi dica, piuttosto: chi è lei e cosa ci faceva da queste parti, a mezzanotte?"

Pretese d'essersi fatta male alla mano, sollevò la torcia elettrica e si esaminò la mano attentamente.

"Sono stata gentile con lei, no?" si lamentò. "Bruciavo dalla curiosità e dalla paura, anche, ma non le ho fatto nessuna domanda. È vero o no?"

"S'è comportata come una vera dama," dissi. "Ma io non ho tempo da perdere. Chi è? E non sprechi la batteria, non abbiamo piú bisogno di luce adesso."

La mise via e, a poco a poco, ci abituammo all'oscurità, finché riuscimmo a distinguere i contorni dei cespugli, la sagoma dell'uomo steso a terra e un balenio nel cielo, verso sud-ovest, che doveva essere Santa Monica.

"Mi chiamo Carol Pride, e abito a Santa Monica. Scrivo, quando ci riesco, racconti tutta fantasia per un'agenzia giornalistica. A volte, la notte mi capita di non dormire, e allora monto in macchina e vado in giro senza meta — conosco tutti questi paraggi a memoria. Ho scorto la luce della sua piccola torcia tra i cespugli e ho pensato che una coppia d'innamorati non l'avrebbe accesa — se mai amano la luce."

"Non so se amano la luce," dissi io. "Io l'ho sempre evitata. Cosí ha anche munizione di riserva, oltre al caricatore pieno. Ha il porto d'armi?"

Sollevai la piccola arma nel buio. Al tatto sembrava una Colt 25; era ben bilanciata per essere un'arma cosí piccola. Una quantità di grand'uomini erano stati mandati all'altro mondo con una Colt 25.

"Certo che ce l'ho. Quella delle pallottole di scorta era però solo un piccolo bluff."

"Non ha paura lei, vero signorina Pride? O signora?"

"No, non è il caso... In questa zona non c'è pericolo. La gente non chiude nemmeno la porta di casa. Credo che soltanto ora qualche bel tipo ha scoperto che è una zona tranquilla e isolata."

Mi rigirai ancora tra le dita la piccola arma e infine gliela porsi. "Ecco. Non è la mia serata buona, questa. E adesso, se vuole essere cosí gentile di darmi un passaggio fino a Castellamare, prendo la macchina che ho lasciata là e chiamo un po' di agenti."

"Non crede che dovrebbe restar qui qualcuno?"

Diedi un'occhiata al quadrante fosforescente del mio orologio da polso. "È l'una meno un quarto. Lo lasciamo in compagnia dei grilli e delle stelle. Andiamo."

Si mise la pistola nella borsetta, ridiscendemmo la strada polverosa e salimmo in macchina. Fece manovra e si avviò su per la salita, a luci spente. Il macchinone nero che ci lasciammo alle spalle sembrava un monumento.

In cima alla rampa scesi e rimisi la transenna nella posizione in cui l'avevo trovata, di traverso sulla strada. Cosí Lindley era al sicuro per quella notte, e magari anche per parecchie altre notti.

La ragazza non aprí bocca fino a quando non giungemmo alla prima casa. Solo allora accese i fari e disse, calma: "Ha del sangue sul viso, signor come-si-chiama, e non ho mai visto nessuno che avesse piú di lei bisogno di bere qualcosa. Perché non torniamo indietro, andiamo a casa mia e chiamiamo West Los Angeles da lí? Da queste parti c'è soltanto una stazione di servizio."

"Mi chiamo John Dalmas, e mi piace avere la faccia insanguinata. Non vorrà mica cacciarsi in un imbroglio come questo? Per conto mio, non farò mai il suo nome. Ci pensi."

"Sono orfana," rispose. "E vivo da sola. Non avrebbe la minima importanza."

"Vada dritto fino alla spiaggia. Dopo, continuerò il gioco da solo."

Ma prima di arrivare a Castellamare dovemmo fermarci un'altra volta. Lo sballottolio della macchina mi fece star male di nuovo.

Quando arrivammo al posto in cui avevo parcheggiato la mia macchina, ai piedi dei gradini che s'arrampicano sul fianco della collina, le diedi la buonanotte e rimasi seduto nella Chrysler senza metterla in moto finché non vidi scomparire nella notte le luci rosse della sua macchina.

Il caffè tipo Parigi era ancora aperto. Sarei potuto entrare a bere qualcosa e a telefonare da lí, ma mi sembrò piú opportuno fare come feci una mezz'oretta dopo — entrare, tutto sobrio e incupito, nella stazione di polizia di West Los Angeles. Con la faccia ancora sporca di sangue.

I poliziotti son uomini come tutti gli altri. E il loro whisky è buono quanto quello che vi servono nei bar.

3

Lou Lid

Non la raccontai bene; e piú andavo avanti e peggio era. Reavis, venuto apposta dalla Centrale (squadra omicidi), mi ascoltava senza staccare gli occhi dal pavimento, con due in borghese piazzati dietro di lui come una guardia del corpo. Avevano già mandato una macchina sul posto.

Reavis era un uomo tranquillo sulla cinquantina, magro, con una faccia sottile e una carnagione grigiastra e gli abiti in ordine. La piega ai pantaloni era perfetta, e prima di sedersi se li era tirati su con gran cura. La camicia e la cravatta parevano indossate da appena una decina di minuti, non di piú, e il cappello poteva anche averlo comprato strada facendo.

Eravamo nell'ufficio del capitano di turno nella stazione di polizia di West Los Angeles, appena fuori del Boulevard Santa Monica, dalle parti di Sawtelle. C'eravamo soltanto noi quattro. In una cella, alcuni ubriachi in attesa d'esser portati via dal furgone dritto dinanzi al giudice continuavano a lanciar urla da bovari.

"Cosí," conclusi, "gli facevo da guardia del corpo per la serata. Bell'affare ho fatto."

"Al posto suo non me la prenderei tanto a cuore," disse Reavis, con noncuranza. "Poteva succedere a chiunque. Se ho ben capito, l'hanno scambiato per quel Lindley Paul, l'hanno colpito per non stare a far chiacchiere e per guadagnar tempo; magari non avevano niente e nemmeno pensavano di restituire la collana per cosí poco. Quando si sono accorti che lei non era Paul se la son presa con lui."

"Era armato," dissi. "Una Luger ch'era un cannone. Certo che con due pistole puntate contro scappa la voglia di fare alla guerra."

"E il negraccio?" chiese Reavis. Poi allungò una mano al telefono sulla scrivania.

"Una voce. Niente altro che una voce nel buio. Non ne son certo."

"Già. Ma intanto cominciamo a controllare cosa faceva a quell'ora. Lou Lid. Un nome ch'è tutto un programma."

Sollevò il ricevitore e disse all'uomo del centralino: "La Centrale, Joe... Sono Reavis, dalla West Los Angeles. Il delitto per rapina. Son dietro a uno scimmione negro, o mezzo negro, un certo Lou Lid. Ventidue o ventiquattro anni, pelle chiara, aspetto passabile, bassino, facciamo un metro e sessanta, preso a un occhio, ma non so quale. Deve esserci qualcosa sul suo conto, ma non molto, è stato dentro parecchie volte. I ragazzi del Settantasette lo conosceranno. Voglio i suoi movimenti di stasera, tutti controllati. Date un'ora alla squadra, poi mettetelo in onda."

Rimise a posto il ricevitore e mi strizzò l'occhio. "Abbiamo il meglio che c'è a est di Chicago in fatto di segugi. Se è in città lo pescheranno subito, a occhi chiusi. Ci spostiamo lí, adesso?"

Montammo su un'auto della pattuglia e attraversammo di nuovo Santa Monica, fino alle Palisades.

Qualche ora dopo, in un'alba fredda e grigia, tornai a casa. Ero tutto preso ad imbottirmi di whisky e aspirina, e a farmi impacchi freddi alla nuca, quando il telefono squillò. Reavis.

"Ebbene, Lou Lid è nostro," annunciò. "L'hanno trovato in compagnia di un messicano, un certo Fuente. Li han presi sull'Arroyo Seco Boulevard — non proprio col cucchiaio, ma quasi."

"Continui." E strinsi il ricevitore con tanta forza da schiacciarlo tra le mani. "Mi dica qualcosa di piú."

"Ha già indovinato. Li han trovati sotto il ponte di Colorado Street, infagottati l'uno all'altro con filo di ferro arrugginito. Erano spappolati come arance mature. Contento?"

Mi riempii d'aria i polmoni. "Proprio quello che ci voleva per farmi addormentare come un angioletto," dissi.

Il duro cemento dell'Arroyo Seco Boulevard si trova a qualcosa come a un venticinque metri sotto il ponte di Colorado Street — noto anche come il Ponte dei Suicidi.

"Be'," fece Reavis dopo una pausa. "Direi che lei ha addentato qualcosa di marcio. Che ne dice?"

"Tanto per fare qualche congettura, penso a un colpo di rimando sul contante del riscatto: qualche paio di furbacchioni saran venuti a sapere del malloppo, ci han fatto il lecco e se la sono squagliata."

"Questo significherebbe corruzione all'interno della congrega," obiettò Reavis. "No, preferisco pensare che abbiano tentato di svignarsela con tutto il malloppo, invece di passarlo al boss. O magari che il boss abbia pensato di avere troppe bocche da sfamare."

Mi diede la buonanotte, augurandomi sogni d'oro, e mi bevvi parecchio whisky da affogare il dolore al capo che ancora mi tormentava, e questo certo non mi avvantaggiò.

Arrivai in ufficio abbastanza tardi la mattina dopo — non mi sentivo una sciccheria e dovevo certo essere uno spettacolo: due punti mi bruciavano maledettamente dietro al cranio, e il cerotto sulla parte rasata mi tirava come il callo d'un cameriere.

Il mio ufficio consiste in due stanze piene delle zaffate della cucina del Mansion House Hotel. La prima è una piccola anticamera che io lascio sempre aperta, in modo che la gente possa entrare ed aspettare nel caso sia occupato con un cliente e quelli abbiano voglia d'aspettare.

Carol Pride stava in questa stanza, e si studiava ben bene il divanetto rosso scolorito, le due sedie scomode, la pezza che serve da tappeto e il tavolinetto con le riviste sopra.

Portava un tweed marrone, tutto granuloso e con risvolti bianchi, una camicia mascolina con cravatta, discrete scarpe, un cappello nero che costava certo una ventina di dollari, per quel che ne capivo, e con una forma tale che pareva fatto alla svelta, con una mano sola, da un foglio di carta assorbente.

"Be'," disse. "Allora è vero che si alza la mattina. Buono a sapersi. Quasi cominciavo a sospettare che il lavoro lo sbrigasse tutto a letto."

"Sssst," feci. "Venga di là nello studio."

Aprii la porta di comunicazione con la chiave, invece che col solito calcio che sortiva lo stesso effetto — e passammo nel resto dell'appartamento, cioè nell'altra stanza, dove la pezza di tappeto era di color ruggine picchiettato d'inchiostro, quattro archivietti verdi, in tre dei quali c'era tutta la storia civile e penale della California, un calendario-pubblicità, con le cinque faccine delle gemelle Dionne contro uno sfondo azzurro cielo che parevano amorini, qualche paio di sedie di noce, e la solita scrivania con le solite impronte dei calcagni e la solita sedia girevole cigolante dietro. Mi sedetti e appesi il cappello al telefono.

La sera prima non l'avevo osservata bene, neanche quando eravamo arrivati a Castellamare, piú illuminata di dove l'avevo incontrata. Aveva un ventisei anni e la faccia di chi non ha dormito bene: stanca, tirata, sotto una capigliatura bruna arruffata, una fronte un tantino piú alta di quanto passi per essere elegante, un naso piccolo che doveva ficcarsi dappertutto, un labbro superiore un pochino piú lungo dell'inferiore, e la bocca un pochino troppo larga. Volendo, gli occhi potevano anche essere azzurri. Un'aria tranquilla, insomma, ma non troppo. Era elegante, ma non alla maniera hollywoodiana.

"L'ho letto nel giornale della sera," disse. "Quel poco che c'era."

"Questo significa che la polizia non vuole chiasso. Altrimenti l'avrebbero tenuto per l'edizione del mattino."

"Bene, in ogni modo ho fatto qualcosa per lei."

La guardai, fisso e duro; spinsi avanti un portasigarette piatto attraverso la scrivania e mi riempii la pipa. "Sta facendo un piccolo sbaglio," dissi. "Il caso non è mio. Mi son mangiato la mia parte di polvere ieri sera e sono andato a letto con una bottiglia. È una faccenda che riguarda la polizia."

"Non credo," disse lei. "Non per intero, almeno. Dopotutto si deve ancora guadagnare l'onorario. O non era stata pagato?"

"Cinquanta fogli," dissi. "Li restituisco appena so a chi restituirli. Neanche mia madre penserebbe che me li sia guadagnati."

"Lei mi piace. Ha l'aria di uno ch'è stato lí lí per diventare un mascalzone ma che s'è fermato — all'ultimo momento. Sa a chi apparteneva quella collana di giada?"

Mi alzai con un tale scatto che la testa mi fece male. "Quale collana di giada?" Per poco non gridai. Non le avevo detto niente della collana di giada, e i giornali non ne parlavano affatto.

"Non cerchi di fare il furbo. Ho parlato con quell'uomo, il tenente Reavis, incaricato del caso. Ha creduto che sapessi piú di quanto in effetti so. Cosí qualcosa son venuta a saperla."

"E va bene — a chi appartiene, dunque?" chiesi, dopo un lungo silenzio.

"Alla signora Philip Courtney Prendergast. Una signorona che vive a Beverly Hills, almeno parte dell'anno. Suo marito possiede un milione o giú di lí e un fegato in disordine. La signora è bionda, ha occhi neri e va in giro, mentre il signor Prendergast se ne sta in casa a prendere calomelano."

"Le bionde non amano i biondi. E Lindley Paul era biondo come un montanaro svizzero."

"Non dica sciocchezze. Dove l'ha imparato, sui fumetti? Questa bionda qui amava quel biondo, lo so. Me lo ha detto il redattore mondano del *Chronicle*. Pesa quasi un quintale, ha i baffi e lo chiamano Boccadoro."

"Le ha parlato lui della collana?"

"No. Me ne ha parlato il direttore della Blocks Jewellery Company. Gli ho detto che stavo facendo un servizio sulle giade rare per la *Police Gazette*. Come vede non manco di spirito."

Mi riaccesi la pipa per la terza volta, feci cigolare la sedia e a momenti cascavo a terra e picchiavo con la testa.

"Reavis sa tutto questo?" Cercando di fissarla senza farmene accorgere.

"Non me l'ha detto. Ma può arrivarci facilmente. Non ho dubbi al riguardo, non è un cretino."

"Le ha detto niente di Lou Lid e di Fuente il Messicano?"

"No. Chi sono?"

Le raccontai tutto. "Ma è terribile!" disse, con un bel sorriso.

"Suo padre era un poliziotto, per caso?" chiesi, sospettoso.

"Capo della polizia di Pomona per quasi quindici anni."

Non aprii bocca. Mi ricordai di John Pride, capo della polizia di Pomona, fatto fuori a revolverate da due banditelli quattro o piú anni prima.

Dopo un po' dissi: "Avrei dovuto immaginarlo. Va bene. Che altro c'è?"

"Scommetto cinque dollari contro uno che la signora Prendergast non ha riavuto la collana e che il suo fegatoso marito ha abbastanza influenza da far tacere i giornali su questa parte della storia e, quindi, sul loro nome, e che lei ha bisogno d'un bel detective che l'aiuti a uscirne fuori senza scandalo."

"Quale scandalo?"

"Oh, non so. Lei è tipa da collezionare scandali come vestiti di sartoria."

"Comincio a credere che ci abbia anche fatto colazione insieme stamattina," dissi. "A che ora s'è alzata?"

"No, non la vedrò prima delle due. Mi sono alzata alle sei."

"Dio grandissimo," dissi, e strappai dal cuore d'un cassetto della scrivania una preziosa bottiglia. "La testa mi fa un male terribile."

"Uno solo," intervenne, sollecita, Carol Pride. "E soltanto perché l'hanno conciato. Comincio però a credere che le succede abbastanza spesso."

Cacciai giú il liquido, rimisi il tappo alla bottiglia senza calcare troppo e tirai un grosso sospiro.

La ragazza frugò nella sua borsa marrone e disse: "C'è qualcos'altro ancora. Ma forse è meglio che questa se la sbrighi lei."

"Fa piacere sapere che ho ancora del lavoro, qui dentro."

Fece rotolare sulla scrivania tre lunghe sigarette russe. Era serissima in faccia.

"Guardi un po' dentro i bocchini," disse, "e ne tragga le sue conclusioni. Le ho sfilate ieri sera da quel portasigarette cinese. In ognuna c'è una sorpresa per lei."

"È proprio figlia d'un poliziotto!"

S'alzò, scopò via con la borsa un po' di cenere da un angolo della scrivania e si diresse verso la porta.

"Sono anche una donna. Adesso devo vedere un altro cronista mondano e scoprire qualcosa di piú sulla signora Philip Courtney Prendergast e la sua vita amorosa. Divertente, vero?"

La porta dell'ufficio e la bocca del detective — io — si chiusero quasi contemporaneamente.

Raccolsi una delle sigarette russe; la tenni stretta tra le dita e sbirciai nel bocchino vuoto. Mi parve di vedere qualcosa arrotolato lí dentro, qualcosa come un pezzetto di carta o un biglietto da visita, qualcosa, insomma, che non stava certo lí per far da filtro. Alla fine riuscii a tirarlo fuori con la limetta per unghie del mio temperino.

Sí, un biglietto da visita vero e proprio: carta sottile co-

lor avorio, taglio normale, con su stampate, a rilievo, solo
due parole e basta.

Soukesian - Psichismo

Guardai negli altri bocchini: ognuno conteneva lo stesso biglietto. Quel nome non mi diceva niente; mai sentito parlare di un mago chiamato Soukesian. Poi andai a guardare nella guida telefonica: c'era un certo Soukesian nella Settima West; un nome armeno, certamente: andai a guardare nell'elenco categorico, alla voce *Tappeti orientali*. C'era anche lí. Ma questo non provava niente; non c'è bisogno d'essere un mago per vendere tappeti orientali, se mai c'è bisogno d'essere un metapsichico per comprarli — e qualcosa mi diceva che questo Soukesian non aveva niente a che fare coi tappeti orientali.

Avevo una mezza idea di quale potesse essere la sua attività e a quale tipo umano potessero appartenere i suoi clienti. In questi casi, piú importante è il giro meno pubblicità si fa. Con tempo e denaro messi a sua disposizione doveva certo curare di tutto: da un marito stanco a un'invasione di cavallette. Doveva essere specialista in donne frustrate, combini amorosi, recupero di mocciosi fuggiti di casa senza piú dare notizie, traffici mobiliari con relativa previsione della stagione adatta per combinarli, arte di accattivarsi la simpatia del prossimo. Doveva certo avere anche uomini tra i suoi clienti: i soliti eroi da strapazzo al bar che chinano le corna appena messo piede in casa. Ma soprattutto: donne — con soldi, gioielli, proprietà, rendite e voglia matta di lasciarsi abbindolare da un paio d'occhi asiatici.

Mi riempii la pipa e cercai di scuotermi un po' di pensieri, senza agitare molto la testa, a pesca del motivo per cui un uomo grande e cresciuto debba portarsi dietro un portasigarette di riserva con tre sigarette dentro non destinate a essere fumate ma a contenere, ben celato, il nome di un altro uomo. A chi era diretto?

Misi da parte la bottiglia e sottolineai i pensieri con una smorfia. Chiunque avesse rastrellato le tasche di Lindley Paul con cura e tempo a disposizione avrebbe trovato quei biglietti. Ma chi poteva aver tanto tempo e calma? Un poliziotto? E in quale occasione? Se il signor Lindley Paul fosse morto o rimasto malamente ferito in circostanze misteriose.

Tolsi il cappello dal telefono e chiamai un certo Willy Peters che s'occupava d'assicurazioni, diceva lui, e come straordinario trafficava in numeri di telefono non inclusi nell'elenco ottenuti corrompendo cameriere e autisti. Pigliava cinque dollari, era la sua tariffa. Pensai che potessero uscire tranquillamente dai cinquanta dollari di Lindley Paul.

Willy Peters aveva quello che cercavo. Era un numero di Brentwood Heights?

Chiamai Reavis alla Centrale. Mi disse che tutto andava a gonfie vele, a parte il fatto che non aveva chiuso occhio, di non preoccuparmi e di tenere la bocca chiusa con tutti, tranne che con lui, specie a proposito della ragazza. Gli dissi che aveva ragione, ma che se anche lui avesse avuto una figlia non gli sarebbe forse piaciuto di vederla perseguitata dai paparazzi. Rispose che lui una figlia ce l'aveva ma che in ogni caso la figura bella io non l'avevo fatta, anche se chiunque poteva capitarci — e arrivederci.

Chiamai Violetta M'Gee per chiedergli se veniva a colazione con me non appena si fosse sentito abbastanza inappetente, ma era andato a Ventura ad accompagnare un ergastolano. Allora chiamai il numero di Soukesian, il metapsichico, a Brentwood Heights.

Mi rispose, quasi subito, una voce femminile dal chiaro accento straniero:

"Pronto?"

"Vorrei parlare col signor Soukesian."

"Mi dispiac-ce. Soukesian non accetta parlare a telefono. Sono la sua secretar-ria. Lascia detto a m-me?"

"E va bene. Ha una matita?"

"Ma ci-ertamente ho la matita. Dica."

Prima le diedi il mio nome, l'indirizzo, la professione e il numero di telefono — e mi assicurai che li avesse scritti giusti — poi dissi: "Si tratta di un uomo, un certo Lindley Paul. È stato ucciso ieri sera, alle Palisades, dalle parti di Santa Monica. Desidererei incontrare il signor Soukesian."

"Ne sarà molto li-ieto." Detto con la calma di una tartaruga. "Naturalmente non posso fissarle l'appuntamento per oggi. Soukesian è sempre molto im-pegnato. Magari domani..."

"La settimana prossima meglio ancora," l'interruppi.

"Non c'è mai fretta in queste cose. Gli dica solo che gli do due ore di tempo, poi vado alla polizia a dire quello che so."

Ci fu silenzio all'altro capo del filo. Poi un suono: un respiro affannoso, o forse un rumore della linea. Poi, parlando lentamente, la voce straniera disse: "Gliel-lo rif-ferirò. Non capisco..."

"Si sbrighi, stella. Resto in ufficio ad aspettare."

Riattaccai, mi palpai la nuca, riposi i tre biglietti da visita nel portafoglio e sentii la voglia di mangiare qualcosa di caldo. Uscii per andare a soddisfarla.

4

Second Harvest

L'indiano puzzava. Il tanfetto attraversò la piccola anticamera e mi giunse al naso non appena sentii la porta che s'apriva e m'alzai per vedere chi era. Stava ritto sotto la porta, e pareva colato nel bronzo. Era grande e grosso dalla vita in su, con un torace immenso.

A parte questo, pareva uno straccione: un abito, al solito marrone, troppo stretto per lui, un cappello di almeno due numeri piú piccolo — unto intorno alla fascia del sudore d'una testa piú piccola della sua — che gli traballava sul cocuzzolo come una banderuola su un tetto; il colletto della camicia largo come un giogo d'un marrone sporco della stessa sfumatura dell'abito; una cravatta che gli ciondolava fuori dalla giacca abbottonata e pareva annodata con le pinze, tant'era piccolo il nodo — piú o meno la misura di un pisello. Piú su del colletto della camicia, qualcosa che somigliava a una fettuccia nera gli girava intorno alla gola.

Aveva, l'amico, un grande faccione tutto schiacciato, con un nasone carnoso al centro che pareva la prua corazzata d'un incrociatore, occhi senza palpebre, mascella cascante, spalle d'un fabbro ferraio. Con una passata d'acqua e sapone e una tonaca intorno alle spalle, chiunque avrebbe riconosciuto in lui un senatore romano dalle tendenze assassine.

Il tanfetto era quello inconfondibile dell'uomo primitivo: sporco, ma non lo sporco di città. "Ugh," fece. "Vieni subito. Vieni."

Col pollice all'indietro gli feci cenno di accomodarsi nello studio, nel quale rientrai, precedendolo. Mi navigò dietro silenzioso come una mosca. Passai dietro la scrivania e mi sedetti, indicandogli la sedia di fronte. Non ci badò neppure, si limitò a piantarmi addosso due occhietti ostili.

"Di dove sbuca?"

"Ugh. Io Second Harvest. Io indiano Hollywood."

"Segga, signor Harvest."

Sbuffò e dilatò le narici, già abbastanza larghe da farci passare una coppia di topi.

"Balle — mio nome Second Harvest, no signor Harvest."

"Cosa desidera?"

"Dice vieni subito. Gran padre bianco dice vieni subito. Dice..."

"Piantala con questo gergo da scemi," esplosi. "Mica mi suggestioni come una zitella."

"Balle."

Si tolse il cappello lentamente, con aria disgustata, e lo tenne capovolto tra le mani. Poi ficcò un dito sotto la fodera di cuoio e la ribaltò. Afferrò la punta di un pezzo di carta che ne sporgeva e si avvicinò alla scrivania per passarvi sopra un foglio di carta velina sporco e ripiegato. Lo indicò con un gesto rabbioso. Nei capelli neri e unti gli era rimasta, tutt'intorno al capo, l'impronta del cappello troppo stretto.

Spiegai il foglio di carta velina e nell'interno trovai un biglietto da visita con su scritto: *Soukesian - Psichismo*. Era un biglietto sottile, stampato in bei caratteri e con una graziosa decorazione. Ne avevo altri tre come quello nel portafoglio.

Giocherellando con la pipa spenta, fissai l'indiano cercando di confonderlo col mio sguardo.

"Okay. Che cosa vuole?"

"Vuole che tu vieni subito. Ora."

"Balle," risposi. All'indiano piacque, per lui era come una fraterna stretta di mano. S'azzardò a farmi un sorriso. "Gli costerà cento dollari d'onorario," aggiunsi.

"Hug?"

"Cento dollari. Moneta sonante. Biglietti da uno a cento. Niente soldi niente venire, capisci?" E presi a contare sulle dita aprendo e chiudendo le mani.

L'indiano gettò un altro foglio di carta ripiegato sulla scrivania. Lo svolsi: dentro c'era un biglietto da cento, nuovo fiammante.

"È in gamba, il mago," feci. "Un tipo cosí in gamba mi fa paura, ma vengo lo stesso."

L'indiano si ficcò di nuovo in testa il cappello senza preoccuparsi di rimettere a posto la fodera di cuoio; cosí aveva un aspetto un tantino piú comico di prima.

Dalla fondina sotto il braccio mi tolsi la pistola — non quella del giorno prima, purtroppo (e se c'è una cosa che detesto è perdere una pistola) — sfilai il caricatore, controllai, lo rimisi a posto, misi la sicura e cacciai tutto nella fondina.

Non gli fece piú impressione, all'indiano, che se mi fossi fatta una grattata di testa.

"Io macchina," disse. "Grande macchina. Balle."

"Male," risposi. "M'è venuto l'odio per le macchine grandi. In ogni modo, andiamo."

Chiusi l'ufficio a chiave e andammo via. Nell'ascensore la puzza dell'indiano fu un trauma — soffrí anche l'inserviente.

La macchina era una Lincoln da turismo marrone rossiccio, non nuova ma in buono stato, con le tendine sul lunotto posteriore. Superato un campo da polo di un verde brillante, la macchina si tuffò giú per una discesa e poi, rombando, su per l'opposta salita, dopodiché l'autista — scuro di pelle e dall'aspetto straniero — svoltò su uno stretto nastro di cemento bianco, ripido quasi quanto gli scalini che portavano alla casa di Lindley Paul, ma non altrettanto diritto. Eravamo molto lontani dal centro, oltre Westwood, alle Brentwood Heights.

Passammo davanti a due aranceti — un lusso da ricconi, perché non era una zona d'aranci — e superammo case bassissime, quasi dei bassorilievi scolpiti nei fianchi della collina.

Poi non ci furono piú case ma soltanto colline bruciate dal sole e il nastro di cemento e, sulla sinistra, la frescura di un canyon sconosciuto e, sulla destra, le vampate di caldo che mandava l'argine d'argilla indurita, in cima al quale, testardi come bambini disobbedienti, pendevano e s'aggrappavano miriadi di fiori disperati.

Di fronte a me, due schiene: una sottile, coperta di strisce diagonali, e un collo scuro, capelli neri e, sopra i capelli neri, un berretto a visiera; l'altra ampia, sporca, dentro un vecchio vestito marrone dal quale spuntava il collo grasso del mio indiano e, sopra questo, la grossa testa e, sopra questa ancora, il vecchio cappello bisunto da cui spuntava la fodera di cuoio.

Poi il nastro di cemento divenne stretto come una forcina per capelli, le grosse ruote slittarono su un viottolo sassoso e la Lincoln marrone rossiccio s'infilò dentro un cancello aperto e s'inerpicò su per un viale ripido, con ai lati cespugli di gerani selvatici in tutto il loro rosso splendore. In cima al viale, un nido d'aquila: una villa appollaiata lassú, tutta dipinta di bianco, tutta vetro e cromo, moderna come un fluoroscopio e remota come un faro.

La macchina giunse sullo spiazzo alla fine del viale, girò e andò a fermarsi davanti a un muro bianco nel quale s'apriva una porta nera. L'indiano scese e rimase a guardarmi fisso. Scesi anch'io, premendomi la pistola contro le costole col braccio sinistro.

La porta nera nel muro bianco s'aprí, lenta e silenziosa, senza che nessuno da fuori l'avesse spinta né sfiorata, e mostrò un corridoio stretto e lunghissimo. Una lampadina pendeva dal soffitto.

L'indiano disse: "Ugh. Entra, zanzara."

"Dopo di te, signor Harvest."

Entrò brontolando e io lo seguii. Alle nostre spalle, la porta si chiuse da sola, silenziosa. Un pizzico di brivido per i clienti. Alla fine dello stretto corridoio c'era un ascensore — dovetti entrarvi insieme a lui, purtroppo. Salimmo adagio adagio, con un fruscio appena percettibile e il ronzio delicato d'un piccolo motore. L'ascensore si fermò, la porta si aprí senza un cigolio e ci trovammo alla luce del giorno.

Uscii dall'ascensore e la cabina scese di nuovo alle mie spalle, portandosi via l'indiano ch'era rimasto dentro. Mi trovavo in una stanza in cima a una piccola torre, quasi tutta finestre, con le tende abbassate contro il riverbero del pomeriggio. Per terra, tappeti dalle tinte delicate dei persiani autentici e, in un angolo, una scrivania fatta con pannelli intagliati che probabilmente provenivano da una chiesa. Dietro questa scrivania una donna mi sorrise: un sorriso secco, appassito, che si sarebbe polverizzato al tatto.

Aveva capelli morbidi e neri avvolti intorno al capo, e una bruna faccia asiatica. Portava perle alle orecchie e un mucchio di anelli neri alle dita, grossi, volgarotti, tra cui uno con una pietra grande quanto un ditale e un altro con uno smeraldo quadrato da bancarella. Sotto quel peso, le mani erano piccoline, brune, avvizzite, adatte agli anelli quanto le zampe d'una gallina.

"Ah, sig-nor Dalmas, è sta-to molto gent-ile a venire. Soukesian sar-rà molto cont-tento."

"Grazie." Presi il biglietto nuovo fiammante da cento dollari dal portafoglio e lo posai sulla scrivania, davanti al balenio delle sue mani brune. Non lo toccò né lo guardò. "Offro io," dissi. "In ogni modo, grazie per il pensiero gentile."

S'alzò lentamente, senza rimuovere il sorriso dalle labbra, guizzò intorno alla scrivania in un abito che le stava aderente come la pelle d'una sirena, e rivelando così una discreta figura, sempre che vi piacciano quelle piú larghe di sotto la vita che di sopra.

"Le fac-cio strada," disse.

Mi precedette, puntando verso una parete stretta a pannelli — perché la stanza era tutta lí, col piccolo ascensore e le finestre. Aprí una porticina dietro la quale intravidi morbidi riflessi che non sembravano affatto di luce naturale. Il sorriso della donna adesso era piú antico dell'Egitto. Mi premetti di nuovo la pistola contro le costole ed entrai.

La porta si richiuse silenziosa dietro di me: una stanza ottagonale, con le pareti coperte di tendaggi di velluto nero, priva di finestre, con un soffitto altissimo e nero. Al centro d'un tappeto nero c'era un tavolo bianco, ottagonale anch'esso, e sui quattro lati di questo una sedia ch'era l'edizione ridotta del tavolo. Piú in là, poggiata contro il tendaggio di velluto nero, c'era un'altra di queste sedie. Su un piedistallo nero poggiato sul tavolo trionfava un globo color latte. La luce proveniva da lí. Non c'era nient'altro nella stanza.

Rimasi lí impalato per una quindicina di secondi, con la vaga sensazione di essere spiato. Poi le tende di velluto s'aprirono e un uomo sgusciò nella stanza, dirigendosi subito verso il tavolo. Si sedette, e soltanto allora mi guardò.

Disse: "Si accomodi di fronte a me, prego. Non fumi e non si muova, se le riesce possibile. E adesso, mi dica in che cosa posso servirla."

5

Soukesian - Psichismo

Era alto e dritto come un filo d'acciaio, con gli occhi piú neri che avessi mai visto e i capelli del biondo piú chiaro e delicato che avessi mai visto. Poteva avere trent'anni come sessanta. Non sembrava piú armeno di quanto lo sembrassi io. Portava i capelli spazzolati lisci all'indietro, mostrando un profilo bello quanto quello di John Barrymore a ventott'anni. Un idolo da sala gremita — e io che mi aspettavo un tipo losco, nero e unto, tutto stropiccío di mani e sbattito d'occhi rapaci.

Indossava un doppiopetto nero d'un taglio City come nessuno porta nella City, camicia bianca e cravatta nera. Impeccabile come un'edizione di lusso.

Mi schiarii la voce e dissi: "Non voglio che mi predica il futuro. Quella roba la so già a memoria."

"Sí," disse, tutto grazia. "E cosa ne sa?"

"Lasciamo perdere. Immagino che la segretaria funga da avanspettacolo per preparare la gente al colpo che prendono vedendo lei. L'indiano però mi ha lasciato un po' perplesso, in ogni modo non è roba che m'interessa. Non investigo sull'aldilà, ma sulla gente che v'è spedita senza tante cerimonie. In altre parole, sono venuto qui per un accidente di delitto."

"Si dà il caso che quell'indiano sia un medium," disse Soukesian, dolce come una nutrice, "e si dà anche il caso che doti simili siano molto piú rare dei diamanti e, come i diamanti, possano trovarsi anche nel fango. Ma può darsi che anche questo non l'interessa. Quanto al delitto, dovrà mettermi al corrente; non leggo mai i giornali."

"Via, via," dissi. "Nemmeno per sapere chi ci lascia la pelle? Okay, eccole la favoletta."

E gliela sciorinai tutta, quella dannata storia, compresa la scoperta dei suoi biglietti nel bocchino delle sigarette.

Non mosse muscolo. Con questo non intendo dire che non urlò, non agitò le braccia, non picchiò i piedi per terra, non si morse le unghie: no, dico soltanto che non si mosse per niente, in lui non s'agitò nemmeno una palpebra, non si spostò nemmeno una pupilla — rimase lí immobile, insomma, come uno dei leoni di pietra della Biblioteca Nazionale, e mi guardava.

Quando ebbi finito, venne subito al nocciolo: "Quei biglietti lei non li ha consegnati alla polizia, perché?"

"Non li ho consegnati e basta. Il perché me lo deve dire lei."

"Evidentemente i cento dollari che le ho mandato non bastano."

"È un'idea anche questa. Ma la realtà può essere un po' diversa."

Questa volta si mosse: quel tanto per incrociare le braccia. I suoi occhi neri erano vuoti come il vassoio d'un self-service o il fondo d'una bottiglia scolata — come preferite. Non esprimevano assolutamente niente.

Disse: "Non mi crederà, vero?, se le dico che conoscevo quell'uomo soltanto per caso — diciamo, per esigenze di mestiere."

"Ci rifletterei sopra," risposi.

"Devo dedurne che non ha grande fiducia in me. Può invece darsi che il signor Paul ne avesse. C'era qualcos'altro su quei biglietti, oltre al mio nome?"

"Sí. Qualcosa che non la manderà certo in estasi." Una trovata da poppante, da detective di giallo radiofonico. Non la prese nemmeno in considerazione.

"Per esigenze di mestiere, ho una sensibilità molto sviluppata," annunciò, dolcissimo e delicatissimo, "anche in questo paradiso d'imbroglioni. Le spiace mostrarmi uno di quei biglietti?"

"Scherzavo," risposi. "Oltre al suo nome non c'è nient'altro." Tirai fuori il portafoglio, ne cavai un biglietto e glielo misi davanti. Poi rimisi via il portafoglio.

Capovolse il biglietto sul tavolo, con un'unghia.

"Sa cosa penso?" dissi con schiettezza. "Penso che Lindley Paul sperasse che lei fosse in grado di scoprire chi ce l'aveva con lui, immaginando che la polizia non ce la facesse. Il che significa che aveva paura di qualcuno."

Soukesian sciolse il nodo delle braccia incrociate e lo rifece in senso contrario; questa manovra complicata poteva anche esprimere un senso di fastidio, da parte sua.

"In realtà, lei non lo pensa affatto," disse. "Quanto vuole — presto — per i tre biglietti e per dichiarare per scritto che ha perquisito il cadavere prima di denunciare tutto alla polizia?"

"Mica male, per essere il fratello d'un venditore ambulante di tappeti."

Sorrise, molto accondiscendente. C'era qualcosa di piacevole nel suo sorriso. "Anche tra i venditori di tappeti c'è gente onesta," disse. "Ma Arizmian Soukesian non è mio fratello. Il nostro è un nome molto comune in Armenia."
Chinai il capo.
"Naturalmente, lei è convinto che io sia un truffatore come tutti gli altri," aggiunse.
"Faccia uno sforzo e mi dimostri che non è vero."
"Forse, lei in fondo non mira al danaro," disse, cauto.
"Forse no."
Non lo vidi muovere il piede, ma certamente aveva schiacciato un campanello sotto il tavolo: le tende di velluto nero s'aprirono ed entrò l'indiano. Non sembrava più né sporco né ridicolo.

Indossava pantaloni bianchi, larghi, e una tunica bianca ricamata in nero. Alla vita aveva una fascia pure nera e intorno alla fronte un nastro, anche quello nero. Gli occhi, neri, parevano cristallizzati dal sonno. Si trascinò fino alla sedia accanto alla tenda, si sedette, incrociò le braccia e chinò la testa sul petto. Era più voluminoso che mai, forse sotto quell'acconciatura portava il vestito di prima.

Soukesian stese le mani sul globo lattiginoso che stava sul tavolo, in mezzo a noi due. La luce che si rifletteva sul soffitto alto cambiò di colpo, prese a ondeggiare formando disegni bizzarri, appena percettibili, dato che il soffitto era nero. L'indiano rimase a testa china col mento appoggiato sul petto, poi a un tratto sollevò gli occhi e li puntò sulle mani che si agitavano sul globo.

Il movimento di quelle mani seguiva uno schema evidentemente prefissato: era lento, pieno di grazia, complicato, e poteva significare tutto e niente, dalla danza greca eseguita da giovani esploratori a un noioso cerimoniale orientale, mettiamo giapponese. Tutto e niente.

La solida mascella dell'indiano restava sempre inchiodata sul solido petto. Gli occhi si chiusero lentamente, come quelli di un rospo.

"Avrei potuto ipnotizzarlo direttamente, senza tutta questa messinscena," ammise con calma Soukesian. "È stata soltanto un'esibizione."

"Già." Studiavo la sua gola: compatta, immobile, come se non avesse parlato.

"Adesso ci vuole qualcosa che sia stato toccato da Lindley Paul," disse. "Questo biglietto andrà benissimo."

Si alzò senza far rumore. Andò dall'indiano, gli infilò il biglietto nel nastro che gli cingeva la fronte e tornò indietro. Si sedette di nuovo.

Cominciò a emettere suoni gutturali in una lingua che non conoscevo. Tenevo sempre d'occhio la sua gola.

L'indiano cominciò a parlare, lento e solenne, tra le labbra quasi immobili, come se le parole fossero pesanti macigni che lui spingesse su per un erto pendio sotto un sole infuocato.

"Lindley Paul uomo cattivo. Fare amore con squaw del capo. Capo molto arrabbiato. Al capo rubata collana. Lindley Paul deve riportargliela. Uomo cattivo uccide lui. Grrr!"

La testa dell'indiano sobbalzò quando Soukesian batté le mani. Gli occhietti senza palpebra si spalancarono di colpo. Senza alcuna espressione sulla sua bella faccia, Soukesian mi guardò.

"Buon lavoro," dissi. "E per niente evidente." Indicai l'indiano col pollice. "È un po' pesantuccio per metterselo sulle ginocchia, vero? Era un pezzo che non sentivo un ventriloquo cosí bravo."

Soukesian accennò un sorriso.

"Ho osservato i muscoli della sua gola," spiegai. "Ma non ha importanza. Credo di esserci arrivato: Paul se la spassava con la moglie di qualcuno, e questo qualcuno era abbastanza geloso da desiderare di toglierlo di mezzo. Funziona, piú o meno come un teorema. La collana di giada, infatti, lei non la portava sempre addosso, e qualcuno doveva sapere con esattezza che l'avrebbe indossata proprio la sera del furto. Un marito, per esempio."

"È possibile," disse Soukesian. "E visto che lei non è stato ucciso, può darsi che neanche Lindley Paul rientrava nel programma. Magari volevano solo pestarlo un pochino."

"Probabile," feci. "E m'è venuta un'altra idea, che mi sarebbe dovuta venire prima. Se Lindley Paul temeva veramente qualcuno e voleva lasciare un messaggio, su quei bigliettini potrebbe esserci scritto ancora qualcosa — con inchiostro invisibile."

Questo lo colpí. Il sorriso non si scompose, ma agli angoli della bocca comparvero delle grinze che prima non c'erano. Non ebbi molto tempo per rifletterci sopra — però.

La luce dentro il globo lattiginoso si spense di colpo. Immediatamente nella stanza fu buio pesto, tanto da non distinguere la propria mano. Diedi un calcio alla sedia, tirai fuori la pistola e cominciai a indietreggiare.

Una corrente d'aria riempí improvvisamente la stanza di un odore acre di terra. Strano. Senza il minimo errore di tempo, l'indiano mi individuò nel buio e mi colpí da dietro, inchiodandomi le braccia. Poi mi sollevò. Avrei potuto liberare con uno strattone la mano e sparare dei colpi alla cieca, nel buio davanti a me. Non ci provai nemmeno: non serviva a niente.

L'indiano mi sollevò con tutt'e due le mani con la stessa caparbietà d'una gru a vapore, inchiodandomi le braccia contro i fianchi. Poi mi mise giú di colpo e mi afferrò i polsi. Me li tenne dietro la schiena, torcendoli. Un ginocchio tagliente come uno spigolo di marmo mi si conficcò nella schiena. Feci per urlare, ma il respiro mi si mozzò in gola.

Mi buttò giú di fianco, attorcigliando le gambe alle mie mentre perdevo l'equilibrio: fui bloccato come in una botte aderente al corpo. Caddi pesantemente, e la sua spinta non fece che aggravare il colpo.

Avevo sempre la pistola. L'indiano non lo sapeva o almeno fingeva di non saperlo. Era incastrata tra i nostri due corpi. Provai a sfilarla.

In quel momento la luce s'accese di colpo.

Soukesian stava in piedi dietro il tavolo bianco, con le mani poggiate sul piano. Sembrava invecchiato; c'era qualcosa che non mi piaceva sulla sua faccia. Aveva l'aria di uno che stia per fare qualcosa controvoglia.

"Dunque," disse con un filo di voce. "Inchiostro invisibile."

Poi le tende si scostarono con un fruscio e la donna bruna e sottile si precipitò nella stanza con un panno bianco e puzzolente in mano. S'abbassò a fissarmi con i suoi occhi neri e ardenti e me lo buttò in faccia.

L'indiano alle mie spalle mandò un grugnito. Mi strinse ancor piú le braccia contro il corpo.

Fui costretto a inspirare. Il cloroformio mi prese alla gola; mi parve d'inghiottire un sasso e, poi, una biscia prese a rodermi dentro. Il tutto accompagnato da un odore acre e dolciastro.

Fui presto lontano da quella stanza.

Prima che volassi via, qualcuno però sparò due colpi. Ma mi sembrò che quel fracasso non avesse niente a che fare con me.

Mi ritrovai disteso all'aria aperta, come la sera prima. Questa volta era giorno, e il sole mi stava trapanando la gamba destra attraverso un foro nel pantalone. Vidi: un cielo azzurro infuocato, il profilo frastagliato d'una collina, querce, yucca in fiore che zampillava dal fianco della collina e, ancora, cielo azzurro e infuocato.

Mi misi a sedere. Poi la gamba sinistra cominciò a formicolarmi. Me la grattai in mille punti. Poi passai a grattarmi sullo stomaco, nel quale mi s'era aperta una voragine: la puzza di cloroformio m'affluí al naso. Mi sentii vuoto e rancido come un vecchio bidone d'olio.

Mi alzai in piedi ma non ci restai. Il vomito fu peggiore della notte prima; piú scosse, piú brividi e piú spasmi allo stomaco. Mi rialzai ancora una volta.

Da dietro la collina, la brezza dell'oceano venne a svegliarmi dentro un po' di vita. Ancora tutto inebetito, presi a fare qualche passo. Vidi tracce di pneumatici sull'argilla rossa, poi un traliccio di ferro a forma di noce, che un tempo doveva essere stato bianco ma che adesso perdeva la vernice a scaglie. Era tutto contornato di portalampade senza lampadine e sulla base di cemento, tutta crepata, c'era la cassetta arrugginita dell'interruttore, coperto di verderame.

Poco discosto dalla base di cemento, vidi i piedi.

Sbucavano fuori da un cespuglio: scarpe chiodate, del tipo che portavano i soldati in trincea. Scarpe cosí non ne avevo viste da anni — a parte quella mattina.

Mi avvicinai, scostai i cespugli e vidi l'indiano.

Aveva le mani lungo i fianchi, grosse, inerti, vuote. Tra i capelli neri e unti c'erano polvere d'argilla, foglie morte e semi secchi di scorzonera. Una chiazza di sole gli illuminava in pieno la faccia scura. Le mosche avevan trovato un ottimo punto di convegno sul suo stomaco: una macchia di sangue rappreso. Gli occhi non differivano da tutti gli altri — fin troppi — che avevo visto fino allora: aperti a metà, vuoti, fissi.

Non aveva piú la tunica bianca, ma quel ridicolo vestito da passeggio. Il cappello unto era poco discosto da lui, con la fodera di pelle ancora rovesciata in fuori. Non era piú un indiano buffo, ripugnante e sporco, ma soltanto un povero cristo che ci aveva lasciato la pelle senza aver mai capito niente di niente.

L'avevo ucciso io, naturalmente. I colpi che avevo sentito erano partiti dalla mia pistola.

Mi frugai, ma non trovai l'arma. Mi mancavano anche gli altri due biglietti di Soukesian.

Seguii le impronte dei pneumatici fino a un viottolo incavato nei fianchi della collina e, quindi, a una strada ripida che portava fino a valle. Lontano, quando spuntavano contro sole, i parabrezza delle macchine luccicavano abbaglianti. C'erano una stazione di servizio e un paio di case, laggiú. Piú oltre, l'azzurro dell'oceano, i moli, l'ampia curva della spiaggia fino a Point Firmin. C'era un po' di foschia; non si vedeva Catalina Island. A quanto pareva, dunque, la razza di gente con cui avevo a che fare prediligeva quei paraggi.

Ci volle mezz'ora per raggiungere la stazione di servizio. Chiamai un taxi per telefono, e dovetti farlo venire fin da Santa Monica. Rifeci tutta la strada fino alla mia stanza al Berglund, a qualche centinaia di metri dal mio ufficio, mi cambiai d'abito, infilai nel fodero l'ultima pistola che m'era rimasta e mi attaccai al telefono.

Soukesian non era in casa, non rispose nessuno. Neppure Carol Pride rispose, né me l'aspettavo — probabilmente stava prendendo il tè con la signora Philip Courtney Prendergast. Solo alla Centrale risposero, e Reavis era ancora in ufficio. Non lanciò urla di gioia quando sentí la mia voce.

"Novità sul caso Lindley Paul?"

"Credevo di averle consigliato di scordarsene." Aveva una voce antipatica.

"Sí, me l'ha detto, d'accordo. Ma continuo a preoccuparmi. Mi piacciono i lavori ben fatti. Secondo me è stato il marito."

Rimase per qualche attimo in silenzio. Poi: "Il marito di chi, aquila?"

"Della donna che ha perduto la collana di giada, diamine."

"E naturalmente il nostro lince ha dato un'occhiata ai connotati della sbadata."

"Piú o meno. Ma m'è capitata sottocchio, ho solo dovuto alzare una palpebra."

Ancora silenzio all'altro capo del filo. Questa volta cosí a lungo che feci in tempo a sentirmi per intero la trasmissione sul furto di un'auto alla radio interna.

Poi, scandendo le parole a una a una, disse: "Vediamo un po' se riesco a schiarirle le idee, lince. Forse non è difficile. Senza cattiveria, comunque. Il Dipartimento di polizia le ha rilasciato una licenza tempo fa e lo sceriffo le ha concesso un distintivo speciale. Ora, qualunque capitano in servizio può toglierle sia l'una che l'altro, per un callo pestato. E magari anche un semplice tenente — come me. Ebbene, prima d'avere licenza e distintivo cos'era lei? Glielo dico io: per la società, uno scarafaggio, un ficcanaso da noleggio. Dinanzi a sé non aveva altra prospettiva che quella di dar via gli ultimi cento dollari per pagarsi l'affitto, e un po' di mobilio di seconda mano per l'ufficio, e starsene lí buono buono ad aspettare che qualcuno le portasse un leone per ficcargli la testa in bocca e vedere caso mai se mordeva. Se poi le staccava un orecchio ci avrebbe rimesso anche i danni. Rendo il concetto?"

"Sí, e come concetto è anche buono, devo dire. Solo che di anni ne son passati. Perciò ora veniamo a noi: vogliamo aprirla questa inchiesta?"

"Se mi fidassi di lei le direi che invece vogliamo aprire un negozio in grande stile di gioielli rubati. Ma non posso fidarmi. Dov'è in questo momento, in una sala da biliardo?"

"No, a letto. Per una sbornia di telefonate."

"Bene, allora si riempia una bella borsa d'acqua calda, metta la testa sul cuscino e dorma, da bravo bambino. Promesso?"

"No. Preferisco andare in cortile a sparare a qualche indiano. Tanto per tenermi in esercizio."

"E va bene, ma non piú di uno, figliolo."

"Non dimentichi quel bocconcino," gridai prima di chiudergli il telefono in faccia.

6

Lady Scotch

Mi fermai a bere qualcosa — caffè nero corretto (al cognac) — prima di arrivare al boulevard, in un posto dove mi conoscevano. Mi rimise a nuovo lo stomaco, però la testa me la sentivo ancora vuota, e le basette mi puzzavano ancora di cloroformio.

Salii in ufficio ed entrai nell'anticamera. Erano in due, questa volta: Carol Pride e una bionda. Bionda con gli occhi neri: roba da far girare la testa anche a un vescovo.

Carol Pride s'alzò, mi lanciò uno sguardo torvo e disse: "Le presento la signora Philip Courtney Prendergast. È da molto che la sta aspettando, e non è abituata ad aspettare. Ha deciso d'ingaggiarla."

La bionda mi sorrise nel porgermi una mano guantata. Gliela sfiorai appena. Aveva piú o meno un trentacinque anni e una sognante espressione, occhioni-spalancati, anche se i suoi erano neri e penetranti. Be', tutto ciò che immaginate debba avere una gran donna, lei lo aveva. Non badai al vestito. Era bianco e nero, come doveva piacere a lui, che certo se ne intendeva, altrimenti la gran donna non l'avrebbe frequentato.

Tirai fuori la chiave del mio studio-pensatoio, aprii la porta e le feci entrare.

Sulla scrivania, in un angolo, tutta sola, c'era una bottiglia di whisky.

"Mi scusi se l'ho fatta aspettare, signora Prendergast," dissi. "Avevo un piccolo affare da sbrigare."

"Non capisco perché sia andato a sbrigarlo fuori," disse Carol Pride, acida. "Vedo che lí davanti ha tutto l'occorrente."

La feci accomodare, mi sedetti a mia volta e in quel momento il telefono squillò accanto al mio gomito sinistro. Deviai la mano dalla bottiglia alla cornetta.

Una voce sconosciuta disse: "Dalmas? Okay. Abbiamo il suo ferro. Immagino che la voglia indietro, no?"

"Tutt'e due. Non nuoto nell'oro."

"Noi ne abbiamo soltanto uno." La voce adesso era come velluto. "Quella che interesserebbe alla polizia. La chiamo piú tardi, intanto ci pensi su."

"Va bene, grazie." Riattaccai, misi la bottiglia a terra e sorrisi alla signora Prendergast.

"Parlerò io," disse Carol Pride. "La signora Prendergast è un po' raffreddata. Deve risparmiarsi la voce."

Lanciò alla bionda una di quelle occhiate che le donne san dedicare solo alle donne, penetranti come trapano di dentista.

"Bene..." fece la signora Prendergast, e allungò il collo di quel tanto che le permettesse di vedere la bottiglia per terra, sul tappeto, dove l'avevo messa.

"La signora Prendergast mi ha concesso la sua confidenza," continuò Carol Pride. "Non so perché, a meno che non sia stata colpita dai miei consigli su come evitare un po' di cattiva pubblicità."

La guardai accigliato. "Non c'è nessun pericolo del genere. Ho appena parlato con Reavis. Ci ha calato sopra una tale cortina di silenzio da attutire una esplosione di dinamite."

"È molto strano, da parte di gente che in queste cose invece ci guazza. In ogni modo, si dà il caso che la signora Prendergast desideri riavere la sua collana di giada, senza che il signor Prendergast venga a sapere che è stata rubata. Pare, infatti, che non lo sappia ancora."

"'Be', allora, la cosa è diversa," dissi. (Accidenti, se non lo sapeva il marito!)

La signora Prendergast mi rivolse un sorriso che mi penetrò fin nella tasca posteriore dei pantaloni. "Adoro il rye liscio," tubò. "Potrei — un goccino appena."

Presi due bicchieri nani e rimisi la bottiglia sulla scrivania. Carol Pride si appoggiò alla spalliera della sedia, s'accese una sigaretta e lo sguardo di disprezzo che le lampeggiava negli occhi pensò bene di fissarlo al soffitto. Lei era tutt'altro che pericolosa, potevi guardarla a lungo senza farti venire il capogiro. La signora Prendergast, invece, aveva tutto quello che ci voleva per mandarti a sbattere contro un muro.

Versai da bere alle signore. Carol Pride non toccò nemmeno il bicchiere che le porsi.

"Nel caso non lo sapesse," disse con aria di distacco, "Beverly Hills, dove abita la signora Prendergast, è una zona tutta a sé. C'è il doppio delle radio-pattuglie e una rete fitta di sorveglianza che non lascia fuori un centimetro quadrato, visto che a Beverly Hills non scarseggiano i preziosi. Nelle migliori case hanno persino un filo diretto con la Centrale, un filo che non può essere tagliato."

La signora Prendergast mandò giú il suo rye tutto d'un fiato e guardò la bottiglia. La munsi di nuovo.

"Questo è niente," disse, brillante come una lampadina nuda. "Abbiamo perfino cellule fotoelettriche alle casseforti e agli armadi delle pellicce. Ci sono tali impianti che in certi posti neppure la servitú può avvicinarsi senza che la polizia sia alla porta entro trenta secondi. Meraviglioso, vero?"

"Sí, meraviglioso," fece Carol Pride. "Ma tutto questo soltanto a Beverly Hills. Una volta fuori di lí — e non si può passare tutta la vita a Beverly Hills, a meno di non essere una vecchia zitella — gioie e preziosi non sono piú tanto al sicuro. Perciò la signora Prendergast aveva un duplicato della sua collana di giada in steatite."

Feci quasi un balzo. Lindley Paul s'era lasciato scappare qualcosa a proposito di una vita intera passata a imitare la lavorazione delle pietre Fei Tsui — anche avendo il materiale originale a disposizione.

La signora Prendergast si trastullò col suo secondo bicchiere, ma non a lungo. Il sorriso le stava diventando sempre piú cordiale.

"Cosí quando andò a un party fuori Beverly Hills, la signora Prendergast, che voleva sfoggiare la collana, avrebbe dovuto mettere l'imitazione. Su questo il signor Prendergast era irremovibile."

"Ha un tale caratteraccio!" sottolineò la bionda.

Le versai un altro po' di rye. Carol Pride mi seguí con lo sguardo e a momenti ringhiava, aggiungendo: "Invece quella sera della rapina sbagliò e si mise la giada originale." Le lanciai un'occhiata di traverso. "So a cosa sta pensando," m'investí. "Chi poteva sapere di questo sbaglio? Capitò invece che il signor Paul se ne accorgesse, appena usciti di casa. Lui l'accompagnava quella sera, infatti."

"Be' — lui — toccò la collana," sospirò la signora Prendergast. "Era capace di distinguere la giada autentica al tatto. So che anche altri ci riescono. Lui se ne intendeva di gioielli."

Mi appoggiai all'indietro sulla poltrona cigolante. "Al diavolo," dissi, infastidito. "Avrei dovuto sospettare da un pezzo di lui. La banda doveva avere un aggancio in società, altrimenti come sapevano quando veniva tirata fuori dal frigorifero la roba buona? Deve aver fatto qualche scherzo e quelli hanno profittato dell'occasione per eliminarlo."

"Un bel talento sprecato, non trova?" disse Carol Pride, tutta dolce. Col dito spostò il suo bicchiere lungo il bordo della scrivania. "Io non ci vado matta, signora Prendergast — se le va un altro..."

"La serpe nel seno," disse la signora Prendergast, e buttò giú anche quel bicchiere.

"Dove e come avvenne la rapina?" intervenni.

"Be, anche questo non è proprio roba di tutti i giorni," disse Carol Pride, precedendo di un secondo la signora Prendergast. "Dopo il party, che aveva avuto luogo a Brentwood Heights, il signorino Paul volle fare un salto al Trocadero. Erano con la macchina di lui. In quei giorni, se ricorda, stavano allargando il Sunset Boulevard fino alla County Strip. Ammazzata la noia al Troc..."

"E bevuto qualche goccio," aggiunse con uno squittio la signora Prendergast, allungando la mano alla bottiglia. Si riempí uno dei bicchieri che aveva davanti, cioè ne fece traboccare un bel po'.

"... il signor Paul l'accompagnò a casa passando dal Santa Monica Boulevard."

"Era la strada da farsi," dissi io. "L'unica, direi, a meno di non volere inghiottire un po' di polvere."

"Certo, ma che comunque li costrinse a passare davanti a un vecchio albergo, il Tremaine, e a una birreria lí di fronte. La signora Prendergast notò che una macchina, giunti davanti alla birreria, si mise in moto e prese a seguirli. È abbastanza sicura che si trattasse della stessa macchina che poco dopo quasi li spinse fuori strada — i rapinatori sapevano quello che cercavano, andarono dritto alla collana. Tutto questo la signora Prendergast lo ricorda molto bene."

"Be', è naturale," squittí la bionda. "Non vorrà mica insinuare che ero ubriaca, spero. L'alcool so reggerlo. E poi, una collana come quella mica la si perde tutte le sere."

E fece fuori il quinto rye.

"Non saprei dirle un accidente su quegli uomini. Voglio dire, sul loro aspetto."

La sua voce era quasi roca. "Lin... voglio dire, il signor Paul — lo chiamavo Lin, sa — ci restò di sasso. Per questo si offrí."

"Erano suoi i diecimila dollari per il riscatto?" chiesi.

"Non certo del mio maggiordomo, stella. In ogni modo desidero riavere quella collana prima che Court si svegli. Cosa ne dice di andare a gettare un'occhiata a quella birreria?"

Frugò dentro la borsa bianca e nera e portò delle banconote alla luce. Le mise, tutte accartocciate, sulla scrivania. Le presi, le stirai una per una e le contai: in tutto quattrocentosessantasette dollari. Una bella sommetta. Li misi giú di nuovo.

"Il signor Prendergast," incalzò Carol Pride, con grande dolcezza, "che la signora Prendergast chiama 'Court,' crede che sia stata rubata l'imitazione. A quanto pare, lui non se ne intende, non distingue l'una dall'altra. E non sa niente di quello che è successo l'altra sera, se non che Lindley Paul è stato ucciso da banditi sconosciuti."

"Al diavolo, se non lo sa." Lo dissi ad alta voce questa volta, piuttosto eccitato. Feci rifare il viaggio di ritorno alle banconote attraverso la scrivania. "Credo che lei sia convinta di essere stata ricattata, signora Prendergast. Si sbaglia. Secondo me, se la storia non è saltata fuori sui giornali è perché è stata fatta pressione sulla polizia. Loro avranno acconsentito perché quello che gli interessa è la banda dei gioielli, visto che gli scimmioni che hanno fatto fuori Paul sono già sottoterra."

La signora Prendergast mi guardò con occhi intenti, lucidi, da ubriaca. "Non ho mai pensato, neppure per un momento, di essere stata ricattata." Aveva delle difficoltà con la *s,* adesso. "Rivoglio la mia collana e la rivoglio alla svelta. Non è questione di soldi. Proprio per niente. Mi versi da bere."

"Ce l'ha lí davanti," dissi. Per quel che me ne importava, poteva anche bere fino a scivolare sotto la scrivania.

Carol Pride disse: "Non pensa che dovrebbe andare in quella birreria a vedere cosa può scoprire?"

"Balle. L'idea non mi va."

La bionda stava facendo ondeggiare la bottiglia sopra i due bicchieri. Finalmente riuscí a riempirne uno, lo scolò e, con un gesto del dito semplice e disinvolto, come un bambino che gioca con le palline, prese a buttar giú dalla scrivania una per una le banconote.

Gliele tolsi di mano, le raccolsi e girando intorno alla scrivania andai a rimettergliele nella borsa.

"Se faccio qualcosa, la tengo informata," le dissi. "Non ho bisogno di un suo acconto, signora Prendergast."

Le piacque. Fece per riempirsi un altro bicchiere, ci ripensò con quel poco di lucidità che ancora le restava, si alzò e si diresse verso la porta.

La raggiunsi in tempo per impedire che l'aprisse col naso. La sostenni per il braccio e gliela aprii. Fuori, appoggiato alla parete accanto alla porta, c'era un autista in uniforme.

"Okay," disse, svogliato, facendo schizzar via la sigaretta che aveva tra le dita e prendendola sottobraccio. "Andiamo, piccola. Dovevo venirti dietro, schifo se non dovevo."

La bionda ridacchiò e gli si aggrappò addosso. S'allontanarono nel corridoio e scomparvero. Rientrai nell'ufficio, sedetti dietro la scrivania e guardai Carol Pride. Stava pulendo la scrivania con uno straccio trovato chissà dove.

"Lei e la sua bottiglia di rappresentanza," disse, seccata. I suoi occhi erano pieni di odio.

"Al diavolo quella donna," feci con rabbia. "Non le affiderei un paio di calzini vecchi. Spero che la rapinino mentre se ne torna a casa. E al diavolo anche la sua birreria."

"Non sono in discussione i principî morali di quella donna, signor John Dalmas. Ha un mucchio di soldi e li spende — senza pensarci. Ho visto suo marito: uno scimunito con un libretto d'assegni senza fondo. Se c'è qualche trucco, l'ha preparato lei da sola. Mi ha detto di aver sospettato agli inizi che Paul fosse un rifiuto. Ma non le importava."

"E cosí questo Prendergast sarebbe un locco, eh? Può darsi."

"Sí, un locco alto, magro e giallo. Si direbbe che la prima poppata di latte gli sia andata acida nello stomaco e che continui a sentirne il sapore."

"Paul non ha rubata la collana."

"No?"

"No. E lei non aveva nessun duplicato."

Gli occhi le si strinsero e scurirono. "Immagino che l'ha appreso da Soukesian, tutto questo."

"E chi è?"

Si piegò in avanti, poi tornò ad appoggiarsi allo schienale e afferrò la borsetta.

"Capisco," disse, parlando con grande lentezza. "Il mio lavoro non le va. Mi scusi se mi ci sono immischiata. Pensavo di aiutarla un po'."

"Le ho detto che questa faccenda non mi riguarda. Vada a casa e si metta a scrivere un bell'articolo. Io non ho bisogno di nessun aiuto."

"Credevo che fossimo amici. Credevo di piacerle." Mi fissò per un attimo coi suoi occhi neri e stanchi.

"Devo guadagnarmi da vivere. E non ci riuscirò certo facendo concorrenza al Dipartimento di polizia."

S'alzò e rimase a guardarmi a lungo senza parlare. Poi si diresse verso la porta e uscí. Sentii il suo passo allontanarsi sul pavimento a mosaico del corridoio.

Rimasi immobile, seduto, un dieci o quindici minuti. Cercavo di indovinare perché Soukesian non m'aveva ucciso, ma non giunsi a nessuna conclusione sensata. Scesi giú al parcheggio e montai in macchina.

7

La birreria

L'Hotel Tremaine è molto fuori Santa Monica, dalle parti degli scaricatoi. Una linea ferroviaria interurbana taglia a metà la strada in una doppia carreggiata e appena arrivai agli isolati tra i quali doveva esserci quello che cercavo dovetti fare attenzione: un treno a due vagoni arrivò precipitoso a settanta chilometri all'ora quasi, con lo stesso frastuono d'un aereo da trasporto che si leva in volo. Accelerai e mi affiancai al treno, superai gli isolati e svoltai in uno spiazzo di cemento di fronte a un mercato abbandonato. Scesi e andai ad affacciarmi sull'angolo, dove finiva il muro.

Vidi l'insegna dell'Hotel Tremaine sopra una porticina stretta tra due negozi, entrambi chiusi: un vecchio edificio a due piani. I suoi impiantiti di legno certo odoravano di kerosene, le persiane erano certo a pezzi, le tende dovevano essere di stoffaccia di cotone e le molle dei letti certo ti si dovevano conficcare nella schiena. Li conoscevo bene i posti come quell'Hotel Tremaine, ci avevo dormito, mi ci ero andato a rinchiudere, a litigare con vecchie proprietarie bieche e pidocchiose, a buscarmi pallottole — e, uscito di lí, sarei potuto andare dritto all'obitorio se la fortuna non m'avesse sempre dato una mano. Son posti dove incontri gli individui piú squallidi, la feccia, i drogati, gli smargiassi che ti sparano addosso senza manco dirti buongiorno.

La birreria era sul lato della strada sul quale mi trovavo io. Tornai alla Chrysler, vi montai dentro e mi trasferii la pistola alla cintola. Poi scesi e mi avviai lungo il marciapiede.

C'era un'insegna al neon sopra — BIRRA. Rossa sgargiante. Una grossa tenda abbassata accecava, contro ogni prescrizione legale, la vetrina principale dall'interno. Un postaccio, di quelli che dividono l'ingresso con altri locali. Aprii la porta ed entrai.

Il barista stava giocando a dadi da solo e un uomo col cappello buttato all'indietro sedeva su uno sgabello e leggeva una lettera. I prezzi erano scarabocchiati in bianco sullo specchio dietro il banco.

Questo era il solito mobile di legno pesante, ma aveva una particolarità: due vecchie carabine 44, tipo frontiera, erano appese alle due estremità del banco in un vecchio fodero leggero di poco prezzo che nessun pistolero avrebbe mai agganciato alla propria sella. Alle pareti, cartelli stampati avvertivano di non chiedere credito o consigliavano quali liquori prendere. C'erano anche foto di belle gambe.

A occhio e croce, quel locale non doveva rifarsi nemmeno delle spese.

Il barista lasciò i dadi e passò dietro al banco. Era un tipo arcigno, sulla cinquantina. Il fondo dei suoi pantaloni era liso e si muoveva come se avesse i calli. Il tipo sullo sgabello continuò a leggere imperturbabile la lettera, scritta in inchiostro verde su carta rosa.

Il barista poggiò entrambe le mani, sporche e macchiate, sul piano del banco e mi guardò con l'espressione d'un attore vecchia scuola. Dissi: "Birra."

La tirò fuori con gesti lentissimi, calcolatissimi, e cominciò a raschiarne il tappo con un vecchio coltello da tavola.

Reggendo il bicchiere con la sinistra, cominciai a sorseggiarmi la birra. Dopo un po', chiesi: "Visto Lou Lid, ultimamente?" Poteva passare: nessun giornale aveva detto niente di Lou Lid e di Fuente il Messicano.

Il barista mi guardò, senza espressione questa volta. La pelle delle sue palpebre era a scaglie, come quella d'una lucertola. Alla fine, con un sibilo rauco, rispose: "Mai conosciuto."

La cicatrice bianca che aveva sulla gola mi spiegò il perché di quel sibilo rauco, ci s'era certo poggiato un coltello in quel punto.

Il tipo che stava leggendo la lettera scoppiò improvvisamente in una risata fragorosa, mollandosi contemporaneamente una gran pacca sulla coscia. "Questa la devo raccontare a Moose," ruggí. "Questa è proprio buona."

Scese dallo sgabello, si avviò a passo lento verso una porta in fondo al locale e scomparve. Era scuro e robusto, un tipo qualunque. La porta si richiuse dietro di lui.

Il sibilo rauco disse: "Lou Lid, eh? Bel nome d'arte.

Ne vengono a carrettate qui dentro, non conosco tutti i nomi. Poliziotto?"

"Privato," dissi. "Ma non se ne faccia un cruccio, sono venuto per la birra. Lou Lid è un negro: pelle chiara, giovane."

"Be', forse l'ho visto. Non ricordo."

"Chi è Moose?"

"Lui? Il padrone. Moose Magoon."

Immerse un grosso strofinaccio in un secchio, lo ritirò, lo strizzò e lo strofinò sul piano del bancone tenendolo per l'estremità: un malloppo di roba che pareva una mazza, capace di mandarti a dormire se maneggiato bene.

Il tipo della lettera si rifece vivo, vomitato dalla stessa porta che l'aveva inghiottito. Rideva ancora. Si ficcò la lettera in una tasca e si diresse lentamente al gioco delle frecce sulla parete di fronte al banco. In tal modo si trovò alle mie spalle. Cominciai a stare un po' in pensiero.

Finii la birra rapidamente e scesi dallo sgabello. Il barista non raccolse i dieci cents, continuò a strofinare il banco con lo strofinaccio, su e giú, lentamente.

"Ottima birra," dissi. "Grazie lo stesso."

"Ritorni," sibilò, e urtò il mio bicchiere facendolo cadere.

Bastò a distrarmi per un secondo. Quando rialzai gli occhi, la porta in fondo era spalancata e sulla soglia c'era un uomo grosso con una pistola grossa in mano.

Non disse niente, stava lí e basta — la pistola, lunga come un tunnel, puntata contro di me. Era un tipaccio tarchiato e scuro di carnagione: il fisico del lottatore duro e caparbio. Non aveva la faccia di uno che si chiama Magoon.

Gli altri nemmeno dissero niente; il barista mi guardava fisso, come quello con la pistola. Poi sentii lo sferragliare del treno interurbano, fuori. Si avvicinava in fretta e il fracasso aumentava. Sarebbe stato quello il momento. La tenda era completamente abbassata e da fuori nessuno avrebbe visto niente; quando il treno sarebbe passato di lí qualche paio di spari sarebbero stati inghiottiti dal frastuono.

Il treno si stava avvicinando: dovevo far qualcosa prima che scoppiassero frastuono e spari.

Feci un tuffo a capofitto oltre il banco.

Nel fracasso del treno s'udí un colpo debole e qualcosa tintinnò sopra la mia testa, sulla parete. Non seppi mai cosa. Il treno passò oltre, in un crescendo fragoroso.

Nel tuffo cozzai contro la gamba del barista e contro il pavimento quasi contemporaneamente. Il barista mi si sedette sul collo, schiacciandomi il naso in una pozza di birra fetida e una delle orecchie contro un mattone durissimo del pavimento.

La testa mi scoppiava dal dolore. Stavo lungo disteso su una pedana di legno dietro il banco, mezzo girato sul fianco sinistro. Mi sfilai la pistola dalla cintura. Per un miracolo non era scivolata via.

Il sibilo che mandò il barista doveva essere un sospiro. Per il momento non udii altri colpi. Non feci fuoco: col calcio della pistola, colpii il barista in un punto in cui gli uomini generalmente sono molto sensibili. Lui non fece eccezione.

Mi cadde addosso come una mosca morta. Se non lanciò un urlo fu perché non ne ebbe il tempo: mi rivoltai un altro poco sul fianco e gli puntai la pistola contro il cavallo dei pantaloni. "Chiaro?" grugnii. "Non farmi diventare villano."

Scoppiarono altri due colpi. Il treno ormai era lontano, ma qualcuno pareva infischiarsene. Le due pallottole questa volta trapassarono il legno. Il bancone era vecchio e solido, ma non abbastanza da fermare palle da quarantacinque. Sopra di me, il barista mandò un altro sospiro, e qualcosa di umido e caldo mi colò in faccia. "Avete colpito me, ragazzi," sibilò e stava per crollarmi addosso.

Mi scostai giusto in tempo, mi trascinai carponi fino all'estremità del banco e sporsi la testa. Una faccia, con sopra un cappello marrone, stava a circa trenta centimetri dalla mia, alla stessa altezza.

Ci guardammo a vicenda per una frazione di secondo che durò un'eternità, ma che fu in realtà cosí breve che il barista non aveva ancora nemmeno avuto il tempo di crollare alle mie spalle.

Quella era la mia ultima pistola, e non me la sarei fatta portar via da nessuno. La puntai prima che l'uomo che mi stava di fronte si fosse reso conto della situazione. Infatti lui non fece niente; si piegò solo di lato, e nello scivolar giú un fiotto rosso gli uscí dalla bocca.

Questo colpo lo sentii. Cosí forte che sembrò la fine del mondo, cosí forte che non udii nemmeno sbattere la porta che dava sul retro. Doppiai la fine del banco, sempre carponi, urtai contro la pistola di qualcuno abbandonata lí a terra e feci sporgere il mio cappello in fuori. Nessuno sparò. Cacciai fuori un occhio e parte della faccia.

La porta sul retro era chiusa, e la sala vuota. Mi sollevai sulle ginocchia e rimasi in ascolto. Un'altra porta sbatté, poi udii il rombo di un motore.

Mi sentii impazzire dalla rabbia. Attraversai la sala di corsa, spalancai la porta e fui fuori. Un tranello. Avevano sbattuta la porta e avviato il motore per farmici cadere in pieno. Feci in tempo a vedermi crollare addosso il pugno armato di bottiglia.

Per la terza volta in ventiquattro ore ebbi la mia razione.

Mi svegliai questa volta urlando, con un odore pungente d'ammoniaca sotto al naso. Cercai di colpire una faccia. Ma non potevo colpirla con niente: al posto delle braccia avevo due àncore da quattro tonnellate. Mi guardai intorno e grugnii.

La faccia che mi stava davanti assunse contorni precisi: era quella, annoiata e insieme premurosa, di un uomo in camice bianco — un medico della croce rossa.

"Le piace?" Sorrise. "C'è chi la beve anche — come digestivo."

Mi tirò su, mi strofinò il braccio e un ago mi punse.

"Colpo leggero," disse. "Ma la testa abbastanza conciata. Ne avrà per un po'."

La sua faccia scomparve. Mi sforzai di vedere, ma davanti a me non c'era che vuoto. Poi in questo affiorò la faccia di una ragazza, sottile, sollecita: Carol Pride.

"Lo sapevo, mi ha seguito. Non poteva farne a meno."

Sorrise e si mosse. Poi le sue dita mi carezzarono le guance; non vidi più né sorriso né faccia.

"L'han trovata quelli dell'autopattuglia," sentii la sua voce dire. "L'avevano imballata in un tappeto — forse volevano esportarla."

Ancora non riuscivo a distinguere bene. Questa volta mi vidi davanti una faccia rossa, d'uomo in camicia azzurra con una pistola in mano. Dal fondo giunse una voce, quella di Carol:

"Ne avevano imballati altri due."

"Se ne vada a casa," grugnii, come un ubriaco. "Vada a casa e si metta a scrivere una bella storia tutta di fantasia."

"Questa l'ha già detta, stella." Tornò ad accarezzarmi la guancia. "Male alla testolina?"

"La cura gliela abbiamo data," disse una voce nuova, aspra. "Ora se lo porti via e lo metta nella bambagia, questo bisonte. Non voglio che crepi."

La faccia di Reavis mi si avvicinò e parve spuntare dalla nebbia. Si compose lentamente, grigia, sollecita, un po' arcigna. S'abbassò, come se mi si fosse seduto di fronte.

"E cosí ha voluto fare il furbo. E va bene, adesso parli. Al diavolo la testa, se le fa male. L'ha voluto lei, dopotutto."

"Mi dia da bere."

Un'agitazione indistinta oltre la nebbia, un lampo di luce e la bocca di una bottiglia mi baciò le labbra. Un'ondata di calore mi scese giú in gola, qualche goccia fredda mi cadde sul mento. Poi staccai le labbra dalla bottiglia.

"Grazie. Avete preso Magoon — quello piú grosso?"

"È pieno di piombo, ma si rivolta ancora. Lo stan portando alla Centrale."

"E l'indiano?"

"Eh?"

"È tra i cespugli sotto la Peace Cross, dalle parti delle Palisades. L'ho ucciso io, senza volerlo."

"Porca...!"

Reavis scomparve e le dita ripresero a muoversi lente sulle mie guance.

Reavis tornò e si sedette di nuovo. "Chi è l'indiano?"

"Il braccio forte di Soukesian. Soukesian, il mago. È..."

"Sappiamo tutto," m'interruppe Reavis, acido. "È svenuto da piú di un'ora, lince, e la signora qui ci ha parlato dei bigliettini. S'è presa lei la colpa, ma non ci credo. Balle. Ho mandato un paio di ragazzi in perlustrazione."

"Sono già stato a casa sua. Qualcosa la sa, ma non so cosa. Aveva paura di me, eppure non mi ha fatto fuori. Strano."

"Dilettante," disse Reavis, secco. "L'aveva conservato per Moose Magoon. Moose era un duro, fino a poco fa. Una bella fedina, da qui alla costa atlantica. Beva. Beva, ma ci vada piano; questa è acqua per l'estrema unzione. Troppo preziosa per lei."

La bottiglia mi sfiorò di nuovo le labbra.

"Stia a sentire," non riuscivo a spiaccicare le parole. "Questa era la squadra d'azione, Soukesian era la mente.

Lindley Paul il rappresentante sociale. Deve aver fatto qualche brutto scherzo..."

Reavis disse: "Balle," e proprio in quel momento un telefono squillò lontano e una voce disse: "Per lei, tenente."

Reavis scomparve. Quando tornò non si mise a sedere.

"Forse ha ragione." Adesso era docile come un agnellino: "Forse ha ragione, in parte. Su una casa in cima a una collina, a Brentwood Heights, c'è un tipo biondo oro seduto su una sedia, morto, e una donna che gli piange accanto. Suicidio. C'è una collana di giada sul tavolo accanto a lui."

"Troppi cadaveri," dissi e svenni.

Mi risvegliai nell'autoambulanza. Sulle prime credetti d'esser solo, poi sentii la sua mano e capii d'essermi sbagliato. Ero completamente cieco, adesso. Non distinguevo nemmeno la luce; ma era per via delle bende.

"Il dottore è seduto davanti, accanto all'autista," disse. "Può stringermi la mano. Vuole che le dia un bacio?"

"Se la cosa non mi obbliga in nessun senso."

Rise. "Scommetto che sopravvive." Mi baciò. "Ha i capelli che odorano di scotch. Ci ha fatto il bagno dentro? Il dottore ha detto che non deve parlare."

"La bottiglia che m'ha colpito era piena. Ho detto a Reavis dell'indiano?"

"Sí."

"E gli ho detto che secondo la signora Prendergast Paul era implicato?"

"Non l'ha nemmeno nominata, la signora Prendergast."

Non obiettai nulla. Dopo un po', lei disse: "Quel Soukesian, era tipo da far colpo sulle donne."

"Il dottore ha detto che non devo parlare."

8

Bionda veleno

Tornai a Santa Monica due settimane piú tardi, dopo aver passato dieci giorni all'ospedale a curarmi, a mie spese, una bella commozione cerebrale. Nel frattempo Moose Magoon stava, sotto sorveglianza, al County Hospital, a farsi estrarre sette o otto pallottole dal corpo. Dopodiché lo seppellirono.

Intanto anche il caso era stato benedetto e seppellito. I giornali ci avevano guazzato dentro per un po', poi c'erano state altre novità e alla fine tutto era stato ridimensionato alle proporzioni di un furto di gioielli andato buco per troppe circostanze avverse. Almeno cosí dichiarò la polizia, e loro dovevano saperlo.

Altri gioielli non s'erano trovati, né aspettavano di trovarne. Secondo loro, la banda s'impegnava a un lavoro per volta, in genere a colpo sicuro, e tutti eseguiti nello stesso stile. Il quale stile dipendeva in realtà da tre persone, che sapevano il fatto loro: Moose Magoon, che alla fine saltò fuori che era un armeno; Soukesian, che sfruttava le sue conoscenze per scoprire chi era in possesso dei gioielli adatti; e Lindley Paul, che organizzava il lavoro d'aggancio e metteva in moto la banda. Alla polizia cosí dissero, almeno, e loro dovevano saperlo.

Era un bel pomeriggio, faceva anche caldo. Carol Pride abitava alla Venticinquesima Strada, in una graziosa casetta di mattoni rossi, con finestrine in bianco e una bella siepina sul davanti.

Nel soggiorno c'erano: un tappeto rossiccio ad arabeschi, sedie rosa antico, un camino in marmo nero con parafuoco alto di ottone, alti scaffali per libri incastrati nel muro e tende di canapa color crema davanti alle persiane dello stesso colore.

In tutto questo non s'avvertiva la mano della donna, a parte una lunga specchiera che rifletteva un pavimento tutto lindo e lucido.

Sedetti su una sedia bella comoda, poggiai il rottame della mia testa contro lo schienale e attaccai a sorseggiare scotch e soda, senza perdere d'occhio la capigliatura arruffata di lei che incoronava un abito dal collo alto (che le dava al viso una certa aria infantile).

"Immagino che tutto questo non l'ha messo su collaborando ai giornali."

"Nemmeno mio padre lo mise su lavorando alla polizia," replicò. "Avevamo un po' di terra a Playa Del Rey, se vuol saperlo."

"Un po' di petrolio, dunque. Bene. Non avevo urgenza di saperlo. Non cominci a beccarmi, adesso."

"Ce l'ha ancora la licenza?"

"Certo," risposi. "Ottimo questo scotch. Le andrebbe di fare una corsa in un vecchio macinino?"

"Cos'è questa storia del vecchio macinino?" chiese. "Le hanno inamidato il colletto, in lavanderia?"

Guardai sorridendo la linea sottile delle sue sopracciglia.

"L'ho baciata in quell'ambulanza," disse. "Ora non si monti la testa, se pure lo ricorda. Mi dispiaceva per come ci stava rimettendo la testa."

"Sono un uomo pratico, non costruirei mai castelli. Andiamo a fare questa scarrozzata, devo vedere una bionda a Beverly Hills. Devo farle un rapporto."

S'alzò e mi guardò, piena di ironia. "Oh, la Prendergast. Con quelle gambe chippendale."

"Magari son solo stecchini," risposi.

Arrossí e corse via dalla stanza. Ritornò dopo tre secondi, o tanti mi parvero, con in testa un ridicolo cappellino, ottagonale con un bottone rosso sulla cupola, e un cappottino a scacchi con colletto e polsi di camoscio. "Andiamo," disse tutto d'un fiato.

I Prendergast abitavano in una di quelle larghe strade tutte curve, sulle quali le case sembrano troppo addossate l'una all'altra, considerate le loro dimensioni e lo stato d'agiatezza che rappresentano. Un giardiniere giapponese stava cesellando qualche spanna di prato morbido e verde, con la tipica aria schifata che hanno sempre i giardinieri giapponesi. La casa — tetto di ardesia all'inglese, ingresso casa-di-bambola — era circondata da preziosi alberi esotici e da stupende bouganvillee. Un bel posto, non tanto sfarzoso dopotutto. Ma Beverly Hills è sempre Beverly Hills e perciò il maggiordomo aveva il colletto alto e un accento alla Leslie Howard.

Ci introdusse, attraverso zone di silenzio, in una stanza che in quel momento era vuota. C'erano grandi sedie imbottite di pelle giallo tenue, disposte intorno a un camino davanti al quale, su un pavimento lucido ma non sdrucciolevole, era steso un tappeto sottile come seta e vecchio come Matusalemme. Un cespo di fiori in un angolo, un altro fascio su un tavolo basso, pareti in pergamena finemente dipinta, silenzio, conforto e spazio, un pizzico di moderno e un pizzico di antico. Una gran bella stanza. Carol Pride arricciò il naso.

Il maggiordomo aprì una porta imbottita in pelle e la signora Prendergast entrò, in abito azzurro pallido, con cappellino e borsetta in tinta. Era pronta per uscire: guanti, anch'essi azzurro pallido, che sbattevano leggermente contro fianchi vestiti di azzurro pallido, sorriso sulle labbra, sguardo intensissimo negli occhi neri, una gran luminosità e, ancor prima che parlasse, una gran freddezza.

Ci porse tutte e due le mani. Carol Pride fece in modo da distrarsi. Io strinsi quella che mi spettava.

"Siete stati molto carini a venire," cinguettò. "Che piacere rivedervi, tutt'e due. Ho ancora in bocca il sapore di quel whisky che ho bevuto nel suo ufficio. Terribile, non trova?"

Ci mettemmo a sedere, tutti e tre.

Dissi: "A dire il vero, non c'era bisogno che venissi di persona a farle perdere tempo, signora Prendergast. Tutto s'è risolto nella maniera migliore e lei ha riavuto la sua collana."

"Sí. Che strano quell'uomo! E che strano modo di comportarsi. E dire che lo conoscevo, sa?"

"Soukesian? Sospettavo che lo conoscesse."

"Sí, e abbastanza bene anche. Be', ora le dovrò certamente un sacco di soldi. Come va la sua povera testa?"

Carol Pride mi stava seduta molto vicina. In un bisbiglio tra i denti, come se parlasse per conto proprio, disse: "Puzza, lei e tutti i suoi soldi."

Sorrisi alla Prendergast, che mi restituí il sorriso con angelica dolcezza.

"Non mi deve un centesimo. C'è solo una cosa..."

"Impossibile, le sono debitrice di molto. Ma adesso prendiamo un po' di scotch, vero?" Poggiò la borsetta sulle ginocchia, coperte d'azzurro pallido, premette qualcosa che era sotto la sedia e disse: "Scotch e soda, Vernon." Sorrise, radiosa. "Divertente, vero? Il microfono è invisibile. Tutta la casa è piena di aggeggi cosí, a Court piacciono un mondo. Questo qui è collegato direttamente con la cucina."

Carol Pride parlò: "Deve essere divertente anche quello collegato direttamente con il letto dell'autista."

La signora Prendergast non sentí. Entrò il maggiordomo con un vassoio, preparò da bere, ce lo offrí e uscí.

Tenendo il proprio bicchiere accostato alle labbra, la signora Prendergast disse: "È stato carino da parte sua non dire alla polizia che sospettavo Lin Paul... be', sa cosa intendo dire. O che io avessi qualcosa a che fare con la sua visita a quell'orrenda birreria. A proposito, come l'ha giustificata?"

"Non è stato difficile. Ho detto che l'ho saputo da Paul. Eravate insieme quella sera, ricorda?"

"Invece non gliel'aveva detto, vero?" I suoi occhi erano inquieti, adesso.

"In realtà non mi disse niente. Quindi, non mi disse neanche che la ricattava."

Ebbi addirittura l'impressione che Carol Pride non respirasse piú. La Prendergast continuava a guardarmi da sopra il bicchiere: per un attimo la sua faccia acquistò un'espressione quasi da tonta, poi da ninfetta colta in flagrante. Infine mise giú il bicchiere lentamente, aprí la borsetta che aveva in grembo, ne tirò fuori un fazzoletto e prese a mordicchiarlo. Silenzio.

"Questa," disse a voce bassissima, "è troppo fantasiosa come idea, non trova?"

Le sorrisi: una mezza smorfia gelida. "I poliziotti somigliano molto ai giornalisti, signora Prendergast. Ora per un motivo ora per un altro, non possono mai adoperare tutto il materiale su cui mettono le mani. Ma non per questo sono stupidi. Reavis non è uno stupido. Non è affatto convinto, non piú di me, che quel Soukesian trafficasse veramente con una banda di ladri di gioielli. Non avrebbe potuto trattare con gente come Moose Magoon per piú di cinque minuti; gli avrebbero pestata la faccia solo per mantenersi in esercizio. Eppure, Soukesian aveva la collana. Come si spiega? Secondo me, l'ha comprata da Moose Magoon con i dieci biglietti scuciti da lei. Qualche altra piccola congettura mi porta poi a concludere che abbia pagato in anticipo, per convincere Moose a mettersi al lavoro."

La signora Prendergast abbassò le palpebre finché i suoi occhi furono una sottile fessura, poi le rialzò e sorrise. Un sorriso abbastanza glaciale. Accanto a me, Carol Pride non si muoveva.

"Qualcuno desiderava la morte di Lindley Paul," continuai. "È chiaro. Si può uccidere un uomo per caso, con uno sfollagente, perché non ci si rende conto della forza con cui si mena il colpo; ma non fino al punto da fargli colare le cervella sugli occhi. Se poi lo si vuole solo ammansire, non si piglia a bersaglio soltanto la testa, perché allora la lezione non serve a niente, visto che quello ci rimane secco, senza avere imparato niente."

"Cosa ha a che vedere tutto questo con me?" chiese la bionda, rauca.

La faccia le era diventata una maschera, e c'era amarezza nei suoi occhi, un'amarezza da miele avvelenato. Una delle sue mani stava rovistando nella borsetta, poi rimase lí dentro ferma, immobile.

"Moose Magoon poteva mettersi a un lavoro del genere," continuai, ostinato, "solo se sentiva odor di quattrini, per i quali è tipo da cacciarsi in ogni impresa. Inoltre era un armeno, ed è probabile che Soukesian sapesse come entrare in contatto con lui. Già, quel Soukesian era tipo da darsi mani e piedi legati a una fatalona, e di fare tutto quello che volesse lei, persino fare uccidere un uomo, specie poi se si trattava di un rivale e specie se questo rivale praticava salotti e camere da letto, magari prendendo qua e là qualche foto degli amici, e della fatalona in atteggiamenti da giardino dell'Eden. Sarebbe abbastanza comprensibile, non trova, signora Prendergast?"

"Beva," intervenne Carol Pride, glaciale. "Lei sta farneticando. Non è il caso di dire a questa bambola che è una trappola, lo sa già. Ma come diavolo potrebbero ricattarla? Per essere ricattati bisogna avere una reputazione."

"Zitta," l'interruppi. "Meno si possiede e piú costa mantenerlo." Tenevo sempre d'occhio la mano della bionda: all'improvviso si mosse dentro la borsetta. "Lasci stare quell'arma, non si prenda tanto fastidio. Non l'impiccheranno, è certo. Volevo solo farle sapere che lei non imbroglia nessuno e che so che lo scherzo della birreria mirava a farmi fuori, visto che Soukesian aveva perduto la calma. E a mandarmi lí a ricevere il benvenuto è stata lei. Il resto ormai non ha importanza."

Ma lei lo stesso tirò fuori l'arma, e la tenne sul ginocchio coperto d'azzurro pallido, sorridendo.

Carol Pride le lanciò contro il bicchiere. Lei si scansò e fece fuoco. Mollemente, delicatamente, la pallottola andò a conficcarsi nella parete ricoperta di pergamena, molto in alto, non facendo piú rumore di un dito che entri in un guanto.

La porta si aprí e un uomo magro, straordinariamente alto, entrò nella stanza.

"Mira a me," disse. "Sono tuo marito."

La bionda lo guardò e per un attimo credetti che stesse per prenderlo sulla parola. Invece si limitò a sorridere, rimise l'arma nella borsetta e allungò la mano per prendere il suo bicchiere. "Ancora a origliare, eh?" disse, annoiata. "Prima o poi finirai per sentire cose che non t'andranno giú."

L'uomo alto e magro prese dalla tasca un libretto d'assegni in una custodia in pelle e, inarcando un sopracciglio, disse: "Quanto, per starsene zitto per sempre?"

Lo guardai sorpreso. "Ha sentito tutto?"

"Credo di sí. L'impianto funziona benissimo con questo tempo. M'è parso che lei accusasse mia moglie d'avere qualcosa a che fare con la morte di qualcuno, o sbaglio?"

Continuai a guardarlo sorpreso.

"E allora — quanto vuole?" insistette. "Non ho intenzione di discutere, sono abituato ai ricatti."

"Facciamo un milione," proposi. "Poi, la signora ci ha appena sparato contro: facciamo altri quattro fogli, per questo."

La bionda rise, impazzita, e la risata si concluse in un gemito e quindi in uno strillo. Pochi attimi dopo si rotolava sul pavimento, strillando e scalciando.

L'uomo alto le andò subito vicino, si chinò e la colpí in faccia a mano aperta: il rumore di quello schiaffo dovette sentirsi a un miglio di distanza. Quando si rialzò aveva la faccia tutta rossa e la bionda, stesa ai suoi piedi, singhiozzava.

"Vi accompagno alla porta," disse. "Può venire domani nel mio ufficio."

"E perché?" chiesi, prendendo il cappello. "Qui o nel suo ufficio lei rimane sempre un cornuto."

Presi Carol Pride per un braccio e la guidai fuori dalla stanza. Lasciammo la casa in silenzio. Il giardiniere giapponese aveva appena strappato via un'ortica dal prato e la teneva sollevata, fissandola.

Ci allontanammo di lí, puntando verso le colline. Poco dopo, all'angolo del vecchio Beverly Hills Hotel, un semaforo rosso mi fermò. Rimasi immobile, le mani sul volante. Neppure la ragazza accanto a me si mosse, né disse niente. Guardava soltanto dritto davanti a sé.

"Non ho sentito nessun prurito alle mani," ruppi alla fine il silenzio. "Non m'andava di colpire nessuno."

"Probabilmente la bionda non l'aveva pensata a sangue freddo," disse Carol Pride a bassa voce. "Ha solo perso la testa e qualcuno le avrà dato l'idea. Quel tipo di donna lí si prende gli uomini e presto se ne stanca, li butta via, e quelli impazziscono per tornar da lei. Può essere andata cosí con quei due amanti, Paul e Soukesian. Però Moose Magoon ha calcato la mano."

"Paul temeva Soukesian. Ma a mandarmi in quella birreria è stata lei, e questo mi basta. Però sapevo che non avrebbe fatto centro. Con la pistola, voglio dire."

Le cinsi le spalle: tremava.

Da dietro arrivò una macchina: il tipo al volante s'attaccò alla tromba. Per un po' stetti a sentire, poi lasciai andare Carol Pride, scesi e lo raggiunsi: un tipo robusto, in una berlina.

"Questa è una strada pubblica," disse, seccato. "Il parcheggio per gli innamorati è piú su, sulle colline. Si tolga dai piedi, prima che le dia uno spintone."

"Suoni un'altra volta la tromba, un'altra volta soltanto, e poi mi dica quale occhio vuole che le pesti."

Tirò fuori dal panciotto la tessera di capitano di polizia e sorrise. Sorrisi anch'io, storto. Decisamente non era la mia giornata.

Tornai alla macchina, feci manovra e tornai indietro, verso Santa Monica. "Andiamo a casa a bere ancora un po' di scotch," dissi. "Del tuo scotch."

Blues di Bay City

1

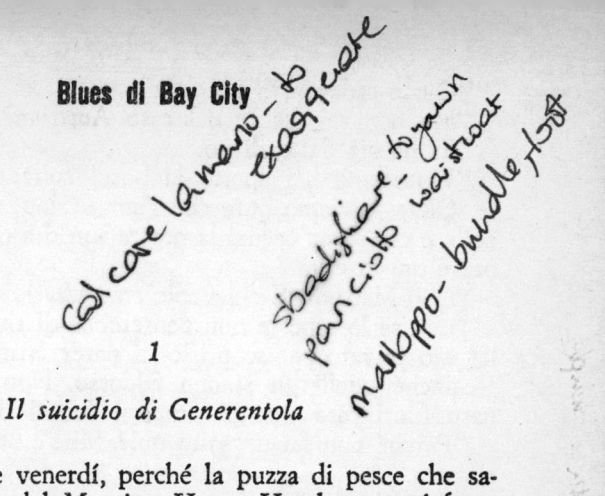

Il suicidio di Cenerentola

Doveva essere venerdí, perché la puzza di pesce che saliva dalla cucina del Mansion House Hotel era cosí forte e densa che la potevi inscatolare. A parte questo, era stata una bella giornata tiepida di primavera — ultima d'una settimana fin troppo tranquilla. Era tardo pomeriggio e tenevo i piedi sulla scrivania, al sole, quando il telefono squillò. Tolsi il cappello che v'era appeso sopra e sbadigliai nella cornetta.

Una voce disse: "Bella roba. Dovresti vergognarti, Johnny Dalmas. Hai mai sentito parlare del caso Austrian?"

Era Violetta M'Gee, della squadra omicidi dello sceriffo. Un gran bravo ragazzo, a parte il vizio di passarmi puntualmente casi che mi costavano sudore e ossa rotte, senza guadagnarci nemmeno tanto da comprarmi un panciotto di seconda mano.

"No."

"Uno di quei posti lungo la costa — Bay City. Ho sentito che nel piccolo borgo c'è stato del traffico l'ultima volta che hanno eletto il sindaco. Ma lo sceriffo di Los Angeles abita lí e cosí, per riguardo a lui, non abbiamo calcato la mano. Dicono che quelli del giro delle sale da gioco abbiano finanziato la campagna con trentamila, e cosí ora al ristorante assieme alla lista delle vivande ti rifilano anche quella dei cavalli."

Sbadigliai un'altra volta.

"Ho sentito anche questo," grugní M'Gee. "Se non t'interessa, ci mettiamo una bella croce sopra e lasciamo perdere. L'amico dice che ci rimette un bel malloppo."

"Quale amico?"

"Matson, quello che ha trovato il cadavere."

"Quale cadavere?"

"Ma non sai niente del caso Austrian?"

"Ti ho già detto di no."

"Veramente hai aperto la bocca soltanto per sbadigliare. Okay, lasciamo pure che l'ammazzino, quel povero diavolo, e che se ne occupi la nostra squadra omicidi, visto che ora è qui in città."

"Chi, Matson? E chi vuole ammazzarlo?"

"Be', se lo sapesse non penserebbe di rivolgersi a un poliziotto privato per scoprirlo, ti pare? Insomma, si affida a te finché quelli gli stanno addosso. Non può mettere il naso fuori casa che gli fanno i fuochi d'artificio."

"Perché non fai un salto qui? Mi s'è stancato il braccio sinistro."

"Sono in servizio."

"Stavo giusto per andare dal droghiere a comprare un mezzo scotch."

"Se senti bussare alla porta, sono io," disse M'Gee.

Meno di mezz'ora ed era già lí — grande e grosso, faccia simpatica, capelli argentati, fossetta al mento e boccuccia a cuoricino, fatta apposta per baciare neonati. Quel giorno indossava un abito blu ch'era un modello di stiratura perfetta, scarpe a suola quadrata lucidissime e un dente di alce attaccato alla catena che gli attraversava il panciotto.

Si sedètte piano piano, come fanno i grassoni, stappò la bottiglia e l'annusò circospetto, per assicurarsi che non avessi messo liquido da novantotto cents nella bottiglia con l'etichetta buona, come un qualunque barista. Poi se ne versò una bella dose e si mise a sorseggiarla, perlustrando l'ufficio con lo sguardo.

"Non c'è da stupirsi se te ne stai sempre qui seduto ad aspettare clienti," disse, alla fine. "Te la sarai passata bene, questi giorni."

"Non insistere, risparmiami," feci. "Dimmi piuttosto di questo Matson e del caso Austrian."

M'Gee finí il bicchiere e se ne versò un altro, un po' meno a filo, poi mi guardò. Giocherellavo con la sigaretta che avevo in mano.

"Un suicidio col gas dello scappamento," esordí. "Una biondona, moglie di un certo Austrian di Bay City, un medico che se ne va in giro la notte a curare attorucoli del cinema alcolizzati, mentre la bionda se ne andava in giro per conto proprio. La notte che morí era dalle parti del club di Vance Conried, quello sulla scogliera. Lo conosci?"

"Sí. Un posto balneare, con una bella spiaggettina privata e le piú belle gambe di Hollywood come sigaraie. Era andata a giocare a roulette?"

"Be', se in questo paese esistono le sale da gioco," rispose M'Gee, "direi che il club di Conried è una di queste, e che ci si può anche trovare una roulette. Diciamo pure che andò a giocare a roulette. Mi hanno detto però che con Conried faceva giochi piú personali, ma in ogni modo diciamo che si dava alla roulette. Gioca e perde — come regola vuole, sennò la roulette a che serve? Quella notte però perde anche la sottana, cosí prende fuoco e pianta una casa del diavolo nel casinò. Conried se la chiama nel suo ufficio privato, e telefona al dottore, cioè a suo marito. Cosí Austrian..."

"Un momento. Non vorrai farmi credere che tutto questo è saltato fuori all'inchiesta — e magari hanno deposto anche quelli del sindacato, ammesso che in questo paese le case da gioco abbiano un sindacato."

M'Gee mi lanciò un'occhiata di compassione. "Mia moglie ha un fratello, molto giovane, che lavora in un giornale di laggiú. D'inchieste non ce ne sono state. Insomma, il dottore arriva al club di Conried e ficca un ago nel braccio della moglie per calmarla. Però non può portarsela a casa, perché ha un caso grave a Brentwood Heights; cosí Vance Conried tira fuori la sua macchina personale e l'accompagna lui a casa. Nel frattempo il dottore telefona alla sua infermiera e le dice di andare a casa e di badare alla moglie. Ciò che puntualmente viene eseguito. Conried se ne torna ai dollari e alle palline, l'infermiera mette a letto la bionda e va via e la cameriera se ne torna a dormire. Tutto questo verso mezzanotte, o poco piú tardi.

"Bene, verso le due del mattino capita che passa da quelle parti questo Harry Matson. Ha un'agenzia di sorveglianza notturna, e quella sera fa il giro di persona. Nella strada in cui abitano gli Austrian sente rumore di un motore acceso in una rimessa buia. Va a vedere e trova la bionda stesa a terra, in pigiama e scarpe coi tacchi e coi capelli tutti sporchi per via della fuliggine del gas dello scappamento."

Fece una pausa per sorseggiare un altro po' di whisky e lanciare un'altra occhiata al mio ufficio. Osservai l'ultimo raggio di sole, che dal davanzale della finestra sgusciava giú nella fenditura buia e profonda della strada.

"E allora che cosa fa il furbo?" riattaccò M'Gee, asciugandosi le labbra con un fazzoletto di seta. "Decide che la biondona è morta, cosa che magari era probabile ma non certa, perché col gas non si sa mai, specialmente adesso con quel nuovo trattamento al metilene..."

"Per l'amordiddio," l'interruppi. "Va' avanti. Che cosa fa Matson?"

"Non chiama la polizia," disse M'Gee, serio. "Spegne il motore della macchina, spegne la torcia elettrica e va a casa sua, che non è molto distante. Da lí chiama il dottore e dopo un po' sono di nuovo tutti e due nella rimessa. Il dottore dice che è morta, poi spedisce Matson a telefonare al capo della polizia, a casa sua. Cosa che Matson fa. Dopo un po' il capo si precipita lí con un paio di subalterni e dopo un altro po' ancora arriva quello delle pompe funebri, che quella settimana è di turno come vice-coroner. Portano via il cadavere e al laboratorio fanno l'esame del sangue: pieno di monossido, dicono. Il vice-coroner dà l'autorizzazione, il corpo viene cremato e il caso chiuso."

"Be', e cosa c'è sotto?"

M'Gee vuotò il secondo bicchiere e rifletté un istante se prendersene un terzo o no. Decise invece di fumarsi prima un sigaro. Non ne avevo e la cosa lo infastidí, perché fu costretto ad accenderne uno dei suoi.

"Non sono che un poliziotto," disse con calma, guardandomi attraverso il fumo. "Non lo so. Tutto quello che so è che questo Matson non ha piú la licenza e ha paura."

"Al diavolo!" esclamai. "L'ultima volta che ho ficcato il naso in uno di questi fattacci di sobborghi ne sono uscito col cranio rotto. Come faccio a mettermi in contatto con questo Matson?"

"Gli do il tuo numero di telefono. Si metterà lui in contatto con te."

"Fino a che punto lo conosci?"

"Al punto da dargli il tuo nome," disse M'Gee. "Naturalmente, se saltasse fuori qualcosa dovresti darci un'occhiata..."

"Certo," feci. "Te lo metterò sulla scrivania. Bourbon o rye?"

"Va' al diavolo," rispose M'Gee. "Scotch."

"Che aspetto ha questo Matson?"

"Corporatura media, capelli grigi."
Si scolò un altro bicchiere alla svelta e andò via.

Rimasi lí seduto per un'ora e mi fumai tutto un pacchetto di sigarette, quasi. Era buio ormai, mi sentivo la gola secca e nessuno aveva telefonato. Mi alzai, spensi le luci, mi lavai le mani, feci partire un altro bicchierino e rimisi il tappo alla bottiglia. Era ora di andare a mangiare.

Mi misi il cappello in testa e stavo già per chiudere la porta quando un fattorino dei recapiti a mano comparve in fondo al corridoio e prese a controllare i numeri sulle porte. Cercava proprio il mio. Dovetti firmare una piccola ricevuta, dopodiché posai il pacchettino sulla scrivania e tagliai lo spago. Dentro c'era una cosa avvolta in carta velina e una busta, con dentro un foglietto e una chiave piatta. Il biglietto diceva, senza preamboli:

Un amico dell'ufficio dello sceriffo mi ha dato il suo nome: dice che lei è persona sicura. Ho cercato di fare il furbo e mi trovo nelle rogne. Ora non desidero altro che uscirne. La prego di venire, quando è buio, al 524 di Tennyson Arms Apartments, a Harvard, dalle parti della Sesta, e di entrare con questa chiave nel caso non ci fossi. Occhio al padrone di casa, Pat Reel, perché non mi fido di lui. La prego ancora di conservare la scarpa in un posto sicuro. P.S. Lo chiamano Violetta, non ho mai capito perché.

Io lo sapevo: perché masticava in continuazione pastiglie per la gola alla violetta. Il biglietto era senza firma. Svolsi il pacchetto: conteneva una scarpa coi tacchi alti, in velluto verde, con i bordi di capretto bianco. Un 39 circa. Sulla soletta interna c'era stampato in caratteri dorati e svolazzanti: *Verschoyle*. Su un lato, dove di solito c'è il numero della misura, c'era invece scritto con inchiostro indelebile: S-465. Sapevo che non poteva essere il numero della scarpa perché la Verschoyle Inc., in Cherokee Street a Hollywood, faceva soltanto scarpe su misura, calzature teatrali e stivali da equitazione.

Allungai le gambe, accesi una sigaretta e stetti a riflettere. Infine presi la guida del telefono, cercai il numero della Verschoyle Inc. e lo chiamai. Suonò parecchie volte prima che una voce cinguettante rispondesse: "Sí? Pronto?"

"Vorrei parlare col signor Verschoyle in persona. Qui parla Peters, Ufficio Investigazioni." Non dissi quale ufficio investigazioni.

"Oh. Il signor Verschoyle è andato a casa — abbiamo già chiuso, sa? Chiudiamo alle cinque e mezzo. Io sono il contabile, il signor Pringle. Se c'è qualcosa in cui posso..."

"Sí. Insieme a certa refurtiva abbiamo trovato un paio di scarpe fabbricate da voi. Sono marcate S-465. Le dice qualcosa?"

"Oh, sí, certo. È uno degli ultimi numeri. Vuole che vada a vedere?"

"Per favore."

Tornò immediatamente. "Oh sí, certo. È il numero della signora Leland Austrian, 736 Altair Street, Bay City. Gliele facevamo noi le scarpe. Peccato! Sí, circa due mesi fa le avevamo fatto due paia di scarpe da sera in velluto color smeraldo."

"Perché peccato?"

"Oh, è morta, sa? Si è suicidata."

"Accidenti. Due paia, ha detto?"

"Sí, due paia identiche. Sa, la gente ne ordina spesso due paia quando sono di un colore cosí delicato. Cosa vuole, basta una qualunque macchiolina — e magari sono in tinta con un particolare vestito..."

"Be', grazie mille e stia bene." E abbassai il ricevitore.

Presi un'altra volta la scarpa e l'esaminai con piú attenzione. Non era mai stata calzata, la soletta interna di capretto bianco era candida. Mi chiesi cosa diavolo se ne facesse Harry Matson. La chiusi nella cassaforte e andai a mangiare.

2

Delitto su commissione

Il Tennyson Arms era un edificio vecchiotto, di circa otto piani, con la facciata di mattoni rosso scuro. Aveva un ampio cortile centrale con delle palme, una fontana in cemento e qualche aiuola di fiori, tutta vezzosità. Ai lati della porta d'ingresso, in stile gotico, pendevano due lanterne e l'androne era ricoperto da un soffice tappeto rosso. Era enorme e deserto, a parte un canarino che si annoiava in una gabbia dorata grande quanto un barile. Piú o meno, il tipo d'abitazione d'affitto in cui vanno a vivere le vedove con i soldi dell'assicurazione — vedove non piú giovanissime, s'intende.

L'ascensore era automatico, del tipo di quelli che fan tutto da sé con le porte. Giunto al quinto piano, mi ritrovai ancora solo sulla guida stretta del corridoio, senza anima viva intorno, né suoni e neppure odori di cucina. Niente di niente: quel posto era tranquillo come l'anticamera di un ministro. L'appartamento 524 doveva affacciare sul cortile centrale, perché vicino la porta c'era una vetrata colorata. Bussai, non forte, e nessuno venne ad aprirmi; cosí usai la chiave, entrai e richiusi la porta alle mie spalle.

Uno specchio luccicava dietro un letto ribaltabile nel mezzo della stanza. Nella stessa parete c'erano due finestre riparate, come la porta d'entrata, con tende scure abbassate a metà. Dagli appartamenti illuminati dall'altra parte del cortile arrivava abbastanza luce per distinguere le forme scure del mobilio grosso e pesante, fuori moda da almeno un dieci anni, e il luccichio di due maniglie di porta d'ottone. Andai alle finestre e abbassai fino in fondo le tende, poi usai la torcia elettrica tascabile per tornare verso la porta. Girai l'interruttore e sul soffitto s'illuminò un grappolo di candele color fiamma, che trasformarono immediatamente la stanza in una cappella funebre. Accesi una lampada a piede, spensi quel mortorio e mi diedi a perlustrare la stanza con lo sguardo.

Nell'angusto spogliatoio dietro al letto ribaltabile c'era una mensola a muro con sopra: una spazzola nera, un pettine con dei capelli grigi ancora attaccati, un barattolo di cipria, una torcia elettrica, un fazzoletto da uomo stazzonato, della carta da lettera, una penna da tavolo e una boccetta d'inchiostro poggiata su carta assorbente — insomma, tutto quello che di solito si trova nei cassetti di un armadio. Le camicie erano state comprate in un negozio d'abbigliamento maschile di Bay City. Un vestito grigio scuro era appeso a un attaccapanni e un paio di scarpe nere di cuoio grasso erano abbandonate a terra. Nel bagno c'erano: un rasoio di sicurezza, un tubo di crema per barba, qualche lametta, tre spazzolini da denti con manico di bambú dentro un bicchiere e altri oggetti vari. Sulla vaschetta dello scarico dietro il vaso c'era un libro rilegato in rosso: *Perché ci comportiamo come esseri umani,* di Dorsey. Alla pagina 116 c'era un segnalibro. L'avevo aperto e stavo curiosando sull'evoluzione della Terra, della Vita e del Sesso, quando il telefono cominciò a squillare nell'altra stanza.

Spensi la luce del bagno e mi avvicinai, sul tappeto soffice, al divano; il telefono stava sul tavolinetto lí accanto. Continuò a squillare insistente e, dalla strada, la tromba di una macchina sembrò rispondergli. All'ennesimo squillo scrollai le spalle e afferrai il ricevitore.

"Pat? Pat Reel?" disse la voce.

Non sapevo che voce avesse Pat Reel: mandai un grugnito. La voce all'altro capo del filo era forte e rauca nello stesso tempo. Usciva certo dalla gola di un bestione.

"Pat?"

"Certo," feci.

Silenzio. Non era andata liscia. Poi la voce disse: "Sono Harry Matson. Mi dispiace, ma non ce la faccio a tornare stasera. Schifo. La solita storia. Ti secca molto?"

"Certo."

"Cosa?"

"Certo."

"Cristo, sai dire solo *certo*?"

"Sono greco."

Rise. Pareva divertito.

Dissi: "Che tipo di spazzolino da denti usi, Harry?"

"Eh?"

Pareva sorpreso, ora, non piú divertito.

"Spazzolino da denti — quell'affare con cui ci si gratta i denti. Che tipo usi?"

"Va' all'inferno."

"Sí, ad aspettarti."

La voce adesso era inviperita. "Sta' a sentire, aquila. Tu non fai un fetente di scherzo a nessuno, capisci? Abbiamo il tuo nome e il tuo numero, e conosciamo anche un posticino dove cacciarti, se non tieni il naso alla larga, capisci? E poi, Harry non ci abita piú lí, ah, ah!"

"L'avete bruciato, eh?"

"Diciamo che l'abbiamo bruciato. Cosa credevi, aquila, che lo portavamo al cinema?"

"Male," dissi. "Al boss non farà piacere."

Gli sbattei il ricevitore in faccia, rimisi il telefono sul tavolinetto accanto al divano e mi grattai il collo. Tirai fuori la chiave di tasca, la pulii col fazzoletto e l'appoggiai adagio sul tavolinetto. Mi alzai, andai alla finestra e scostai la tenda di quel tanto che occorreva per dare un'occhiata nel cortile. Dietro le cime delle palme, di fronte, sullo stesso piano, un uomo calvo sedeva in mezzo a una stanza, sotto una luce fortissima, immobile. Non poteva essersi piazzato lí a spiare.

Feci cadere la tenda, mi sistemai il cappello in testa, andai alla lampada e la spensi. Poi poggiai a terra la torcia tascabile, accesa, avvolsi il fazzoletto attorno alla maniglia della porta e, senza fare il minimo rumore, aprii il battente.

Aggrappato lí con otto dita a uncino, sette delle quali erano bianche come cera, pendeva dallo stipite ciò che rimaneva di un uomo.

Aveva gli occhi incavati di piú di un centimetro, azzurro intenso, spalancati. Erano fissi su di me, ma non mi vedevano. Sui capelli grigi e crespi spiccava una macchia rosso intenso di sangue; una delle tempie era ridotta in poltiglia e il sangue era colato fin sul mento. Il dito teso, l'unico non bianco, era a brandelli fino alla falange e dalla carne lacerata spuntavano schegge d'osso; quella che un tempo doveva essere stata un'unghia sembrava ora un frammento di vetro scheggiato.

L'uomo indossava un abito marrone con tre tasche sovrapposte, che erano state strappate e pendevano inerti mostrando la fodera nera dell'interno.

Respirava ancora: un suono, un fruscio impercettibile, come foglie morte trascinate da una brezza leggera. In quello sforzo la bocca era spalancata, come quella di un pesce, e ne usciva sangue a fiotti.

Dietro di lui il corridoio era vuoto come una tomba appena scavata.

Improvvisamente dei tacchi di gomma stridettero sul legno del pavimento di fianco alla guida del corridoio. Le dita adunche dell'uomo cominciarono a mollare: scivolarono dallo stipite della porta facendo ondeggiare il corpo sulle gambe. Ma queste non ressero, si piegarono a forbice e per un attimo il corpo rimase sospeso a mezz'aria, come quello di un nuotatore sorretto da un'onda, e infine mi crollò addosso.

Strinsi forte i denti, allargai le gambe e l'afferrai per la schiena, dopo che il suo torso ebbe fatto mezzo giro. Pesava come due uomini. Indietreggiai di un passo e per poco non caddi; feci altri due passi indietro e finalmente, con i talloni che gli strisciavano per terra, lo tirai via dalla porta. Lo deposi sul tappeto su un fianco, piano, piú piano che potetti, e mi chinai su di lui affannando. Un attimo dopo mi alzai e andai a chiudere la porta a chiave. Poi accesi la luce del soffitto e mi diressi verso il telefono.

Morí prima che fossi giunto all'apparecchio. Udii un rantolo, un sospiro soffocato, poi piú nulla. Una mano, quella buona, s'allungò, poi le dita si riaprirono lentamente, si sciolsero, ebbero uno scatto e rimasero immobili. Tornai di nuovo da lui e gli palpai l'arteria giugulare, quasi vi affondai dentro le dita: nessuna pulsazione. Dal portafoglio nel quale sempre lo portavo, tirai fuori uno specchietto di alluminio e glielo tenni davanti la bocca quasi per un minuto intero; quando lo allontanai non era appannato. Harry Matson era tornato a casa dal suo giro.

Una chiave girò nella serratura della porta. Sparii veloce come un topo; quando la porta s'aprí ero già nel bagno, con la pistola in mano e gli occhi alla fessura tra stipite e battente.

A differenza dell'altro, questo qui entrò svelto, accorto come un gatto che passa attraverso una porta a vento. I suoi occhi ebbero due scatti: guardarono prima il soffitto illuminato, poi il pavimento; dopodiché non si mossero piú. Anche la mole del suo corpo rimase immobile. Stava piantato lí e guardava.

Era grosso e robusto, con un soprabito sbottonato, come se fosse arrivato o stesse per andar via giusto in quel momento. Portava un feltro grigio sulla grossa testa bianco crema che dava ombra a un faccione roseo da senatore, con sopracciglia scure e folte e una bocca atteggiata a un sorriso fisso, abituale, che però in quel momento somigliava pochissimo a un sorriso. Si rigirava tra le labbra un sigaro spento a metà, con un suono che pareva un gorgoglio.

Si cacciò in tasca un mazzo di chiavi e disse piano: "Dio!" Lo ripetette parecchie volte. Poi fece un passo avanti, finalmente, e si avvicinò al morto, camminando lento e goffo. Si chinò e le sue lunghe dita sfiorarono il collo dell'uomo steso a terra, poi si ritirarono di scatto.

Scrollò la testa e si guardò attorno lentamente, girando con metà busto. Guardò verso la porta del bagno dietro la quale stavo appostato, ma niente cambiò nei suoi occhi.

"Morto da poco," disse, parlando un po' piú forte adesso. "L'hanno ridotto una poltiglia."

Si alzò, sempre con movimenti lentissimi, e prese a

dondolare sui tacchi. Anche a lui non piaceva la luce del soffitto; anche lui accese la lampada a piede e spense il mortorio. La sua ombra strisciò lungo la parete, raggiunse il soffitto, ricadde giú. Si passò il sigaro spento da un angolo all'altro della bocca, tirò fuori un fiammifero e accostò piú volte la fiamma al sigaro, controllando se era acceso bene; quindi spense il fiammifero e se lo mise in tasca, lo conservò. Fece tutto questo senza staccare nemmeno per un istante gli occhi dal morto steso ai suoi piedi.

Andò al divano e vi si lasciò cadere in un angolo. Le molle cigolarono, lugubri. Con gli occhi sempre fissi sul morto, allungò automaticamente la mano verso il telefono.

Aveva già le dita sul ricevitore quando l'apparecchio squillò di nuovo. Ebbe uno scatto; roteò gli occhi e i gomiti gli balzarono contro i fianchi, affondando nel soprabito pesante. Poi, con una smorfia, sollevò cautamente il ricevitore e disse, con voce pastosa, profonda: "Pronto... Sí, sono Pat."

Udii un gracidio secco e inarticolato dall'altra parte del filo e vidi la faccia di Pat Reel arrossarsi a poco a poco finché fu tutta congestionata, rosso acceso come fegato di manzo appena macellato. La grossa mano stringeva nervosamente il ricevitore.

"Cosí sei il grande Tuttomento," esclamò alla fine. "Be', stammi a sentire, animale. Sai una cosa? Il tuo cadavere è proprio qui sul mio tappeto, ecco dov'è... Come ci è arrivato? E che diavolo ne so! Per me, l'hai bruciato qui dentro, e sai che ti dico? Che ti costerà caro, sai, molto caro. Delitti su commissione in casa mia non ne voglio. Schifo. Ti procuro un tipo e me lo macelli sotto il naso, all'inferno! Mi lecco mille dollari per questo, non un centesimo di meno, e ti vieni a prendere la carcassa. Parlo sul serio, intesi?"

Riattaccarono a gracchiare nel filo e Pat Reel stette ad ascoltare. Gli occhi quasi gli cadevano dal sonno, e la faccia gli si decongestionò. Parlò ancora, piú calmo: "Okay. Okay. Scherzavo, dopotutto... Chiamami di sotto, tra mezz'ora."

Mise giú il ricevitore e s'alzò. Non guardò verso la porta del bagno, non guardò da nessuna parte. Si mise a fischiettare, invece; poi si grattò il mento, fece un passo in direzione della porta d'ingresso, ma si fermò e riprese a grattarsi il mento. Non sapeva se c'era o no qualcuno nell'appartamento — e non aveva la pistola. Fece un altro passo verso la porta. Tuttomento gli aveva detto qualcosa e l'intenzione era evidentemente quella di sgombrare. Fece un terzo passo. Poi cambiò definitivamente idea.

"Al diavolo," esclamò, forte. "Quella biscia velenosa." I suoi occhi vagarono veloci per la stanza. "Cerca di farmela, eh?"

Alzò la mano verso la catenella dell'interruttore della lampada a piede. Poi all'improvviso la lasciò cadere, e tornò a inginocchiarsi accanto al cadavere. Lo spostò leggermente, rivoltandolo senza sforzo sul tappeto, e si chinò ancor piú a osservare la macchia nel punto dove era appoggiata la testa, e quasi ci metteva il naso sopra. Scosse il capo, scontento, si rialzò e afferrò il morto sotto le ascelle. Lanciò un'occhiata da sopra la spalla alla porta del bagno e vi si diresse, indietreggiando, trascinando il corpo e brontolando, sempre col mozzicone di sigaro tra le labbra. I capelli bianco crema luccicavano alla luce della lampada.

Stava ancora chinato a gambe aperte quando saltai fuori da dietro il battente della porta alle sue spalle. Dovette sentirmi all'ultimo momento, ma ormai non importava piú. M'ero passata la pistola nella sinistra e ora nella destra avevo un piccolo sfollagente. Gli carezzai la tempia, giusto dietro l'orecchio sinistro con quello sfollagente. E gliela carezzai con tutta la forza che avevo.

Pat Reel crollò addosso al corpo che stava trascinando, con la testa un pochino piú in basso della pancia del morto. Il cappello gli rotolò poco distante. I due corpi erano ugualmente immobili, adesso.

Li scavalcai, raggiunsi l'altra porta e uscii.

3

Una persona pulita

Quando fui alla Western Avenue trovai finalmente una cabina telefonica e chiamai l'ufficio dello sceriffo. Giusto in tempo perché Violetta M'Gee era in procinto d'andarsene.

Dissi: "Come si chiama il cognatino che lavora giú a Bay City?"

"Kincaid. Lo chiamano Dolly Kincaid. Un bravo ragazzo."

"Dove sarà a quest'ora?"

"Bazzica il municipio. Credo s'occupi della cronaca nera. Perché?"

"Ho visto Matson. Sai dove sta?"

"Macché. Mi ha telefonato ed è scomparso. Che impressione ti ha fatto?"

"Farò il possibile per aiutarlo. Sei in casa stasera?"

"Non vedo perché non dovrei esserci. Perché?"

Non gli dissi perché; montai in macchina e puntai verso Bay City. Arrivai lí verso le nove. Il distaccamento di polizia era allogato in una dozzina di stanze nell'edificio del municipio. Passai davanti a un gruppo di poliziotti fermi lí davanti ed entrai per una porta spalancata in un ufficio illuminato a giorno. C'era un banco e, in un angolo, un centralino telefonico con un uomo in uniforme.

Poggiai un gomito sul banco e un uomo in borghese, senza giacca, con una pistola nella fondina sotto l'ascella che pareva una gamba di legno poggiata contro le costole, alzò gli occhi, disse "Sí?" e senza spostare la testa di un centimetro centrò nella sputacchiera.

"Cerco un certo Dolly Kincaid."

"Andato a mangiare," rispose, senza scomporsi.

"Okay. C'è una saletta-stampa, qui?"

"Sí, e anche un cesso. Vuole vederlo?"

"Piano. Mica facevo l'impertinente."

Centrò di nuovo la sputacchiera. "Non c'è nessuno nella saletta-stampa. Dolly starà per tornare, se non è affogato in fondo a una bottiglia."

Un giovanotto gracile e smilzo, con un visino delicato, la carnagione rosea e grandi occhi innocenti, entrò nella stanza reggendo nella mano sinistra un sandwich mangiato a metà. Portava il cappello — che somigliava spiccicato a quello che portano i reporter nei film — schiacciato dietro la nuca, la camicia sbottonata e la cravatta allentata e spostata di lato, con le punte che sporgevano fuori dalla giacca. Si distingueva da un reporter da film per un unico fatto: che non era ubriaco. Disse: "C'è qualche novità interessante, ragazzi?"

Quello in borghese centrò di nuovo la sua sputacchiera — e dovevano avergliela messa lí per tenerlo in esercizio — e disse: "Pare che il sindaco si sia cambiato le mutande, ma son solo chiacchiere."

Il giovanotto sorrise, meccanicamente, e fece per andarsene quando l'altro aggiunse: "Il signore qui cercava di te, Dolly."

Kincaid addentò il sandwich e mi guardò pieno di speranza.

Dissi: "Sono un amico di Violetta. C'è un posto dove possiamo parlare tranquilli?"

"Andiamo nella saletta-stampa," disse lui. Nell'uscire dalla stanza mi sentii addosso lo sguardo del poliziotto in borghese. Doveva aver voglia di fare a cazzotti e io dovevo sembrargli il tipo adatto.

Infilammo il corridoio e svoltammo in una stanza al centro della quale c'era un tavolo lungo, nudo e tutto bruciacchiato dalle sigarette, tre o quattro sedie di legno e un mucchio di giornali per terra. Alle due estremità del tavolo c'erano due telefoni e al centro d'ogni parete un ritratto con cornice: Washington, Lincoln, Horace Greeley. Il quarto non lo riconobbi.

Kincaid chiuse la porta, andò a sedersi a un'estremità del tavolo, fece dondolare una gamba e addentò l'ultimo pezzetto di sandwich.

"Sono John Dalmas, detective privato di Los Angeles. Che ne direbbe di fare una corsa fino al settecentotrentacinque di Altair Street e di raccontarmi intanto tutto ciò che sa del caso Austrian? Forse sarà bene che telefoni a M'Gee perché faccia le presentazioni." E gli porsi uno dei miei biglietti da visita.

Immediatamente, il giovanotto scivolò giú dal tavolo, si ficcò il biglietto in tasca senza nemmeno darci un'occhiata e venne a parlarmi nell'orecchio: "Zitto." Poi si diresse in punta di piedi verso il ritratto di Horace Greeley, lo scostò di lato e fece pressione su un punto della parete ch'era prima coperto dalla cornice. Sembrò cedere; evidentemente, in quel punto sotto la vernice della parete c'era della stoffa. Kincaid mi guardò inarcando le sopracciglia. Annuii. Rimise a posto il ritratto e tornò al tavolo. "Microfono," disse a voce bassissima. "Naturalmente non so chi sta in ascolto né quando, e nemmeno se quel dannato affare è sempre in funzione."

"Sarebbe piaciuta molto a Horace Greeley," dissi.

"Sí. La cronaca è ferma stasera, credo che possiamo andare. Al De Spain mi prende lui gli appunti, nel caso." Adesso parlava a voce alta.

"Quel poliziotto coi capelli neri?"

"Sí."

"Cos'è che lo affligge?"

"L'hanno degradato. Stasera non sarebbe nemmeno di turno, ma ciondola sempre qui intorno, e per mandarlo via ci vorrebbero le forze di polizia di tutto lo stato."

Lanciai un'occhiata alla parete del microfono e inarcai le sopracciglia.

"Tutto in regola," disse Kincaid. "Dovevo pur dargli qualcosa da bere, non trova?"

Si diresse verso un lavabo sporco, si lavò le mani con una scheggia di sapone e se le asciugò col fazzoletto. Stava appunto rimettendosi in tasca il fazzoletto quando la porta s'aprí. Un ometto di mezza età, grigio di capelli, s'affacciò sulla soglia e rimase a guardarci senza espressione.

Dolly Kincaid disse: "Sera, capo. Posso fare qualcosa per lei?"

Il capo mi guardò in silenzio, contrariato. Aveva occhi verde mare, labbra strette e caparbie, un naso che pareva una fettuccia e una pelle malata. Non era abbastanza robusto per essere un poliziotto. Scosse appena la testa e chiese:

"Chi è?"

"Un amico di mio cognato. Un poliziotto privato di Los Angeles. Vediamo un po'..." Kincaid si frugò disperatamente le tasche in cerca del mio biglietto da visita. Non ricordava nemmeno il mio nome.

Il capo disse, brusco: "Cosa? Un poliziotto privato? E cosa è venuto a fare qui?"

"Mai pensato di venire a fare qualcosa," risposi io.

"Tanto meglio," fece. "Tanto meglio. Buona sera."

Uscí sbattendo la porta.

"È Anders, il capo qui dentro — un bel tipo," fece Kincaid ad alta voce. "Non ce n'è di meglio." Mi guardò come un coniglio spaventato.

"No, non c'è di meglio a Bay City," dissi, a voce altrettanto alta.

Per un attimo credetti che stesse per svenire. Uscimmo dal municipio, montammo nella mia macchina e partimmo.

Frenai ad Altair Street, davanti la casa del dottor Leland Austrian, dall'altro lato della strada. Non c'era vento quella notte, e la luna illuminava una leggera foschia. Dalla spiaggia, dal lato dove finiva la scogliera, arrivava una brezza leggera e, con essa, un odore piacevole di acqua salmastra e di salvia. Le luci degli yacht allineati alle tre banchine ammiccavano poco piú lontano, nel porto. Al largo, sul mare, un peschereccio dagli alberi altissimi lanciava tutto intorno sull'acqua il riverbero dei festoni illuminati che correvano da albero ad albero e da questi giú a prua e a poppa. Probabilmente lí a bordo si faceva tutt'altro che pescare.

Altair Street finiva in quel punto, davanti una grande cancellata di ferro che cingeva una vasta proprietà. Le case erano solo sul lato opposto al mare, ben distanziate tra di loro, con ampi giardini intorno. Sul lato del mare correvano un marciapiede stretto e un muretto, dietro il quale la scogliera scendeva quasi a strapiombo.

Dolly Kincaid se ne stava allungato in un angolo del sedile e la brace rossa della sigaretta gli illuminava a intervalli il viso delicato. Non c'erano luci in casa Austrian, eccetto un lumicino acceso sull'ingresso. Era di pietra intonacata e aveva un muro lungo il giardino davanti, un cancello di ferro e l'autorimessa fuori di questo muro. Un vialetto cementato collegava la porta laterale della rimessa con una porta laterale della casa. Accanto al cancello c'era una targa di bronzo sulla quale sapevo che doveva esserci scritto: *L. Austrian, Medico Chirurgo*.

"Bene," dissi. "E adesso mi dica cosa c'è che non va in questo caso Austrian."

"Va tutto bene," rispose Kincaid esitando. "Tranne il fatto che lei mi sta cacciando nelle rogne."

"Perché?"

"Qualcuno deve averla sentita nominare Austrian da quel microfono. Per questo il capo Anders è entrato a darle un'occhiata."

"Quel De Spain avrà capito che ero un detective solo a vedermi. Può averglielo segnalato."

"No. De Spain odia il capo con tutte le viscere. Diavolo, appena una settimana fa era ancora tenente. Anders non vuole che si guazzi nel caso Austrian. Non ci permette di scriverne."

"Bella stampa avete a Bay City."

"Abbiamo anche un bel clima. E il giornale è un covo di zanzare."

"Okay," dissi. "Lei ha un cognato che è nella squadra omicidi dello sceriffo e tutti i giornali di Los Angeles stanno dalla parte dello sceriffo, eccetto uno. Lo sceriffo è di queste parti eppure, come una quantità d'altri individui come lui, non riesce a tenere pulito il proprio giardino. E lei ha paura, vero?"

Dolly Kincaid gettò la sigaretta fuori dal finestrino. Seguii la traiettoria rossa della brace, finché andò a spegnersi, sparpagliandosi, sul marciapiede. "La prego di scusarmi," dissi. "Non la seccherò piú." E tirai l'accensione.

Ingranai la marcia e la macchina avanzò di qualche centinaio di metri finché Kincaid si chinò e tirò il freno a mano. "Non sono un fifone," disse, brusco. "Cos'è che vuol sapere?"

Spensi di nuovo il motore e mi appoggiai allo schienale, tenendo le mani sul volante. "Prima di tutto, perché Matson ha perduto la licenza. È mio cliente."

"Ah — Matson. Dicono che tentò di addentare il dottor Austrian. Non solo gli hanno tolto la licenza ma lo hanno cacciato via dalla città. Una sera, un paio di gorilla armati lo spinsero in una macchina, lo strapazzarono un po' e gli consigliarono di cambiare aria se non voleva rimetterci la salute. Lui andò a spifferare tutto in Centrale e le risate matte che si fecero i ragazzi certo le sentirono fino a Chicago. Secondo me, però, a strapazzarlo non sono stati dei poliziotti."

"Conosce un tale chiamato Tuttomento?"

Dolly Kincaid ci rifletté su. "No," concluse. Poi: "Però. L'autista del sindaco, un certo Moss Lorenz, una bella cima, ha un mento che potrebbe metterci sopra un pianoforte con orchestra e pista da ballo e tutto. Ma non l'ho mai sentito chiamare Tuttomento. Lavorava da Vance Conried prima. Ha sentito parlare di Conried?"

"Gli sto dedicando i miei pensieri migliori," risposi. "Quindi, se questo Conried voleva bruciare qualcuno che gli dava fastidio, specie qualcuno di Bay City che gli stava tirando la coda, il Lorenzuccio era il tipo adatto, visto che il sindaco sarebbe stato costretto a proteggerlo, fino a un certo punto, s'intende."

Dolly Kincaid disse: "Bruciare chi?" e la voce gli si assottigliò, fin quasi a un filo sottile.

"Non solo hanno cacciato via Matson da Bay City," spiegai, "ma l'hanno tallonato fino a un appartamento di Los Angeles, e il nostro Tuttomento gli ha fatto la festa, estrema unzione e tutto. Qualunque straccio doveva avere addentato Matson evidentemente ci teneva ancora conficcati i denti."

"Per la miseria," fece Dolly Kincaid in un bisbiglio. "Non m'era giunto niente all'orecchio."

"E neppure ai ragazzi di Los Angeles, fino a poco fa. Lei lo conosceva Matson?"

"Non molto bene."

"L'avrebbe definito onesto?"

"Be', onesto veramente... ma sí, tutto sommato credo che fosse abbastanza onesto. Accidenti! Cosí l'hanno fatto fuori, eh?"

"Onesto come può esserlo un poliziotto privato?"

Rise, per la tensione e per lo spavento improvviso, non certo perché fosse divertito: in fondo alla strada era comparsa una macchina; accostò al marciapiede, si fermò e i fari si spensero. Non ne scese nessuno.

"E il dottor Austrian?" chiesi. "Dov'era quando sua moglie fu uccisa?"

Dolly Kincaid fece un salto. "Per la miseria! Chi ha detto che è stata uccisa?" farfugliò.

"Matson. O meglio, credo che Matson cercasse di dire proprio questo. Meglio ancora, cercava di esser pagato per non dirlo, piú che cercare di dirlo. Le due cose l'hanno reso antipatico e cosí il guadagno che ci ha fatto è stata una bella scarica. Ora io sono convinto che sia stato Conried a pagarlo in quella moneta, perché certo non gli andrà d'essere munto, tranne che dall'ufficio tasse, s'intende. D'altro canto, per il buon nome del club di Conried sarebbe stato meglio che la moglie del dottor Austrian risultasse assassinata dallo stesso marito anziché suicidatasi per aver perso un patrimonio alla roulette di Conried. Non gran che meglio, ma insomma un po' piú vantaggioso. Perciò, non riesco a immaginare come mai Conried abbia voluto bruciare Matson per impedirgli di parlare del delitto. Secondo me doveva esserci qualcos'altro di cui non voleva che parlasse."

"Dica un po', tutta questa bella fantasia le è mai servita a qualcosa?" chiese Dolly Kincaid. Con grande garbo, però.

"A non molto, solo a distrarmi mentre mi picchietto la faccia con la crema quando mi preparo ad andare a letto la sera. E adesso mi dica chi ha fatto l'esame del sangue al laboratorio."

Kincaid accese un'altra sigaretta e si voltò a guardare la macchina ferma in fondo alla strada. I fari erano di nuovo accesi, adesso, e stavano avanzando lentamente.

"Un certo Greb," rispose alla fine. "Ha un buco nel palazzo dell'Ordine dei medici. Fa del lavoro per loro."

"Non ufficialmente, eh?"

"No, ma qui non si rivolgono mai a un vero laboratorio. E per una settimana, a turno, tutti gli imprenditori di pompe funebri ricoprono la carica di coroner. E cosí, al diavolo, il capintesta fa quello che vuole lui."

"E ha dei motivi particolari per fare quello che vuole lui?"

"Credo che riceva ordini dal sindaco, il quale a sua volta viene istruito da quelli delle sale da gioco, coi quali lavora Vance Conried, se non da Vance Conried in persona. Al quale poteva non far piacere che i suoi superiori venissero a sapere che lui aveva avuto a che fare con la morte di una bionda, e per giunta in un modo che poteva riflettersi sul locale."

"Giusto," dissi. "Quello lí in fondo alla strada ha dimenticato l'indirizzo."

La macchina stava sempre avanzando lungo il marciapiede. Aveva i fari spenti di nuovo, ma continuava ad avanzare.

"E finché sono ancora sano e vegeto," aggiunse Dolly Kincaid, "è bene che lei sappia che l'infermiera del dottor Austrian era la moglie di Matson. Una lupa rosso fuoco, non una bellezza ma piena di curve."

"Non mi dispiacciono le curve," dissi. "Ora apra quello sportello, scenda alla svelta e s'accovacci a terra. Presto."

"Per la..."

"Faccia come ho detto. Presto!"

Lo sportello di destra s'aprí con un cigolio e il giovanotto scivolò fuori come un filo di fumo. Poi lo sportello si richiuse. Un attimo dopo sentii aprire quello posteriore; lanciai un'occhiata dietro e vidi un'ombra rannicchiata sul fondo della macchina. Strisciando sul sedile, aprii a mia volta lo sportello destro e feci qualche passo sul marciapiede stretto che correva lungo il margine della scogliera.

L'altra macchina era vicina, adesso. I fari lampeggiarono un'altra volta e mi buttai giú lesto; poi si spostarono in modo da colpire la mia macchina in pieno, quindi si spostarono di nuovo. La macchina si fermò sul lato opposto della strada e i fari si abbassarono e si spensero. Era un piccolo coupé nero. Per un po' non successe niente, poi lo sportello sinistro del coupé si aprí e ne scese un pezzo d'uomo che si diresse lentamente verso il marciapiede, dalla parte dove mi trovavo io. Mi sfilai la pistola da sotto l'ascella e me la ficcai nella cintola, abbottonandomi l'ultimo bottone della giacca. Poi girai dietro la mia macchina e gli andai incontro.

Quando mi vide si fermò di colpo. Non aveva niente in mano e teneva le braccia abbassate lungo i fianchi. La brace del sigaro gli illuminava la faccia a tratti.

"Polizia," disse, secco. Lentamente, la mano destra prese a risalirgli lungo il fianco. "Bella serata, vero?"

"Magnifica," risposi. "C'è un po' di foschia, ma a me non dispiace. L'aria pare piú calma e..."

M'interruppe, brusco: "Dov'è l'altro?"

"Come?"

"Niente scherzi, straniero. Ho visto il lampo d'una sigaretta sulla parte destra della sua macchina."

"Ero io. Non immaginavo che la legge proibisse di fumare sul sedile destro della propria macchina."

"Ah, un furbacchione. Chi è e cosa fa da queste parti?" Nell'aria mite e piena di foschia, c'erano dei riverberi sulla sua faccia lucida e pesante.

"O'Brien è il mio nome. Sono di San Mateo. Un giretto di piacere."

La mano era quasi arrivata al punto, adesso. "Vediamo un po' la patente," disse. Era abbastanza vicino da poterla prendere, se gliel'avessi allungata.

"Diamo prima un'occhiata al distintivo che l'autorizza a vederla."

La sua destra fece un movimento brusco. La mia balzò alla cintola dov'era la pistola e gliela puntò contro lo stomaco. La sua destra si bloccò di colpo, come se gli si fosse congelata.

"Forse meni a fregare. È vecchia quella dei distintivi d'alluminio."

Rimase immobile, paralizzato, e quasi non respirava nemmeno piú. Con voce rauca, disse: "Hai una licenza per quel ferro?"

"Per ogni giorno dell'anno," risposi. "Fammi vedere il tuo distintivo e la metto via. Cos'è, ti stringe dietro?"

Rimase raggelato per un altro minuto. Poi guardò in

fondo alla strada, come se sperasse di vedere arrivare un'altra macchina. Alle mie spalle, nella macchina, sentii il respiro di Dolly: un sibilo. Non so se il malanno che mi stava di fronte lo sentisse anche lui, certo è che lui aveva il respiro tanto pesante da poterci stirare una camicia.

"Ahhh, piantala," ringhiò con improvvisa ferocia. "Non sei altro che una lince da quattro centesimi di Los Angeles."

"Ne prendo otto adesso. Ho aumentato i prezzi."

"Va' all'inferno. Ora pianta di annusare da queste parti, capito? Per questa volta sei avvisato."

Girò sui tacchi, tornò al suo coupé e mise un piede sul predellino. Il faccione si girò un'altra volta dalla mia parte, con tutto il riverbero sulla pelle unta. "Va' all'inferno," ripeté. "Prima che ti ci mandiamo noi tutto impacchettato."

"Ciao, micione," dissi. "Lieto d'averti incontrato con le brache calate."

Sbatté lo sportello della macchina, la mise in moto con un balzo e la girò con una rapida manovra. Un attimo, e fu in fondo alla strada.

Io saltai nella mia ed ero solo ad un centinaio di metri da lui quando si fermò al semaforo di Arguello Boulevard. Girò a destra. Io girai a sinistra.

Dolly Kincaid riemerse dalle viscere della macchina e poggiò il mento sulla spalliera del sedile, vicino alla mia spalla.

"Sa chi è quello lí?" gracidò. "Trigger Weems, la spalla destra del capo. Poteva ucciderla."

"E io potevo rompergli il naso. Era a tiro."

Superai ancora qualche incrocio, poi mi fermai per farlo passare sul sedile accanto a me. "Dove ha la macchina?" chiesi. Si tolse il cappello tutto schiacciato, lo accomodò con un paio di colpi all'interno e se lo rimise in testa. "Perché? Lí al municipio. Nel cortile della polizia."

"Male," feci. "Dovrà prendere l'autobus per Los Angeles. Ogni tanto dovrebbe andare una notte da sua sorella. Specialmente stasera."

4

La rossa

La strada voltò, si tuffò, poi spiccò il volo su per i fianchi delle colline: tutto un balenio di luci verso nord-ovest e, a sud, una cortina luminosa. Visti da lí, i tre moli sembravano lontani, sottili bastoncini di luce che si infilavano in un cuscino di velluto nero. C'era foschia nei canyon e un profumo di piante selvatiche. Ma sulle cime, tra un canyon e l'altro, l'aria era limpida.

Dopo una piccola stazione di servizio chiusa e spenta, svoltai in un altro canyon ampio e m'arrampicai per quasi un chilometro lungo un recinto di filo di ferro che delimitava una proprietà invisibile. Poi le case sparse qua e là si diradarono ancora di piú sulle colline e nell'aria ci fu un intenso odore di mare. Superata una casa con una torretta bianca, voltai a sinistra e non vidi altro che pali della luce, per chilometri e chilometri, fino a un grosso edificio intonacato sulla costa, di lato alla strada. Dalle finestre con le tende abbassate e da un portico a colonne filtrava luce che si rifletteva debolmente su un gruppo di macchine parcheggiate in diagonale intorno a un prato all'inglese di forma ovale.

Era il club di Conried. Con esattezza non avrei saputo dire che cosa ci andavo a fare, ero però convinto che fosse uno dei posti in cui in ogni caso sarei dovuto andare a dare un'occhiata. Il dottor Austrian era ancora in giro chissà dove a visitare chissà quali pazienti; all'Ordine dei medici avevano detto che di solito passava di lí verso le undici. Erano le dieci e un quarto circa.

Trovai un posto vuoto e parcheggiai la macchina; scesi e mi diressi verso il portico a colonne. Uno spilungone di negro con una divisa da generale sudamericano aprí a metà dall'interno una grossa porta con una grata e disse: "Tessera, prego."

Gli misi qualche dollaro nel palmo color lilla della mano. Enormi nocche d'ebano si chiusero sui dollari come un rullo compressore su un mucchietto di ghiaia. Un'altra mano mi tolse un capello dalla spalla sinistra, lasciando cadere una placchetta di metallo nel taschino di petto, da dove spuntava il fazzoletto. "Il nuovo caposala è un dritto," bisbigliò. "Grazie, signore."

"Carogna, vorrai dire," e gli passai davanti.

L'ingresso — lo chiamavano foyer — era piú o meno come quello che la Metro Goldwyn Mayer avrebbe potuto montar su per le Follie di Broadway 1980. Alla luce artificiale aveva l'aria d'esser costato qualche milione di dollari, e c'era spazio sufficiente per farci una partita di polo. Il tappeto quasi mi solleticava le caviglie. Sul fondo, un corridoio tutto cromato, che pareva d'essere su una nave, portava all'ingresso della sala da pranzo, sulla cui soglia un paffuto capocameriere italiano sfoggiava un sorriso fisso e una banda di raso lungo i pantaloni larga cinque centimetri. A parte il pacco di menú dorati che teneva sotto il braccio.

Una scalinata a varie rampe, con una ringhiera verniciata di bianco che pareva la slitta di Babbo Natale, conduceva alla sala da gioco del secondo piano. C'erano stelle sotto il soffitto, e ammiccavano anche. Di fianco all'ingresso del bar, che era buio e di un vago color porpora, come un incubo ricordato soltanto a metà, c'era un enorme specchio rotondo in cornice bianca, in cima alla quale troneggiava una mitra egiziana. Davanti a questo specchio una signora in verde si stava acconciando i capelli di un biondo metallico; il suo vestito da sera era cosí scollato dietro da permetterle di sfoggiare un neo sul muscolo lombare, circa tre centimetri piú in basso del punto in cui, se avesse avuto meno fantasia, ci sarebbero state le mutandine.

La ragazza del guardaroba, in pigiama color pesca con su ricamati piccoli draghi rampanti, mi si fece incontro per prendermi il cappello e criticare con un'occhiata il mio vestito; aveva occhi neri e inespressivi come la suola di un paio di scarpe di cuoio grasso ancor nuova e lucida. Le diedi un quarto di dollaro e mi tenni il cappello. Una sigaraia, con in mano un vassoio grande come una scatola di cioccolatini da tre chili, comparve in fondo al corridoio; aveva piume tra i capelli e abbastanza panni addosso da poter coprire un francobollo da tre cents, una delle gambe, belle, era dorata, l'altra d'argento. Nude, naturalmente. Aveva l'espressione altera e sdegnosa della gran donna dal carnet cosí completo, da respingere magari anche da sola la corte di un maragià con un canestro di rubini sotto il braccio.

Entrai nella luce debole e purpurea del bar. Tintinnio

leggero di bicchieri, voci basse, accordi a un pianoforte in un angolo e la gradevole voce di un tenore tutto crocché che cantava *My Little Buckeroo,* con lo stesso ardore con cui un barista di fiducia può prepararvi un martini secco assai. A poco a poco la luce purpurea si trasformò in una caligine vagamente luminosa nella quale riuscivo a distinguere qualcosa. Il bar era abbastanza pieno, ma non zeppo. Un tizio si lasciò andare a una risata smodata e il pianista espresse il suo disappunto lasciando scorrere il dito sulla tastiera, con uno svolazzo alla Eddie Duchin.

Scoprii un tavolino libero e andai a sedermici, contro la parete imbottita. Gli occhi si stavano abituando sempre piú alla luce, adesso riuscivo persino a distinguere il cantante. Aveva capelli ondulati e rossi all'hennè. Anche la donna seduta al tavolino accanto a me aveva capelli rossi. Li portava spartiti nel mezzo e tirati all'indietro, con tanta forza che certo doveva odiarli; occhi grandi e scuri, affamati, lineamenti sgraziati e niente trucco, eccetto una bocca che sfavillava come un'insegna al neon. L'abito, non da sera, aveva spalle troppo ampie e polsi troppo svasati; un golfino color arancio le sporgeva dal collo, e sul cappello alla Robin Hood — che portava spinto all'indietro — c'era infilata una penna nera e una piumetta arancio. Mi sorrise: aveva denti sottili e aguzzi. Non ricambiai il sorriso.

Vuotò il bicchiere e con la base di questo picchiò sul piano del tavolino. Un cameriere in giacchetta bianca impeccabile sgusciò fuori dal nulla.

"Scotch con soda," disse la rossa con voce tagliente e una leggerissima inflessione da ubriaca.

Il cameriere la guardò, fece un cenno impercettibile col mento e si voltò dalla mia parte. Dissi: "Bacardi con ghiaccio tritato."

Scomparve. La donna disse: "Le farà male, giovanotto."

Non la guardai nemmeno. "Cosí non ci sta," disse lei, indifferente. Mi accesi una sigaretta e soffiai un anello di fumo nella soffice aria porporina. "Vada a farsi friggere," disse la donna. "Potrei raccogliere una dozzina di gorilla come lei a ogni crocicchio dell'Hollywood Boulevard. Al diavolo l'Hollywood Boulevard! Attori scimuniti senza lavoro e bionde faccia di pesce che rischiano di vomitarti addosso ogni dieci metri."

"E chi ci è mai stato sull'Hollywood Boulevard," feci.

"Lei. Soltanto uno dell'Hollywood Boulevard non risponderebbe a una ragazza che lo insulta civilmente."

Un uomo e una ragazza al tavolo accanto si girarono a guardarla. L'uomo mi fece un sorrisetto di simpatia. "Questo vale anche per te," gli disse la ragazza.

"Tu ancora non mi hai insultato," rispose lui.

"Ci ha pensato mamma tua facendoti come t'ha fatto, bello."

Il cameriere tornò con le ordinazioni. Servì prima me. La donna allora disse ad alta voce: "Non farà mica aspettare le signore per abitudine?"

Il cameriere le diede lo scotch con soda. "Mi scusi tanto, signora," disse, acido.

"Certo. Venga qualche volta a farsi la manicure, mi farò prestare una zappa per l'occasione."

Il cameriere mi guardò. Gli diedi una banconota e scrollai la spalla destra; lui mi diede il resto, prese la mancia e si dileguò tra i tavolini. La donna puntò i gomiti sul tavolo e poggiò il mento nel cavo della mano. "Bene, bene, uno spendaccione," disse. "Credevo che non ne fabbricassero piú. Le piaccio?"

"Ci sto pensando," risposi. "Abbassi però un po' la voce, altrimenti la buttano fuori."

"Non credo, finché non rompo le specchiere. Fra l'altro, io e il nuovo boss siamo cosí." Incatenò tra loro due dita a uncino. "O meglio, saremmo cosí se potessi vederlo." Scoppiò in una risata metallica e bevve un po' del suo whisky. "Dov'è che l'ho già vista?"

"Dappertutto, credo."

"E me dove mi ha vista?"

"Da un centinaio di parti."

"Già," fece lei. "Proprio cosí. Una donna non può piú contare sulla propria individualità."

"Né la riacquista da una bottiglia."

"Balle. Potrei citarle un mucchio di nomi grossi che vanno a letto con una bottiglia per mano e la mattina bisogna prenderli con le buone, sennò sfasciano tutto."

"Sí?" feci. "Attori?"

"Sí. Lavoro per un tipo che li porta per mano — a dieci dollari la spinta. A volte anche venticinque o cinquanta."

"Un bel mestiere, pare."

"Se dura. Lei crede che durerà?"

"Può sempre andare a Palm Springs, quando la cacceranno via da qui."

"A chi cacciano via?"

"Non lo so. Di cosa stavamo parlando?"

Aveva i capelli rossi e non era bella, ma piena di curve. E lavorava per uno che reggeva la gente tra le braccia. Mi leccai le labbra.

Un uomo alto e bruno comparve sulla soglia del bar e si fermò, per abituarsi alla luce. Poi cominciò a guardarsi intorno senza fretta. L'occhio gli cadde sul tavolino dove stavo seduto; piegò il corpo in avanti e cominciò ad avanzare verso di noi.

"Oh, oh," disse la donna. "Il buttafuori. Ce la fa?"

Non risposi. Lei si passò una mano nervosa e pallida sulla guancia incolore e mi lanciò un'occhiata maliziosa. L'uomo al piano strimpellò qualche accordo e attaccò a lamentarsi a proposito d'un sogno che si può sempre fare, *nevvero?*

L'uomo alto e bruno si fermò e poggiò la mano sulla sedia di fronte a me. Guardò la donna e mi sorrise — era lei che aveva puntato; per lei era venuto. Ma da quel momento dirottò la sua attenzione su di me. Aveva capelli morbidi, neri e lucidi, occhi freddi e grigi, sopracciglia che parevano disegnate con la matita, una bella bocca alla Valentino. Il naso dovevano averglielo già rotto, ma glielo avevano subito racconciato per benino. Parlava senza muovere le labbra.

"È parecchio che non la vedo, o la memoria non mi funziona?"

"Non so," risposi. "Cosa cerca di ricordare?"

"Il suo nome, dottore."

"Non si sforzi. Non ci siamo mai visti prima."

Pescai con le dita la placca di metallo nel taschino e la gettai sul tavolo. "Ecco il mio biglietto, l'ho avuto dal colonnello lí all'entrata." Tirai fuori dal portafoglio un biglietto da visita e glielo misi sotto gli occhi. "E qui ci sono il mio nome, età, peso, statura, segni particolari, se ce ne sono, e la fedina penale. Son qui per vedere Conried."

Ignorò la placca e lesse due volte il biglietto da visita. Lo girò e guardò dietro, poi lo rigirò, poggiò un gomito sulla spalliera della sedia e mi indirizzò un sorriso mellifluo. Non guardava piú la donna, adesso. Rastrellò infine il biglietto dal tavolo e squittí debolmente, come un topo appena nato. La donna fissava il soffitto e fingeva di sbadigliare.

L'uomo disse, secco: "Cosí è uno di quelli? Spiacente. Il signor Conried è andato al nord per affari. È partito col primo aereo del mattino."

La donna disse: "Allora era la sua controfigura quella che ho visto oggi pomeriggio sul Sunset and Vine, in una Cord grigia."

Non la guardò. Sorrise debolmente: "Il signor Conried non possiede nessuna Cord grigia."

La donna disse: "Non si lasci prendere per il naso. Scommetto che in questo momento è di sopra a dare il colpettino alla roulette."

L'uomo alto e bruno non la guardò nemmeno questa volta; ma non la guardò in un modo molto piú esplicito che se le avesse mollato uno schiaffo. La vidi impallidire per un attimo.

Dissi: "E va bene, non c'è. Grazie per l'informazione. Sarà per un'altra volta, speriamo."

"Certo certo. Ma qui dentro non vogliamo linci. Spiacente."

"Ancora un altro di quegli 'spiacente' e urlo," disse la donna coi capelli rossi.

L'uomo bruno si ficcò il mio biglietto da visita nella tasca esterna dello smoking, scostò la sedia all'indietro e si drizzò.

"È avvisato, dunque," disse. "Perciò..."

La donna scoppiò a ridere rumorosamente e gli buttò il whisky in faccia.

Il bruno indietreggiò agitando le braccia, poi tirò di tasca un fazzolettone bianco e crespo e s'asciugò rapidamente la faccia, scuotendo tutta la testa. Quando abbassò il lenzuolo c'era una gran macchia di bagnato sullo sparato della camicia, con al centro la capocchia brillante della perla nera. Il collo della camicia era un disastro.

"Spiacente," disse la donna. "Credevo fosse una sputacchiera."

L'altro abbassò la mano e fece scintillare i denti in un sorriso minaccioso. "Buttatela fuori," mormorò. "Buttatela fuori alla svelta."

Si voltò e s'allontanò veloce tra i tavolini, tenendosi il fazzoletto davanti la bocca. Due camerieri in giacchetta bianca si avvicinarono e stettero a guardarci. Tutte le teste erano voltate verso di noi.

"'Fine del primo round," disse la rossa. "Un po' moscio. I due pugili ci andavano piano."

"Non vorrei trovarmi con lei quando ci vanno alla svelta," dissi.

Scosse la testa. In quella luce sinistra, in quel porpora macabro, mi saltò agli occhi l'estremo biancore del suo volto. Persino le labbra dipinte di rosso sembravano dissanguate. Si coprí la bocca con una mano rigida e artigliata. Ebbe un colpo di tosse secca, come un tisico, e afferrò il mio bicchiere. Inghiottí il bacardi e tutto il ghiaccio a piccoli sorsi, con un gorgoglio continuo; poi cominciò a tremare. Allungò la mano per prendere la borsa e la fece cadere a terra: s'aprí e il contenuto saltò fuori. Un portasigarette in metallo dorato scivolò sotto la sedia e dovetti alzarmi e spostare la sedia per raccoglierlo. Uno dei camerieri stava dietro di me.

"Posso aiutarla?" chiese con tono gentile.

Ero chinato a terra quando il bicchiere dal quale aveva bevuto la donna rotolò giú dal tavolo e andò a frantumarsi in mille pezzi accanto alla mia mano. Raccolsi il portasigarette, gli diedi un'occhiata noncurante — sul coperchio c'era la fotografia colorata a mano di un uomo bruno molto robusto — e glielo rimisi nella borsa. Poi la presi per un braccio, e il cameriere che mi aveva rivolto la parola le girò intorno e andò a prenderla per l'altro braccio. La rossa ci guardò senza espressione, agitando il capo da una parte e dall'altra, come se cercasse di sgranchirsi il collo.

"La zietta sta per svenire," gracidò, e ci avviammo fuori del locale trascinandola. Puntava i piedi a terra, in avanti, come una pazza, gettandosi con tutto il peso del corpo da una parte e dall'altra, come se volesse rovesciarci a terra. Il cameriere bestemmiava sottovoce, monotono. Uscimmo dalla luce rosso porpora del bar ed entrammo in quella accecante dell'ingresso.

"La toeletta delle signore," grugní il cameriere, indicando con un cenno del mento una porta che pareva l'ingresso secondario del Taj Mahal. "Là c'è un peso massimo negro che sa maneggiare di tutto."

"Al diavolo la toeletta per signore," esclamò la donna indispettita. "E lasciami andare il braccio, servo. Un amico è tutto l'aiuto di cui ho bisogno."

"Quello non è suo amico, signora. Non la conosce nemmeno."

"Sparisci, contadino. O sei un cafone o fai troppo il premuroso. Sparisci prima che perda la pazienza e ti salti addosso."

"Okay," dissi al cameriere. "La porto io fuori, all'aria. È venuta da sola?"

"E chi vuole che se la portasse dietro?" rispose lui, e se ne andò. Il ministro-capocameriere scese dal suo palco, ma si fermò a mezza strada a guardare, minaccioso e strabiliato insieme; la fata del guardaroba ci guardò anche lei, con l'aria seccata d'un arbitro a un incontro di dilettanti.

Spinsi la mia nuova amica fino a fuori, all'aria fresca e nebbiosa, le feci fare qualche passo sotto il colonnato e sentii il suo corpo abbandonarsi e farsi sostenere languidamente dal mio braccio.

"Lei è un bravo ragazzo," disse poi, sciocamente. "L'ho passata liscia, me la son cavata con niente. Lei è un bravo ragazzo, signore. Non credevo di uscire viva da lí dentro."

"Perché?"

"M'era saltato il ticchio di mettermi a fare quattrini nella maniera sbagliata. Dimentichiamocene. Mettiamola nel dimenticatoio insieme a tutte le altre idee sbagliate che ho avuto in vita mia. Mi dà un passaggio? Sono venuta in taxi."

"Certo. Potrei sapere il suo nome?"

"Helen Matson."

Non rimasi affatto meravigliato, l'avevo capito da un pezzo.

Mentre scendevamo il viale asfaltato che portava al parcheggio; continuò ad appoggiarsi leggermente a me. Quando arrivammo alla mia macchina, aprii lo sportello e lo tenni aperto. Lei entrò, sedette nell'angolo e si abbandonò con la testa sullo schienale.

Chiusi lo sportello, poi lo riaprii e chiesi: "Mi direbbe una cosa? Chi è quella faccia sul suo portasigarette? Mi sembra di averla già vista da qualche parte."

Aprí gli occhi: "Un vecchio amico," rispose. "Tutto finito, ormai. È..."

Sbarrò gli occhi e spalancò la bocca — e io feci appena in tempo a sentire un leggero fruscio alle spalle che qualcosa di duro mi colpí forte dietro la testa e una voce attutita disse: "Tieni, fratellino. Questo è solo un assaggio."

Poi un cannone mi sparò dritto nelle orecchie e la mia testa fu tutto un fuoco d'artificio che scoppiava, rosso, alto nel cielo, si sparpagliava e quindi ricadeva lentamente, prima pallido e poi spento. Fui inghiottito dal buio.

5

La vicina morta

Puzzavo di gin. Ma non come si può puzzare, cosí per caso, dopo aver bevuto un paio di bicchieri; ma come se l'Oceano Pacifico fosse di puro gin e io mi ci fossi tuffato a fare una nuotata, vestito e tutto. Avevo gin nei capelli, nelle sopracciglia, in faccia, sul mento e sulla camicia. Stavo senza giacca, lungo disteso sul tappeto di una stanza e, guardando in alto, gli occhi mi caddero su una fotografia in cornice, all'angolo della mensola del caminetto. La cornice era in legno leggero e la fotografia aveva la pretesa di essere artistica: una faccia lunga, sottile e triste, illuminata tutta di fianco, con una luce forte che serviva solo a dar risalto alla lunghezza, alla sottigliezza e alla tristezza di quella faccia, sotto certi capelli biondi e schiacciati che parevano aggiunti a penna su un cranio liscio da un fotografo impietosito. In un angolo c'era una dedica che non riuscivo a leggere.

Mi sollevai e mi tastai la nuca. Sentii chiaramente il dolore scendermi fino alla suola delle scarpe. Mandai un gemito che si trasformò in un grugnito (grugnito tutto professionale), poi piano piano mi trascinai avanti con grande cautela e mi trovai ai piedi di un letto ribaltabile. Un altro letto gemello, accanto a quello, era invece ancora dentro la parete e sfoggiava un disegno a fioritura sul legno verniciato. Nel muovermi, una bottiglia di gin mi rotolò giú dal petto dove era posata. Rotolò a terra: era di vetro chiaro e vidi cosí che era vuota. Non avrei mai immaginato che una sola bottiglia potesse contenere tanto gin.

Mi sollevai in ginocchio e infine mi misi a quattro zampe, col naso per aria, come un cane accanto alla tavola del padrone. Girai la testa: il collo mi doleva. La girai ancora un po' e sentii altro dolore, allora m'alzai in piedi e scoprii che ero scalzo.

Sembrava un bell'appartamentino, né sfarzoso né dimesso — i soliti mobili, la solita lampada a tamburo, il solito tappeto indistruttibile. Sul letto giaceva lei, vestita unicamente di un paio di calze di seta rossicce. Aveva sul corpo profondi graffi che dovevano aver sanguinato, e un asciugamano spesso, a spugna, tutto attorcigliato, gettato sullo stomaco. Stava ad occhi spalancati. I capelli rossi erano spartiti al centro e tirati all'indietro con forza, come se avesse continuato ad odiarli. Anche adesso che non provava piú sentimenti.

Era morta.

Sopra e di fianco al seno sinistro c'era una bruciatura grossa quanto il palmo della mano di un uomo, al centro della quale luccicava una macchia di sangue grumoso. Altro sangue le era colato giú per il fianco, ma aveva fatto in tempo a rapprendersi.

Sul divano c'erano dei vestiti buttati lí a casaccio, quasi tutti suoi. Ma c'era anche la mia giacca. Lí vicino, per terra, c'erano scarpe: le mie e le sue. Avanzai in punta di piedi, come su una lastra di ghiaccio sottilissima, presi la mia giacca e frugai nelle tasche. Contenevano ancora piú o meno quello che mi sembrava di averci messo. La fondina della pistola, che era ancora legata intorno alla mia spalla, era naturalmente vuota. Mi infilai scarpe e giacca, spinsi la fondina vuota dietro la spalla, mi avvicinai al letto e sollevai l'asciugamano. Ne scivolò giú una pistola — la mia. Asciugai del sangue dalla canna, annusai senza alcun motivo la bocca dell'arma e me la rimisi tranquillamente nella fondina sotto l'ascella.

Dal corridoio giunse un suono di passi pesanti. Arrivati davanti la porta dell'appartamento si fermarono. Sentii un mormorio di voci, poi qualcuno bussò, colpi decisi, forti, impazienti. Guardai la porta e mi chiesi per quanto tempo avrebbero continuato a bussare, se era chiusa a chiave e, in tal caso, quanto tempo avrebbe resistito prima che la sfondassero, oppure quanto tempo ci sarebbe voluto per chiamare l'amministratore, a meno che non fosse già lí con loro, perché l'aprisse con la sua chiave. Mi stavo ancora chiedendo tutto questo quando una mano girò la maniglia. Era chiusa a chiave.

Lo trovai molto strano, e quasi mi venne voglia di ridere.

Mi avvicinai a un'altra porta: il bagno. Gettai un'occhiata dentro. Per terra c'erano due tappetini, sull'orlo della vasca c'era una stuoia piegata con cura e, in alto, una finestra con vetro martellato. Chiusi senza far rumore la porta del bagno, salii sul bordo della vasca e spinsi in alto il telaio scorrevole della finestra. Sporsi in fuori la testa e guardai giú nel buio, dall'altezza di circa sei piani, su una strada alberata. Per far questo dovetti sbirciare attraverso una fessura formata da due pareti vuote, poco piú di un pozzo d'aerazione: le finestre erano situate a due a due, tutte sulla stessa parete, sul lato opposto alla fessura. Mi sporsi di piú e scoprii che volendo avrei potuto raggiungere la finestra accanto. Mi chiesi se non fosse per caso chiusa, se mi sarebbe servito a qualcosa e se avrei fatto in tempo, prima che quelli di fuori riuscissero a entrare.

Alle mie spalle, oltre la porta chiusa del bagno, i colpi s'erano andati facendo sempre piú forti: in quel momento una voce ringhiò: "Aprite o sfondiamo."

Questo non significava niente; era la solita minaccia da poliziotto. Non avrebbero buttato giú la porta perché potevano aprirla con la chiave e perché sfondare quel tipo di porta a calci, senza usare un'ascia, sarebbe stato un lavoro troppo faticoso, da rimetterci la pianta dei piedi.

Riabbassai il vetro inferiore della finestra, spinsi in giú quello superiore e presi un asciugamano accanto al lavabo. Poi aprii di nuovo la porta del bagno e mi trovai faccia a faccia con il signore della fotografia, quello incorniciato sulla mensola del caminetto. Dovevo leggere la dedica di quella fotografia. Mi avvicinai e l'esaminai, mentre i colpi alla porta si facevano addirittura rabbiosi. La dedica diceva: *Con tutto il mio amore — Leland.*

Con questo, il dottor Austrian s'era data la zappa sui piedi. Non occorrevano altre prove. Presi la fotografia, tornai nel bagno, chiusi di nuovo la porta e nascosi la fotografia sotto gli asciugamani sporchi nell'armadietto. Se erano poliziotti in gamba ci avrebbero messo un bel po' per trovarla; se erano di Bay City, probabilmente non l'avrebbero trovata mai. Non riuscivo a pensare a nessun motivo per cui dovessi trovarmi a Bay City, se non per il fatto che Helen Matson con molta probabilità abitava lí e che l'aria, fuori della finestra del bagno, odorava di brezza di mare.

Mi sporsi dalla parte superiore della finestra, poi mi spinsi tutto in fuori, tenendo l'asciugamano in mano e tenendomi aggrappato al telaio con l'altra. Oscillai verso la finestra accanto. Con la mano libera arrivavo a toccare il vetro dell'altra finestra e persino a spingerlo, nel caso non fosse bloccato. Ma era bloccato. Librai un piede nell'aria e diedi un calcio al vetro, proprio sopra il saliscendi, mandandolo in frantumi. Il fracasso che fece dovettero sentirlo fino a Los Angeles. Distanti e monotoni, i colpi alla porta continuavano, all'interno dell'appartamento.

Mi attorcigliai l'asciugamano attorno alla mano sinistra e la infilai attraverso i vetri in frantumi. Riuscii a sbloccare il saliscendi. Poi mi spostai di nuovo sull'altro davanzale e richiusi la finestra dalla quale ero uscito. Avrebbero rilevato le mie impronte digitali, ma non pretendevo di provare di non essere mai stato nell'appartamento di Helen Matson: volevo soltanto avere la possibilità di provare in che modo ci ero arrivato.

Guardai giú nella strada. Un uomo salí in una macchina senza nemmeno guardare in su. Nell'appartamento in cui mi trovavo adesso non c'erano luci accese. Abbassai il vetro della finestra e sgattaiolai dentro. La vasca da bagno era piena di schegge. Misi piede a terra, accesi la luce, raccolsi tutte le schegge di vetro nell'asciugamano e lo nascosi. Per pulire il davanzale e il bordo della vasca in cui avevo appoggiato i piedi, usai l'asciugamano del mio nuovo ospite.

Poi tirai fuori la pistola e aprii la porta del bagno.

Questo appartamento era piú grande dell'altro. Mi trovai in una stanza con due letti affiancati, con sopra coperte rosa pallido. Eran preparati con ordine e sopra non ci stava dormendo nessuno. Oltre la camera da letto c'era il soggiorno: tutte le finestre dell'appartamento erano sprangate e c'era odore di chiuso e di polvere. Accesi una lampada a piede e feci scorrere un dito sul bordo di una sedia per accertare lo strato di polvere. Nel soggiorno c'erano un mobile radio, un tavolinetto portalibri, uno scaffale pieno di romanzi con su ancora le sovracoperte, un carrello di legno scuro con appoggiato sopra un sifone, una caraffa di cristallo e quattro bicchieri striati. Tolsi il tappo della caraffa e annusai il contenuto: scotch. Me ne versai un po'. Alla testa mi fece male, al resto del corpo benissimo.

Lasciai la luce accesa, tornai nella camera da letto e mi misi a frugare negli armadi e nei cassetti. Nell'armadio trovai degli abiti maschili, di sartoria. Il nome del cliente scritto a penna sull'etichetta era George Talbot.

A occhio e croce, i vestiti di George dovevano andarmi un po' stretti. Cercai nel cassetto e trovai un pigiama che poteva andar bene. Lo stesso armadio mi fornì anche una vestaglia e delle pantofole. Mi denudai completamente.

Quando uscii dalla doccia l'odore di gin era ridotto a una lontana e vaga traccia. Di là, nell'appartamento a fianco, non si sentiva nessun rumore, nessun colpo: certamente si stavano dando da fare coi gessetti e lo spago. Mi misi il pigiama, infilai le pantofole e la vestaglia del signor Talbot, usai, con discrezione, la sua lozione e mi ravviai i capelli con la spazzola e il pettine. A questo punto, mi augurai che i signori Talbot, dovunque si trovassero, se la spassassero un mondo e non avessero tanta fretta di tornare.

Passai nel soggiorno, mi versai ancora un po' di scotch Talbot e mi accesi anche una sigaretta Talbot. Poi aprii la porta d'ingresso. Fuori nel corridoio, lí vicino, un uomo tossí. Spalancai del tutto la porta, m'appoggiai allo stipite e guardai fuori. Di fronte a me un uomo in uniforme stava poggiato contro la parete: un biondino minuto, dagli occhi penetranti. I suoi pantaloni blu avevano una piega tagliente come la lama di un coltello, e l'aspetto generale era ordinato, pulito e pignolo.

Sbadigliando, chiesi: "Cosa succede, capitano?"

Mi fissò con i suoi occhietti penetranti, d'un marrone tendente al rosso e chiazzato di giallo, insomma un colore insolito nei biondi. "Piccole rogne nell'appartamento accanto. Sentito niente?" La sua voce aveva un tono vagamente ironico.

"La peldicarota? Be', niente di piú della solita sedutina. Ubriachi?" Continuò a fissarmi, attento. Poi chiamò: "Hei, Al!"

Dalla porta accanto aperta uscí un uomo. Era piú del metro e ottanta e doveva pesare qualche novantina di chili; aveva capelli neri e folti e occhi molto infossati, privi d'espressione. Era Al De Spain, lo avevo incontrato quella sera al posto di polizia di Bay City.

Avanzò senza fretta nel corridoio. Quello in uniforme disse: "Questo è il tipo che vive nell'appartamento accanto."

De Spain mi si avvicinò e mi guardò negli occhi. I suoi

non avevano piú espressione di una tegola d'ardesia. Parlò quasi in un soffio:

"Si chiama?"

"George Talbot." Non lo urlai proprio, ma quasi.

"Sentito nessun rumore? Voglio dire, prima che arrivassimo noi?"

"Qualche po' di schiamazzo, m'è parso. Verso mezzanotte. Non è una novità, là dentro." Indicai con il pollice l'appartamento della rossa.

"Tutto qui? Conosce la signora?"

"No, né lo desidero, credo."

"Non si preoccupi," disse De Spain. "È morta."

M'appoggiò una manaccia dura e forte contro il petto e, con gentile pressione, mi spinse dentro l'appartamento. Sempre tenendomi la mano contro il petto lanciò un'occhiata alle tasche laterali della vestaglia. Poi i suoi occhi mi fissarono di nuovo, dritto in faccia. Quando mi ebbe spinto a qualche metro dalla porta, di sopra la spalla, voltando appena la testa, disse: "Entra e chiudi la porta, Shorty."

Shorty entrò e chiuse la porta, e gli occhietti penetranti gli luccicavano.

"Una scena perfetta," disse De Spain, con noncuranza. "Puntagli la pistola contro, Shorty."

Shorty aprí la custodia che portava alla cintura e tirò fuori una pistola d'ordinanza. Tutto questo in un lampo. Si leccò le labbra: "Accidenti," disse a bassa voce. "Accidenti." Aprí la custodia delle manette e cominciò a tirarle fuori. "Come hai fatto a capirlo, Al?"

"Capire cosa?" De Spain teneva gli occhi fissi nei miei. Sempre gentile, disse, rivolto a me: "Cosa stava per fare — scendeva a comprare il giornale?"

"Già," disse Shorty. "È lui l'assassino, certo. È entrato dalla finestra del bagno e si è messo addosso i vestiti di quello che abita qui. La famiglia è via. Guarda quanta polvere. Nemmeno una finestra aperta. E c'è puzza di chiuso."

De Spain disse, con garbo: "Shorty è un poliziotto scientifico. Ma non si lasci abbattere, dovrà pur sbagliare un giorno o l'altro."

Dissi: "E come mai è in divisa, se è cosí efficiente?"

Shorty arrossí. De Spain disse: "Trova i suoi vestiti, Shorty. E la sua pistola. E fa' presto. Se facciamo in fretta l'arrestiamo noi."

"Ma il caso non è stato mica affidato a te," disse Shorty.

"Cos'ho da perderci?"

"Tu niente, io ci rimetto l'uniforme."

"Tenta, ragazzo. Quel lumaca, quel Reed là dentro, non riuscirebbe a prendere una tarla in una scatola di scarpe."

Shorty s'eclissò nella camera da letto. De Spain e io restammo immobili, solo che lui mi tolse la mano dal petto e se la portò al fianco. "Non dire niente," disse, strascicando le parole. "Lascia che indovini da solo."

Udimmo Shorty darsi da fare ad aprire e sbattere porte. Poi udimmo un guaito come quello di un terrier quando scopre una tana. Riapparve con la mia pistola nella mano destra e il mio portafoglio nella sinistra. Teneva la pistola per la canna avvolta in un fazzoletto. "Sono partiti dei colpi da questo ferro," disse. "E l'amico non si chiama Talbot."

De Spain non girò la testa né cambiò espressione. Mi accennò un sorriso, muovendo solo gli angoli della bocca larga e brutale.

"Non mi dire," fece. "Non mi dire." Mi diede una spinta con una mano che pareva un pezzo d'acciaio. "Vestiti, angelo bello, e non darti da fare con la cravatta. Andiamo in un posticino molto dimesso."

6

La pistola torna al padrone

Uscimmo e attraversammo il corridoio. Dalla porta aperta dell'appartamento di Helen Matson usciva ancora luce. Due uomini con una cesta stavano fumando fuori la porta; da dentro giungeva un suono di voci: stavano discutendo.

In fondo al corridoio girammo e imboccammo le scale. Scendemmo, un piano dopo l'altro, finché arrivammo giú nell'androne. Vi s'erano radunate una mezza dozzina di persone, tutte a occhi spalancati — tre donne in vestaglia, un uomo calvo con un paraocchi verde a visiera, come un redattore di cronaca, e altri due che stavano nascosti nell'ombra. Un poliziotto in uniforme passeggiava su e giú davanti all'ingresso, fischiettando soprappensiero. Gli passammo davanti. Non ci guardò neppure. Un gruppetto di gente s'era radunato fuori sul marciapiede.

De Spain disse: "Una gran serata per la nostra cittadina."

Ci dirigemmo verso una berlina nera che non aveva nessun distintivo della polizia. De Spain scivolò dietro al volante e mi fece segno di sedermi al suo fianco. Shorty montò dietro. Da un pezzo si era infilata di nuovo la pistola nel fodero, però l'aveva lasciato sbottonato e ci teneva la mano vicina.

De Spain mise in moto e partí con tale scatto che andai a sbattere contro lo schienale. Affrontammo la prima curva a destra su due ruote, e puntammo verso est. Quando svoltammo superammo una grossa macchina nera con due luci rosse appaiate; subito dopo ce la trovammo accodata.

De Spain sputò fuori dal finestrino e bofonchiò: "Quello è il capo. Arriverà in ritardo anche al suo funerale. Questa volta gli abbiamo scorticato il naso, ragazzo."

Dal sedile posteriore Shorty replicò, disgustato: "Sí, per un mesetto d'isolamento."

De Spain disse: "Smettila di borbottare, forse ti mettono nella squadra omicidi."

"Preferisco indossare la divisa e fare tutti i pasti."

Per qualche chilometro, De Spain mantenne la macchina a tutta velocità, poi rallentò un poco. Shorty disse: "Ma di qua non si va alla Centrale."

"Piantala di fare la zanzara," disse De Spain.

Rallentò a passo d'uomo e girò a sinistra, imboccando una strada buia, tranquilla, costeggiata da belle conifere alte e bene allineate e da casette linde e ordinate disposte con precisione su prati lindi e ordinati. De Spain frenò, dolcemente, accostò la macchina al marciapiede, vi montò sopra e spense il motore. Poi appoggiò un braccio sullo schienale e si voltò a guardare il compagno in uniforme, quello dagli occhi penetranti.

"Pensi che l'abbia bruciata lui, Shorty?"

"La sua pistola ha mandato dei colpi."

"Tira fuori la torcia e da' un'occhiata alla sua testa, dietro."

Shorty sbuffò. Lo sentii muoversi nel buio alle mie spalle e un fascio di luce bianca e accecante m'investí da dietro. Sentii il respiro del piccolo Shorty vicinissimo alla mia nuca. Mi sfiorò con le dita e lanciai un urlo. La luce si spense e fummo di nuovo immersi nell'oscurità della strada.

Shorty disse: "L'hanno colpito, credo."

Senza scomporsi, De Spain rispose: "Hanno colpito anche la ragazza. Non si vedeva molto ma c'era. L'hanno colpita per stordirla, per spogliarla e graffiarla prima di spararle, cosí che i graffi sanguinassero e sembrassero tu sai cosa. Poi l'hanno sparata tenendo la pistola avvolta in un asciugamano. Nessuno ha udito lo sparo. Chi ha dato l'allarme, Shorty?"

"E che diavolo ne so io. Due o tre minuti prima che tu arrivassi alla Centrale ha telefonato uno. Un tipo dalla voce pastosa, ha detto il telefonista."

"Okay. Se fossi stato tu l'assassino come saresti uscito di lí?"

"Dalla porta," disse Shorty. "Sennò, da dove? Ehi," m'aggredí, "lei perché non è uscito dalla porta?"

Dissi: "Avrò anche i miei piccoli segreti."

De Spain disse, con voce inespressiva: "Non avresti scavalcato una finestra, vero Shorty? Non ti saresti andato a intrappolare nell'appartamento accanto, non avresti finto d'essere il coinquilino della morta, vero Shorty? E non avresti telefonato alla polizia per avvertirli di correre subito sul posto a prendersi l'assassino, vero Shorty?"

"Al diavolo," disse Shorty. "Allora non è stato lui a telefonare? No, non farei niente di tutte le cose che hai detto."

"E nemmeno l'assassino le ha fatte," disse De Spain, "eccetto l'ultima. Infatti è stato lui a telefonare."

"Questi maniaci sessuali fanno cose ben strane," disse Shorty. "L'amico qui potrebbe aver dato una mano e l'altro, dopo avergli dato una botta in testa, magari avrà voluto scaricare tutto su di lui."

De Spain rise come un orso. "Ehi, maniaco sessuale," fece, puntandomi contro le costole un dito duro come la canna di una pistola. "Ma guarda un po' che locchi che siamo. Ce ne stiamo qui seduti a perdere l'impiego — o meglio quello che per uno di noi è un impiego — e il tempo a discutere, mentre tu che sai tutto non hai ancora aperto bocca. Non sappiamo nemmeno chi era la donna."

"Una rossa che avevo pescato nel bar Club Conried," dissi. "O meglio, da cui ero stato pescato."

"Non sai il nome o altro?"

"No, non s'era sbottonata. L'ho aiutata a uscire all'aria aperta e mi ha chiesto di condurla via. Poi, mentre la stavo facendo salire sulla mia macchina, qualcuno mi ha colpito da dietro. Quando son rinvenuto, ero lungo disteso nell'appartamento e la donna era morta."

De Spain chiese: "Cosa c'eri andato a fare nel bar Club Conried?"

"A farmi tagliare i capelli," risposi. "Cosa si va a fare in un bar? La rossa non s'è sbottonata, ma m'è sembrato che avesse paura di qualcosa. Ha anche gettato del whisky in faccia al boss del pianterreno. Mi ha fatto un po' pena, poveretta."

"Anche a me le rosse fanno sempre un po' pena," fece De Spain. "Quello che ti ha colpito alla testa deve essere stato un elefante, per avere la forza di trasportarti in braccio fino all'appartamento."

"Sei mai stato colpito alla testa?" chiesi.

"No," fece De Spain. "E tu, Shorty?"

Shorty disse che nemmeno lui era stato mai colpito alla testa, e lo disse con un tono antipatico.

"Be'," dissi. "È come una sbronza. Probabilmente sono rinvenuto nella macchina e quello mi ha tenuto buono con una pistola. Posso esserci andato con le mie gambe all'appartamento, insieme alla donna. Lei forse lo conosceva. Una volta su, può avermi dato un'altra botta in testa, cosí che ora non sono piú in grado di ricordare quello che è successo tra le due botte."

"L'ho sentito dire," disse De Spain. "Ma non ci ho mai creduto."

"Be'," insistetti. "È proprio cosí. Deve essere cosí, perché non ricordo niente, e l'amico non può avermi trasportato fin lí da solo."

"Io ce l'avrei fatta," disse De Spain. "Ne ho trasportati anche di piú pesanti di te."

"E va bene, mi ha trascinato fin lí. E con questo?"

"Non capisco perché avrebbe dovuto prendersi tanto disturbo," disse Shorty.

"Dare una botta in testa a uno non è poi questo gran disturbo," fece De Spain. "Passami un po' il ferro e il portafoglio."

Shorty ebbe un attimo d'esitazione, poi glieli porse. De Spain annusò la pistola poi se la fece scivolare con noncuranza nella tasca laterale della giacca, dalla mia parte. Aprí il portafoglio, lo tenne per un po' sotto la luce del cruscotto e infine lo mise via. Mise in moto la macchina, la girò e puntò verso Arguello Boulevard, girò a est e frenò davanti a un negozio di liquori con un'insegna al neon rossa. Era aperto anche a quell'ora di notte.

Di sopra la spalla, girando appena il capo, De Spain disse: "Fa' una corsa là dentro e telefona alla Centrale, Shorty. Di' al sergente che abbiamo annusato qualcosa e che stiamo andando ad arrestare un tipo che sospettiamo coinvolto nell'assassinio di Brayton Avenue. Digli pure di dire al capo che ormai è saltato."

Shorty scese dalla macchina sbattendo lo sportello con forza, fece per dire qualche cosa, poi si diresse a passi veloci nel negozio.

De Spain fece partire la macchina con un balzo. Duecento metri dopo era già sui sessanta. Rise, e parevano colpi su un tamburo. Altri cento metri, ed era già sui settantacinque, poi incominciò a girare a destra e a sinistra per andare a fermarsi sotto un pioppo, davanti una scuola.

Mi ripresi la pistola mentre si chinava in avanti per tirare il freno a mano. Rise ancora, secco questa volta, e sputò fuori dal finestrino.

"Okay," disse. "L'avevo messa lí apposta. Ho parlato con Violetta M'Gee. Il giovanotto, il cronista, mi ha telefonato da Los Angeles. Hanno trovato Matson. E in questo momento stanno spremendo un tipo che abita nello stesso palazzo."

Mi scostai la lui, strisciando verso l'angolo del sedile. Tenevo la pistola poggiata sul ginocchio. "Adesso siamo fuori dei confini di Bay City, poliziotto. Cosa ti ha detto M'Gee?"

"Ha detto che ti aveva indicato a Matson e di non sapere se v'eravate già messi in contatto. Quel tizio del palazzo — non ho sentito il nome — stava cercando di scaricare un cadavere sulla strada quando è stato pescato da un paio di poliziotti. M'Gee ha detto che se t'eri già messo in contatto con Matson e conoscevi già la sua storia t'eri venuto certo a ficcare nelle rogne da queste parti, e che magari ti saresti svegliato dopo una botta accanto a un cadavere."

"Non m'ero messo in contatto con Matson."

Sentivo lo sguardo di De Spain, sotto le sue nere sopracciglia spioventi, fisso su di me. "Eppure nelle rogne ti ci trovi," disse.

Con la mano sinistra tirai fuori una sigaretta dalla tasca e l'accesi con l'accendino del cruscotto. La destra la tenevo sempre sulla pistola. Dissi: "Avevo capito che stavi per giungere a queste conclusioni. Che non sapevi nemmeno i particolari di questo delitto. Ora ti sei portato oltre i confini della città un prigioniero. Cosa pensi di fartene?"

"Niente di niente a meno che non riesca a cavarne un aiuto."

"Io ci sto. Mi sa che faremmo bene a unirci per far luce su questi tre delitti."

"Tre?"

"Già. Helen Matson, Harry Matson e la moglie del dottor Austrian. Sono una sola cosa."

"Ho seminato Shorty," disse De Spain, tranquillo, "perché è un tapino e al capo piacciono i tapini. Shorty può scaricare tutto su di me. Da dove cominciamo?"

"Be', forse cominciamo col trovare un certo Greb, un tizio che dirige un laboratorio e che ha fatto un rapporto fasullo sulla morte della Austrian. Mettiamo che lancino un allarme per te."

"Dovrebbero farlo via Los Angeles, ma non useranno quella linea per cercare uno dei loro poliziotti."

Si chinò in avanti e rimise in moto la macchina.

"Puoi anche restituirmi il portafoglio," dissi. "Cosí metto via questa pistola."

Fece una risata forzata e me lo diede.

7

Tuttomento

L'uomo del laboratorio abitava nella Nona Strada, nella zona losca della città. La casa era un bungalow sbilenco. Un grosso cespuglio d'ortensia, tutto polveroso, e qualche piantina denutrita lungo il sentiero sembravano opera di un uomo che avesse passata tutta la vita a cercare di cavare fuori qualcosa dal nulla.

Quando arrivammo, silenziosi, davanti alla casa De Spain spense i fari e disse: "Se hai bisogno di aiuto fischia. Se la polizia dovesse farsi viva dirigi verso la Decima mentre io farò il giro dell'isolato e ti raccolgo lí. Non credo, però, che sarà necessario. Stasera non faranno altro che pensare a quella donna di Brayton Avenue."

Scrutai con attenzione in fondo alla strada: nessuno.

L'attraversai sotto la luce della luna e m'avviai su per il sentiero che conduceva alla casa. La porta d'ingresso era ad angolo retto rispetto alla strada e dava in una sporgenza del bungalow che aveva tutta l'aria d'essere una stanza aggiunta all'ultimo momento. Suonai il campanello e lo sentii squillare in fondo alla casa, sul retro. Non venne ad aprire nessuno. Suonai altre due volte e provai ad aprire la porta. Era chiusa.

Scesi e percorsi un piccolo porticato che mi portò fino all'angolo della casa. Girai e mi diressi verso una piccola rimessa sul retro. La porta a due battenti di questa era chiusa con un lucchetto che avrei potuto rompere con un soffio. Mi chinai e puntai il fascio della torcia tascabile sotto la fessura della porta. Intravidi le ruote di una macchina. Tornai sul davanti della casa e questa volta mi misi a bussare con molta energia.

La finestra accanto alla porta scricchiolò e s'aprí lentamente a metà. Dietro i vetri c'era un'ombra e dietro questa buio e basta. Una voce rauca e forte disse: "Sí?"

"Il signor Greb?"

"Sí."

"Vorrei parlarle, per un affare importante."

"Adesso devo dormire, signore. Torni domani."

Non pareva la voce di un tecnico di laboratorio, somigliava piuttosto alla voce che avevo sentito una volta per telefono, una sera, al Tennyson Arms Apartments.

"Va bene. Verrò a trovarla in ufficio allora, signor Greb. Qual è il suo indirizzo, a proposito?"

La voce tacque per un momento. Poi disse: "Oh, piantala e scompari, prima che venga fuori a pestarti un po'."

"Questa non è la maniera migliore per concludere affari, signor Greb. È proprio sicuro di non potermi concedere un paio di minuti, adesso che è già sveglio?"

"La vuoi piantare? Finirai per svegliare mia moglie, che è malata. Se vengo fuori..."

"Buonanotte, signor Greb."

Attraversai la lieve foschia illuminata dalla luna e tornai indietro. Quando fui dall'altra parte della strada, vicino alla macchina nera parcheggiata, dissi: "È un lavoro da coppia. C'è un duro lí dentro. Credo che sia l'uomo che per telefono, a Los Angeles, ho sentito chiamare Tuttomento."

"Perdio. Quello che ha fatto fuori Matson, è cosí?"

De Spain s'affacciò al finestrino dalla mia parte e sputò giusto sull'idrante a cinque metri di distanza, se non di più. Non dissi niente.

De Spain continuò: "Se quello che tu chiami Tuttomento è Moss Lorenz, lo conosco. Meglio entrare, sennò ci buschiamo qualche pallottola."

"Come nei gialli alla radio?"

"Hai paura?"

"Chi, io?" feci. "Certo che ho paura. L'auto è nella rimessa. Perciò, o tiene Greb dentro e sta decidendo cosa farsene oppure..."

"Se è Moss Lorenz, non pensa affatto," grugní De Spain. "Il cervello a quello funziona solo in due casi, quando ha in mano una pistola e quando è al volante d'una macchina."

"E quando ha in mano uno sfollagente," dissi. "Stavo dicendo che quel Greb potrebbe anche essere uscito senza macchina e Tuttomento..."

De Spain diede un'occhiata all'orologio del cruscotto. "Secondo me, invece, se l'è svignata. Dovrebbe essere a casa a quest'ora. Gli han soffiato di battersela per evitare rogne."

"Vuoi entrare lí o no?" l'aggredii. "Chi poteva avvertirlo?"

"Chiunque se l'è fittato la prima volta, se è stato fittato." De Spain aprí lo sportello, scivolò fuori e diede un'occhiata alla strada dietro la macchina. Si sbottonò la giacca e tirò fuori la pistola dalla fondina sotto l'ascella. "Forse posso giocarlo," disse. "Tieni le mani in mostra. E vuote. È l'unica probabilità che abbiamo."

Attraversammo la strada e salimmo sull'altro marciapiede. Poi su per il sentiero. De Spain s'appoggiò al campanello.

Riparata dietro la persiana verde scuro della finestra mezzo aperta la voce grugní di nuovo.

"Sí?"

"Ciao, Moss."

"Eh?"

"Sono Al De Spain, Moss. Sono nel giro."

Silenzio — un silenzio lungo, carico di morte. Poi, il vocione disse: "Chi è quello che sta con te?"

"Un amico di Los Angeles. È okay lui."

Ancora silenzio, poi: "Cosa vuoi?"

"Sei solo?"
"Con una signora. Ma non mi sente."
"Dov'è Greb?"
"Già — dov'è? Cosa vuoi, polizia? Non rompere."

De Spain parlò con calma, come se fosse stato seduto su una poltrona a casa sua accanto alla radio. "Lavoriamo per la stessa ditta, Moss."

"Ah, ah!" fece Tuttomento.

"Matson l'hanno trovato morto a Los Angeles, e i ragazzi di lí lo hanno già collegato con la Austrian. Dobbiamo sbrigarci. Il capo se n'è andato al nord a crearsi un alibi, ma noi?"

La voce disse: "Aah, balle," ma suonò un tantino perplessa.

"Puzza," disse De Spain. "Avanti, apri. Vedi bene che non abbiamo niente in mano."

"Il tempo di raggiungere la porta e avrete già in mano i ferri," disse Tuttomento.

"Non sarai mica un fifone," sospirò De Spain.

Nell'ombra dietro la finestra s'udí un fruscio, come se qualcuno avesse lasciato andare il telaio scorrevole. La mia mano ebbe uno scatto.

De Spain ringhiò: "Non fare l'idiota. Quest'uomo fa al caso nostro. Lo vogliamo tutto intero."

Nell'interno della casa risuonarono dei passi lontani. Una chiave girò nella serratura della porta d'ingresso, questa s'aprí e nella penombra si stagliò la sagoma d'un uomo con una grossa Colt in mano. Tuttomento era il soprannome adatto: una mascella possente gli sporgeva fuori dalla faccia come una pala. Era piú grosso di De Spain — e di un bel po' anche.

"Le mani su," disse, e incominciò a indietreggiare.

De Spain, che aveva le mani vuote, penzolanti lungo i fianchi col palmo rivolto all'insú, fece tranquillamente un passo avanti col piede sinistro e gli mollò un calcio all'inguine col destro. Proprio cosí, senza la minima esitazione e con una pistola puntata contro.

Tuttomento si stava ancora dibattendo — dentro di sé — che le nostre pistole erano già fuori. La sua destra si sforzava di premere il grilletto, tenendo su la pistola con uno sforzo ancora maggiore: lottava contro il desiderio di piegarsi in due e di urlare dal dolore. Bastò questo per fargli perdere una frazione di secondo. Quando gli sal-

tammo addosso, non era riuscito né a sparare né a urlare.
De Spain lo colpí alla testa, io al polso destro. Avrei preferito colpirlo al mento — mi affascinava — ma il polso era piú vicino alla pistola. Caddero tutti e due quasi contemporaneamente, Tuttomento e la pistola. Poi fece un altro terribile sforzo e si buttò contro di noi a corpo morto. L'afferrammo e lo tenemmo stretto, col suo fiato caldo e puzzolente che ci soffiava in faccia. Infine le ginocchia gli si piegarono e tutti e tre rotolammo a terra nell'ingresso.

De Spain grugní, si divincolò dalla sua stretta e andò a chiudere la porta; poi rivoltò quel bisonte mezzo stordito che si lamentava, gli incrociò le braccia dietro la schiena e lo ammanettò.

Andammo in fondo all'ingresso. Da una stanza sulla sinistra proveniva una luce fioca: una piccola lampada da tavolo riparata da un giornale. De Spain sollevò il giornale e guardammo la donna sul letto. Se non altro, non l'aveva assassinata. Aveva addosso un pigiama leggero, stava con gli occhi sbarrati e pareva impazzita dalla paura; bocca, polsi, caviglie e ginocchia erano legati con cerotto e dalle orecchie spuntavano due grossi batuffoli di cotone. Dallo strato di cinque centimetri di cerotto che le tappava la bocca uscí una specie di gorgoglio. De Spain abbassò un poco la lampada per far luce. La donna aveva la faccia tutta coperta di chiazze rosse, i capelli ossigenati, scuri alla radice, e un graffio sugli zigomi.

De Spain disse: "Sono un ufficiale di polizia. Lei è la signora Greb?"

La donna trasalí e lo guardò. Pareva semiagonizzante. Le tirai via il cotone dalle orecchie e dissi: "Prova di nuovo."

"Lei è la signora Greb?"

La donna annuí.

De Spain afferrò l'angolo del cerotto sulla sua bocca. Gli occhi della donna sussultarono. De Spain strappò via il cerotto d'un sol colpo e subito lo sostituí con la mano: le tappò la bocca. Stette chinato su di lei, tenendo il cerotto nella sinistra — scuro, aitante, caparbio, pareva non avesse piú nervi d'una pressa.

"Promette di non urlare?"

La donna scosse la testa con forza e lui le tolse la mano dalla bocca. "Dov'è Greb?" chiese poi immediatamente.

Dopo le staccò anche gli altri cerotti.

La donna deglutí, si passò la mano, dalle unghie laccate, sulla fronte e scosse ancora la testa. "Non lo so. Non è tornato a casa."

"Cosa vi siete detti quando è venuto il gorilla?"

"Niente," rispose lei, come una stupida. "Ho sentito suonare il campanello, sono andata ad aprire e lui s'è precipitato dentro e m'ha afferrata. Un bruto. Poi mi ha legata con quegli affari e mi ha chiesto dov'era mio marito; gli ho detto che non lo sapevo e lui mi ha presa a schiaffi, ma dopo è sembrato convinto. Mi ha chiesto perché Greb, mio marito, aveva lasciato a casa la macchina e io gli ho risposto che non l'adoperava mai per andare a lavorare. Poi si è seduto in quell'angolo senza muoversi e senza parlare. Non ha nemmeno fumato."

"Ha usato il telefono?" chiese De Spain.

"No."

"L'aveva mai visto prima?"

"No."

"Si vesta," disse ancora De Spain. "Occorre che si trovi degli amici che la ospitino per il resto della notte."

Lo guardò fisso, poi si mise lentamente a sedere sul letto e si aggiustò i capelli. Dopo fece per riaprire la bocca e De Spain gliela tappò di nuovo, premendole forte la mano sulle labbra.

"Stia zitta," disse, brusco. "Che io sappia non gli è successo niente. Ma immagino che in fondo non sarebbe tanto sorpresa se gli fosse successo qualcosa."

La donna gli allontanò la mano, s'alzò dal letto, andò verso un cassetto e ne tirò fuori una mezza bottiglia di whisky. La stappò e bevve dalla bottiglia direttamente. "Sí," disse, con una voce forte e volgare. "Cosa avrebbe fatto lei al suo posto se per guadagnarsi un quarto di dollaro fosse costretto ogni volta a leccare i piedi a un'accozzaglia di medici. E con tutto questo guadagnando sempre una miseria." E mandò giú un altro sorso.

De Spain disse: "Avrei falsificato qualche esame del sangue."

La donna lo guardò istupidita. Lui guardò me e scosse le spalle. "Cocaina, forse," disse. "Forse s'è dato al commercio. Ma deve fare pessimi affari, da come vive." Si guardò attorno con disprezzo. "Si vesta, signora."

Uscimmo dalla stanza e chiudemmo la porta. De Spain si chinò su Tuttomento, che stava disteso metà su un fianco e metà sulla schiena. Si lamentava, il bisonte, a bocca aperta, di continuo, senza rendersi conto di quello che gli succedeva intorno, pur senza aver perduto completamente coscienza. De Spain, sempre chinato, nella luce debole del corridoio guardò il pezzo di cerotto che aveva ancora appiccicato sul palmo della mano, scoppiò a ridere improvvisamente e lo schiaffò sulla bocca di Tuttomento.

"'Credi che riusciremo a farlo camminare?" chiese. "Non mi va l'idea di doverlo trasportare."

"'Non so," dissi. "Sono solo un esecutore, in questa storia. Farlo camminare fin dove?"

"'Su per le colline, dove c'è pace e gli uccelli cantano," disse De Spain, sinistro.

Mi misi a sedere sul predellino della macchina tenendo la grossa torcia elettrica di Shorty, a forma di campana, tra le ginocchia. La luce non era molto forte, ma per quello che De Spain stava facendo a Tuttomento sembrava sufficiente. Eravamo sotto una sporgenza di roccia a forma di tetto; poco piú in là il terreno declinava, andando a finire in un profondo canyon. A meno d'un chilometro, in cima alla collina, c'erano due casette, tutt'e due buie, con la luce brillante della luna che si rifletteva sui muri intonacati. Faceva freddo lassú, ma l'aria era tersa e le stelle sembravano pezzi di metallo cromato e lucidato. La luminosa caligine sospesa sopra Bay City sembrava lontanissima, eppure era soltanto a dieci minuti di macchina da dove ci trovavamo.

De Spain s'era tolta la giacca e arrotolate le maniche della camicia. I polsi e le braccia senza peli sembravano enormi in quella luce fioca. Aveva posato la giacca a terra, tra lui e Tuttomento. La pistola era poggiata sulla giacca, ancora nella fondina e con l'impugnatura rivolta verso Tuttomento. La giacca era ammucchiata da un lato, in modo da lasciare tra De Spain e Tuttomento un piccolo tratto di ghiaia illuminato dalla luna. La pistola stava sulla destra di Tuttomento e sulla sinistra di De Spain.

Dopo un lungo silenzio, in cui s'era sentito soltanto l'ansimo di Tuttomento, De Spain disse: "Prova di nuovo." Lo disse con noncuranza, come rivolto a un amico con cui fosse impegnato a una partita a biliardo.

La faccia di Tuttomento era un ammasso di sangue. Non riuscivo a vedere il rosso, ma avevo dovuto puntare un paio di volte la torcia contro di lui e sapevo che c'era. Aveva le mani libere e il dolore che gli aveva procurato il calcio all'inguine era ormai lontano, dall'altra parte di un oceano di sofferenze. Emise un suono rauco, poi improvvisamente si girò sul fianco sinistro, verso De Spain, piegò il ginocchio destro e si buttò in avanti per prendere la pistola.

De Spain lo colpí in faccia con un calcio.

Il bestione rotolò all'indietro sulla ghiaia, si prese la faccia tra le mani e mandò un gemito tra le dita. De Spain fece un passo avanti e questa volta il calcio glielo mollò nello stinco. Tuttomento mandò un urlo. Da Spain indietreggiò, tornando nella stessa posizione di prima, dietro la giacca e la pistola. Per un po' Tuttomento continuò a contorcersi per terra, poi s'alzò sulle ginocchia e scrollò la testa: grosse gocce nere e dense gli colarono dalla faccia sulla ghiaia. Lentamente e a fatica, s'alzò in piedi e rimase qualche attimo piegato in due.

De Spain disse: "Alzati. Sei un duro. Hai Vance Conried dietro di te, e lui dietro di sé ha il sindacato. Forse hai anche il capo Anders, alle tue spalle. Io invece sono soltanto uno schifoso piedipiatti senza avvenire davanti a sé. Alzati."

Tuttomento si tuffò sulla pistola. La sua mano sfiorò il calcio ma annaspò poi nell'aria. Il tacco di De Spain calò implacabile sulla mano e sembrò che gli si avvitasse dentro. Tuttomento cacciò un urlo. De Spain fece un salto all'indietro e disse, con aria annoiata: "Non hai per caso un avversario troppo forte per te, di', angelo bello?"

Gli dissi, irritato: "Perdio, perché non lo lasci parlare?"

"Non vuole parlare," disse De Spain. "Non è il tipo che parla. Ha la pelle dura, lo scimmione."

"Be', allora facciamolo fuori, povero diavolo."

"Nemmeno per sogno. Non sono un poliziotto di quel tipo. Ehi, Moss, questo qui mi crede uno di quei piedipiatti sadici che per aiutare la digestione ti menano con lo sfollagente. Non permetterai che resti con questa convinzione, vero? Questo è un incontro con tutte le regole. Sei piú pesante di me di dieci chili e guarda dov'è la pistola."

Tuttomento borbottò: "Facciamo che la prenda — l'amico tuo mi fulmina."

"Nemmeno per sogno. Avanti su, maschione. Prova ancora una volta. Ti rimane ancora forza."

Tuttomento si rialzò ancora una volta in piedi, ma cosí

lentamente da sembrare che si stesse arrampicando su una parete liscia e scoscesa. Vacillò, oscillò e si pulí il sangue dalla faccia con la mano. La testa mi doleva. Sentivo che mi si rivoltava lo stomaco.

All'improvviso, Tuttomento alzò il piede destro in aria. Per una frazione di secondo sembrò che avesse fatto qualcosa, ma De Spain gli afferrò il piede per aria e indietreggiò dandogli uno strattone. Teneva la gamba tesa e il bestione vacillava sull'altro piede cercando di tenersi in equilibrio.

De Spain disse, con un tono come se fosse in salotto: "Questo andava bene quando l'ho fatto io perché avevi tutta un'artiglieria e io nemmeno una pistola e tu non t'aspettavi che io giocassi un tiro simile. Ma in questo caso ti renderai conto che non va proprio."

Gli torse il piede con un colpo secco, usando tutt'e due le mani. Il corpo di Tuttomento sembrò schizzare in aria, poi ricadde di lato, e il bestione andò a sbattere a terra prima con la spalla poi con la faccia. De Spain non mollò la presa, continuò a torcergli il piede. Tuttomento cominciò a sussultare per terra, emettendo suoni sconnessi, animaleschi, mezzo soffocato dalla ghiaia. Poi, all'improvviso, De Spain diede al piede uno strappo violento. Tuttomento lanciò un gemito che parve un barrito.

De Spain si chinò in avanti, montò sull'altra caviglia di Tuttomento e s'addossò con tutto il peso del corpo contro il piede che teneva in mano, divaricandogli in tal modo le gambe. Tuttomento cercava di respirare, affannosamente, e di urlare nello stesso tempo. Questa volta riuscí a emettere un suono simile al guaito di un cagnone grosso e spento dalla vecchiaia.

De Spain disse: "C'è chi si fa pagare per quello che ti sto facendo. Non centesimi, dollari veri. Dovrei lasciarmi tentare anch'io."

Tuttomento urlò: "Lasciami! Parlerò! Parlerò!"

De Spain gli allargò ancora di piú le gambe. Fece qualcosa al piede di Tuttomento e questi improvvisamente s'afflosció: pareva una foca svenuta. De Spain sembrò sconcertato. Girò su un tacco e lasciò andare l'altra gamba a terra; poi si tolse un fazzoletto di tasca e s'asciugò la faccia e le mani, con gesti lenti e accurati.

"Fragile," disse. "Troppa birra. E dire che sembrava

in gamba. Forse succede sempre cosí a furia di star seduto dietro un volante."

"E di tenere una pistola in mano," aggiunsi.

"Probabile," fece De Spain. "Ora non spingiamolo a disprezzarsi."

S'avvicinò a Tuttomento e lo prese a calci nelle costole. Dopo il terzo calcio s'udí un grugnito e dove prima c'erano state le palpebre di Tuttomento qualcosa luccicò.

"Alzati," disse De Spain. "Non ti faccio piú niente."

Il bestione s'alzò. Gli ci volle un intero minuto per farlo. La sua bocca — meglio, ciò che era rimasto della sua bocca — era spalancata in una smorfia di dolore. Quella vista mi ricordò la bocca di un altro uomo, e allora smisi di provare pietà per quel Tuttomento. Annaspò, agitando frenetico le mani nell'aria, cercando qualcosa a cui appoggiarsi.

De Spain disse: "Il mio amico qui dice che sei moscio senza una pistola in mano. Non mi piace che un duro come te diventi moscio. Aiutati con il mio ferro." Col piede diede una leggera spinta alla pistola facendola scivolare giú dalla giacca e mandandola a cadere vicino al piede di Tuttomento. Questi si piegò in due per guardare a terra, non poteva piú piegare il collo.

"Parlo," grugní.

"E chi ti ha chiesto di parlare, ti ho solo chiesto di prendere in mano quella pistola. Non costringermi a strapazzarti ancora per fartelo fare. Avanti, prendi in mano la pistola."

Il bestione barcollò e finalmente riuscí a mettersi in ginocchio. Lentamente la sua mano raggiunse la pistola e l'impugnò. De Spain l'osservava senza muovere un muscolo.

"Bravo. Adesso hai una pistola in mano. Adesso sei di nuovo un duro. Adesso puoi bruciare qualche altra donna. Tirala fuori dalla fondina."

Con grande lentezza, come se lo sforzo che faceva fosse enorme, Tuttomento tirò fuori la pistola dalla fondina e si tirò su, tornando eretto sulle ginocchia e facendo ciondolare l'arma tra le gambe.

"Come, non vuoi bruciare piú nessuno?" lo scherní De Spain.

Tuttomento lasciò cadere la pistola e si mise a singhiozzare.

"Ehi, tu!" l'aggredí De Spain. "Rimetti quel ferro dove l'hai preso. Lo voglio pulito, come lo tengo sempre io."

La mano di Tuttomento tastò il terreno in cerca dell'arma, l'afferrò finalmente e, sempre con gesti lentissimi, la rimise nella fondina. Quest'ultimo sforzo esaurí completamente le poche forze che gli erano rimaste. Cadde con la faccia sopra la fondina.

De Spain lo afferrò per un braccio, lo rovesciò sulla schiena e raccolse l'arma da terra. Strofinò con la mano il calcio della pistola e se la fissò alla cintura. Poi raccolse la giacca e se l'infilò.

"Adesso lasciamolo vomitare le budella," disse. "Non mi va di costringere a parlare uno che ne ha voglia. Hai una sigaretta?"

Con la sinistra tirai fuori dalla tasca un pacchetto, lo scrollai facendo spuntar fuori l'estremità d'una sigaretta e glielo porsi. Accesi la grossa torcia elettrica e la puntai contro la sigaretta che sporgeva fuori dal pacchetto e contro le sue grosse dita quando l'afferrarono.

"Non ce n'era bisogno," disse De Spain. Si frugò in tasca in cerca di un cerino, accese la sigaretta e aspirò lentamente il fumo. Spensi la torcia.

De Spain guardò giú dalla collina verso il mare, verso la curva della spiaggia e i moli illuminati. "Mica male qui," commentò.

"Fa freddo," dissi. "Anche d'estate. Berrei qualcosa."

"Anch'io," disse De Spain. "Soltanto che dopo non riesco piú a lavorare."

8

Il siringaio

De Spain fermò la macchina di fronte al palazzo dov'era l'Ordine dei medici e guardò in direzione di una finestra illuminata, al sesto piano. L'edificio era disposto per il lungo, di modo che tutti gli uffici davano sulla facciata principale.

"Gran daffare," disse De Spain. "È su adesso. Credo che non chiude mai occhio. Da' un'occhiata a quella macchina laggiú."

Scesi dalla macchina e andai fino a una drogheria buia, di

fianco all'ingresso del palazzo. C'era una lunga berlina nera parcheggiata lí davanti, in diagonale e con precisione, tra le strisce, come se invece di essere le tre del mattino fosse l'ora di punta. Accanto al bollo, sul parabrezza c'era l'emblema dei medici: il bastone di Ippocrate con il serpente attorcigliato intorno. Illuminai con la torcia l'interno e lessi parte del nome scritto sul retro del bollo. Poi spensi la torcia e tornai da De Spain.

"Perfetto. Come fai a sapere che quella è la sua finestra? E cosa farà qui a quest'ora?"

"Sta caricando le siringhe," rispose De Spain. "L'ho tenuto un po' d'occhio, per questo lo so."

"Tenuto d'occhio perché?"

Mi guardò e non disse niente. Poi lanciò uno sguardo di sopra la spalla nel retro della macchina. "Come va, amico?"

Un suono rauco, che magari poteva anche essere una voce umana, salí da sotto il tappetino della macchina. "Gli piace andare in macchina," disse De Spain. "A tutti gli scimmioni piace andare in giro in macchina. Okay. Sistemo la macchina nel viale e saliamo."

Scivolò dietro l'angolo del palazzo a fari spenti e nella strada, illuminata soltanto dalla luna, a poco a poco il rumore del motore si spense. Dall'altra parte una fila di eucalipti enormi fiancheggiava due campi da tennis pubblici. L'odore della salvia proveniente dalla spiaggia percorreva l'intero boulevard. De Spain sbucò di nuovo dietro l'angolo del palazzo. Scendemmo, ci dirigemmo verso il portone chiuso e bussammo alla pesante lastra di vetro. In fondo al corridoio, lontano, oltre un grosso casellario in bronzo per la posta, un ascensore s'aprí e alla luce della cabina vedemmo un vecchio uscirne e venirci incontro attraverso il corridoio. Giunto davanti la porta stette a guardarci, con le chiavi in mano. De Spain mostrò il distintivo di poliziotto; il vecchio gli lanciò un'occhiata furtiva, aprí la porta con le chiavi che aveva in mano e la richiuse alle nostre spalle, senza dire una sola parola. Ripercorse tutto il corridoio, arrivò fino all'ascensore, sprimacciò il cuscino sullo sgabello lí dentro, con la lingua s'aggiustò la protesi che aveva in bocca e disse: "Cosa desiderano?"

Aveva la faccia lunga e grigia di chi brontola anche quando non apre bocca. I risvolti dei suoi pantaloni erano lisi e una delle scarpe nere dal tacco consumato aveva un grosso ed evidente spacco sul davanti per dar aria a un callo. La giacca dell'uniforme azzurra gli stava addosso come la sella su un cavallo.

De Spain disse: "Il dottor Austrian è di sopra, vero?"

"Non mi stupirei."

"Non sto cercando di stupirti," disse De Spain. "Altrimenti mi sarei messo i pantaloncini rosa."

"Sí, è di sopra," rispose il vecchio, seccato.

"Quando hai visto l'ultima volta Greb, quello del laboratorio al quarto piano?"

"Non l'ho visto."

"A che ora monti in servizio, nonno?"

"Alle sette."

"Okay. Portaci al sesto."

L'uomo chiuse le porte della cabina, che stridettero, e ci condusse su lentamente, guardingo, poi riaprí le porte, con lo stesso cigolio, e si sedette sullo sgabello, rigido e grigio come un pezzo di legno scolpito a forma d'uomo.

De Spain s'alzò dal divanetto e staccò la chiave passepartout che pendeva a un gancio sopra la testa del vecchio.

"Ehi, non si può fare questo."

"Chi lo dice?"

Il vecchio scosse il capo con rabbia e non disse niente.

"Quanti anni hai, nonno?" chiese De Spain.

"Sessanta tra poco."

"Sessanta un corno. Ne hai settanta passati. Come ti trovi la licenza per condurre l'ascensore?"

Il vecchio non rispose. La protesi gli si mosse in bocca.

"Cosí va meglio," fece De Spain. "Tieni chiuso quel becco marcito e tutto andrà liscio. Dammi la chiave, nonno."

Uscimmo dall'ascensore, che sparí silenzioso alle nostre spalle, e De Spain lanciò un'occhiata al corridoio, facendo tintinnare la chiave nell'anello. "Ora sta' a sentire," disse. "I suoi locali sono in fondo, quattro stanze. C'è una saletta d'attesa ricavata dividendo a metà una stanza in comune con l'appartamento accanto; oltre questa c'è il corridoio stretto, poi un paio di altre stanzette e lo studio. Mi segui?"

"Sí. Cos'hai in mente di fare... svaligiarlo?"

"L'ho tenuto d'occhio per un po' dopo la morte di sua moglie."

"Peccato che non hai tenuto d'occhio anche la sua infermiera. La rossa, quella che hanno fatto fuori stanotte."

Mi guardò, dal profondo dei suoi occhi neri, dagli abissi remoti della sua faccia smorta.

"Forse l'ho tenuta d'occhio. Per quanto mi è stato possibile."

"Al diavolo, non sapevi nemmeno come si chiamasse." Lo fissai negli occhi. "Ho dovuto dirtelo io."

Rimase a riflettere. "Be', c'è differenza tra vederla in uniforme bianca e vederla nuda e morta su un letto."

"Certo," ammisi, e continuai a fissarlo.

"Okay. Ora — tu bussi allo studio del dottore, che è la terza porta a partire dal fondo, e quando lui viene ad aprire, io mi infilo nella saletta d'attesa vicina, sguscio fin dentro e ascolto quello che dici."

"Non sembra male. Ma non mi fido della mia fortuna."

Andammo in fondo al corridoio. Le porte erano di legno solido e chiudevano perfettamente senza lasciar trapelare la luce. Poggiai l'orecchio contro quella che mi aveva indicato De Spain, e mi parve di sentire qualcuno muoversi, là dentro. Feci un cenno della testa a De Spain. Infilò adagio la chiave nella serratura della porta accanto; io bussai forte alla mia e con la coda dell'occhio lo vidi entrar dentro. Richiuse subito la porta dietro di sé. Bussai un'altra volta.

La porta s'aprí quasi all'improvviso e un uomo alto mi si parò davanti, a quasi mezzo metro di distanza, coi capelli biondo sabbia illuminati dalla luce del soffitto. Era in maniche di camicia. Teneva in mano una borsetta piatta di pelle; pareva una spranga di ferro tanto era magro, con sopracciglia bruno grigiastre e occhi tristi. Le mani erano belle, lunghe e sottili, con la punta delle dita quadrata ma non grossa. Le unghie erano lucidissime e tagliate molto corte.

"Il dottor Austrian?"

Annuí con un cenno della testa, e nella gola scarna il pomo d'Adamo si mosse impercettibilmente.

"È un'ora un po' strana per venirla a cercare, ma lei non è facile da rintracciare. È sempre in giro. Sono un poliziotto privato di Los Angeles e ho un cliente che si chiama Harry Matson."

O niente lo spaventava o doveva essere talmente abituato a controllare le proprie emozioni, che non ebbe nessuna reazione. Il pomo d'Adamo s'alzò e s'abbassò; la borsetta di pelle che teneva in mano si mosse e lui la guardò con un certo imbarazzo. Poi fece un passo indietro.

"Non ho tempo per parlare con lei, adesso," disse. "Torni domani."

"È quello che m'ha detto anche Greb."

Gli venne un colpo. Non urlò e non cadde a terra in preda a convulsioni, ma vidi che avevo colpito nel segno.

"Entri," disse, rauco.

Entrai e chiusi la porta: una scrivania di cristallo nero, o almeno cosí sembrava, sedie fatte con tubi cromati e ricoperte con stoffa ruvida di lana; la porta che dava nella stanza accanto era socchiusa e la stanza era buia. Riuscii a intravedere un lenzuolo bianco steso sul letto clinico, ai piedi del quale c'erano delle staffe. Da lí dentro non giungeva nessun rumore.

Sulla scrivania di cristallo nero era stesa una tovaglietta bianca e su questa c'erano disposte in ordine una dozzina circa di siringhe ipodermiche, con gli aghi staccati. Accostata alla parete c'era un'autoclave piccola che doveva contenere un'altra dozzina di siringhe e di aghi. La manopola era girata, quindi l'apparecchio era in funzione. Mi avvicinai e mi misi ad osservare quell'aggeggio, mentre l'uomo alto e sottile come una spranga di ferro andò a sedersi dietro la scrivania.

"Ha un gran lavoro con questi aghi," dissi, spingendo una sedia davanti la scrivania.

"Cosa vuole?" La sua voce era sempre rauca.

"Forse potrei esserle utile a proposito della morte di sua moglie," dissi, scrutandolo negli occhi.

"Molto gentile da parte sua," rispose, calmo. "Aiutarmi in che modo?"

"Dicendole per esempio chi l'ha uccisa."

I denti gli brillarono in un mezzo sorriso, sinistro e innaturale. Poi si strinse nelle spalle e quando riprese a parlare il suo tono non era piú drammatico che se stessimo discutendo in tutta tranquillità del tempo. "Sarebbe molto gentile da parte sua. Credevo si fosse suicidata. Il coroner e la polizia erano d'accordo con me, mi pare. Ma naturalmente, un poliziotto privato..."

"Greb invece non era d'accordo," dissi. "Quel brav'uomo ha sostituito in laboratorio il campione del sangue di sua moglie con quello di un vero caso di morte per asfissia."

I suoi occhi profondi, tristi, remoti sotto le sopracciglia bruno grigiastre, mi scrutarono come un verme alla lente d'ingrandimento. "Lei non ha visto Greb," disse. E credo che dentro di sé stesse ridendo. "Si dà il caso che mi risulta che è andato nell'est, oggi a mezzogiorno. Suo padre è morto, nell'Ohio." S'alzò, andò verso l'autoclave, lanciò un'occhiata all'orologio da polso e staccò la corrente, girando la manopola. Poi tornò alla scrivania, aprí un portasigarette piatto che aveva là sopra, si scelse una sigaretta, la mise in bocca e spinse la scatola attraverso la scrivania. Mi presi anch'io una sigaretta e sbirciai nella saletta buia lí accanto; non vidi niente che non avessi già visto la prima volta.

"Che strano," feci. "La moglie di Greb non lo sapeva. E neppure Tuttomento lo sapeva. Stava seduto lí, con la moglie di Greb tutta incerottata sul letto, ad aspettare che lui tornasse a casa per farlo fuori."

Lo sguardo del dottor Austrian era meno deciso adesso; ma ancora non mi si staccava di dosso. La sua mano vagò sulla scrivania in cerca d'un fiammifero, poi aprí un cassetto laterale e tirò fuori una piccola automatica, con manico bianco. La tenne sul palmo della mano e con l'altra mi gettò la scatola dei fiammiferi.

"Quell'aggeggio non le servirà. Dobbiamo parlare solo d'affari, e sono sicuro che ne resterà contento. Dopotutto, gli affari son sempre affari."

Si tolse la sigaretta di bocca e la lasciò cadere sulla scrivania. "Io non fumo," spiegò. "È stato soltanto un gesto, come dire?, diplomatico. Mi fa piacere sapere che non avrò bisogno della pistola, ma preferisco tenerla in mano e non averne bisogno piuttosto che averne bisogno e non averla pronta. E adesso mi dica tutto ciò che ha da dirmi e soprattutto chi sarebbe questo Tuttomento, prima che chiami la polizia."

"Lasci che le spieghi," feci. "Sono venuto per questo. Sua moglie giocava alla roulette, lí al club di Vance Conried, e perdeva un mucchio di quattrini alla stessa velocità con cui lei, dottore, li guadagnava con quegli aghi. C'è in giro qualcuno che va anche dicendo che sua moglie abbia avuto dei rapporti intimi con Conried; probabilmente a lei questo non importava, essendo fuori tutta la notte e troppo occupato per farle da marito. Ma probabilmente dei soldi gliene importava, perché correva un grosso rischio per guadagnarli — ma di questo parleremo dopo.

"Quella notte, la notte in cui morí, a sua moglie venne una crisi isterica lí da Conried. La mandarono a chiamare, lei andò e le fece una puntura, per calmarla. Poi Conried l'accompagnò a casa e lei telefonò alla sua infermiera, Helen Matson, — l'ex moglie di Matson — per dirle di andare a casa sua a prendersi cura di sua moglie. Piú tardi, invece, Matson la trovò morta nella rimessa. Andò in cerca di lei e lei a sua volta andò in cerca del capo della polizia; cosí sulla cosa venne calata una tale cortina di silenzio da spaventare anche i piú loquaci ficcanaso. Ma Matson, il primo a entrare in scena, covava qualcosa. Non ebbe, poveretto, nessuna fortuna nel cercare di mungerla perché lei, dottore, con i suoi modi tranquilli, in fondo non ha paura di niente; e forse il suo amico, il capo Anders, l'aveva anche assicurato che Matson non era un testimone pericoloso. Allora il mio cliente cercò di mordere Conried, immaginando che se l'inchiesta veniva aperta prima delle elezioni sarebbe stato un guaio per il suo locale, il quale fatto dava al buon Vance piú strizze d'una supposta perché la gente che lo sosteneva poteva arrabbiarsi e portargli via la vacca.

"La cosa quindi non andò a genio a Conried, che chiamò uno scimmione, un certo Moss Lorenz, attualmente autista del sindaco ma in realtà ex braccio forte di Conried — e sarebbe quello che chiamano Tuttomento — per affidare tutto a lui. Matson perse la licenza e fu cacciato via da Bay City. Ma anche lui aveva del fegato. Si nascose in un appartamento di Los Angeles e continuò i suoi tentativi. Chissà come, il padrone di casa venne a sapere di lui — e il come lo scoprirà la polizia di Los Angeles — fece la spia e questa sera Tuttomento è andato in città e l'ha fatto fuori."

A questo punto tacqui. Guardai quell'uomo alto e sottile che mi stava di fronte ancora impassibile. Solo i suoi occhi avevano avuto un paio di guizzi quando aveva rivoltato la pistola che aveva sul palmo della mano. Lo studio era sprofondato nel silenzio. Tesi l'orecchio per sentire almeno un respiro provenire dalla stanza accanto, ma non udii nulla.

"Matson è morto?" disse il dottor Austrian, parlando molto lentamente. "Spero che non pensi che io entri in qualche modo in questa faccenda." La faccia gli si illuminò un poco.

"Be', non lo so. Greb era la maglia debole della sua catena, e qualcuno gli ha fatto lasciare la città oggi — alla svelta — prima che Matson venisse assassinato. Probabilmente qualcuno gli ha dato anche del danaro, perché ho visto dove abita e non mi sembra la casa di uno che se la passi bene."

Questa volta il dottor Austrian parlò in fretta: "Conried, che il diavolo se lo porti! Mi ha chiamato questa mattina presto e mi ha detto di far sparire Greb dalla città. Io gli ho dato i soldi, ma..." s'interruppe, assunse un'aria furiosa e guardò di nuovo la pistola.

"Ma lei non sapeva cosa c'era sotto. Le credo, dottore, veramente. Vuol mettere giú quella pistola, almeno per un momento?"

"Prosegua," mi disse, nervoso. "Vada avanti con la sua storia."

"Okay. C'è ancora dell'altro. Innanzitutto, la polizia di Los Angeles ha trovato il cadavere di Matson, ma non arriverà qui prima di domani; primo, perché è troppo tardi, e secondo perché quando ricostruiranno tutto gli scapperà la voglia di aprire l'inchiesta. Il club di Conried è entro la giurisdizione di quelli di Los Angeles. Prenderebbero sí Moss Lorenz, ma lui troverebbe un argomento di difesa abbastanza convincente da cavarsela con un paio d'anni a San Quentin. È cosí che vengono trattate certe cose quando la polizia decide di occuparsene. Ora, come faccio a sapere quello che ha fatto Tuttomeno? Ce l'ha detto lui. Sono andato con un amico a trovare Greb, e Tuttomeno se ne stava lí nel buio, con la signora Greb incerottata sul letto. Cosí l'abbiamo pizzicato, l'abbiamo portato in collina, l'abbiamo spremuto e lui ha parlato. Quasi mi faceva pena, povero figliolo. Due assassinii, e non è stato nemmeno pagato."

"Due assassinii?" chiese il dottor Austrian, meravigliato.

"Ci arrivo tra poco. Vede a che punto siamo? Bene, tra un poco lei mi dirà chi ha ucciso sua moglie e io — e qui sta il bello — non le crederò affatto."

"Diomio!" bisbigliò lui. "Diomiò!" Mi puntò la pistola contro e immediatamente la lasciò ricadere, prima ancora che mi fossi scansato.

"Sono l'uomo dei miracoli," dissi. "Sono il grande detective americano — che lavora gratis. Non ho mai parlato con Matson, nonostante cercasse di farsi aiutare da me, e adesso le dirò con che cosa cercava di ricattarla, com'è stata uccisa sua moglie e perché non è stato lei a ucciderla. Tutto ricavato da un pizzico di polvere, proprio come Sherlock Holmes."

Non era affatto divertito. Dalle labbra immobili gli uscí un sospiro, la faccia pareva invecchiata e ingrigita.

"Matson le stava addosso per via di una scarpetta di velluto verde," dissi. "Era stata fatta su misura per sua moglie da Verschoyle di Hollywood — con stampato sopra il suo bel numero. Era nuova fiammante e non era mai stata messa. Gliene avevano fatto due paia perfettamente identiche. Sua moglie ne aveva una al piede quando Matson la trovò — e lei sa bene dove la trovò: a terra, nella rimessa, dove per arrivarci bisogna attraversare il passaggio pavimentato di cemento dalla porta laterale della casa. Quindi sua moglie non aveva camminato con quella scarpa, ma era stata portata. Quindi era stata uccisa. Chiunque le abbia infilato le scarpe gliene ha messo una usata e una nuova; Matson l'aveva scoperto e si era tenuta la scarpa. Quando poi lei lo mandò a telefonare al capo della polizia ha fatto un salto su in camera di sua moglie, ha preso l'altra scarpa usata e l'ha infilata nel piede nudo. Lei sapeva che era stato Matson a rubare quella scarpa, ma credo che non l'abbia detto a nessuno. Okay?"

Abbassò la testa di un centimetro. Tremava leggermente, ma la mano che reggeva l'automatica col manico d'osso era saldissima.

"Cosí è stata assassinata. Greb secondo qualcuno era pericoloso, e questo dimostra che sua moglie non era morta avvelenata dai gas del tubo di scappamento. Era già morta quando è stata messa sotto la macchina. È morta di morfina. È una supposizione, lo ammetto, ma è una bella supposizione, perché era l'unica maniera per uccidere sua moglie e costringere lei, dottore, a coprire l'assassino. E non era difficile, per uno che avesse la morfina e la possibilità di usarla. Non doveva far altro che somministrarle una seconda dose, fatale, nello stesso buco attraverso il quale lei poco prima le aveva somministrato la prima dose. Cosí, tornando a casa, lei l'ha trovata morta ed è stato costretto a simularne il suicidio, perché sapeva come era morta e non poteva farlo saltar fuori. Visto che lei traffica con la morfina."

Il dottore sorrise, adesso. Il sorriso gli pendeva dagli angoli della bocca come una ragnatela dall'angolo di un vecchio soffitto. Non s'accorgeva nemmeno che stava sorridendo. "Lei m'interessa," disse. "Sto per ucciderla, ma lei m'interessa."

Indicai col dito l'autoclave. "Di medici come lei a Hollywood ce n'è un paio di dozzine. Siringai. Vanno in giro la notte con borsette di pelle piene di siringhe ipodermiche e tengono buoni i drogati e gli ubriachi — per un po'. Di tanto in tanto uno di loro diventa morfinomane, e allora sono guai. Con molta probabilità, la maggior parte della gente che lei ammansisce finirebbe in galera o in qualche ospedale per malattie nervose se lei non si prendesse cura di loro. Non c'è dubbio che perderebbero il lavoro, se lo hanno, ma alcuni di loro ne hanno di belli e importanti. Però è pericoloso, perché basta che un giorno uno di quei matti sia di malumore che gli sguinzaglia contro i federali, e una volta che quelli cominciano a tener d'occhio i suoi clienti è fatta, prima o poi qualcuno finisce per parlare. Lei cerca di ripararsi, almeno in parte, evitando di procurarsi tutta la droga attraverso i canali legittimi. Direi che Conried gliene procura un po', per questo doveva lasciargli la moglie e i quattrini."

Il dottor Austrian chiese, educatamente: "Lei non ha molte esitazioni, vero?"

"Perché dovrei averne? Questo è soltanto un discorso da uomo a uomo. Non sarei in grado di provare niente di tutto quello che ho detto. Quella scarpa che Matson ha rubata va bene per ricostruire tutta la faccenda, ma in un tribunale farebbe ridere i polli. E qualunque avvocato difensore riuscirebbe ad annientare un saputello come Greb, se mai tornasse sano e salvo per testimoniare. A lei però potrebbe costare un mucchio di quattrini conservare l'iscrizione all'albo."

"Perciò farei meglio a darne una parte a lei. È questo che intende dire?" chiese, sottovoce.

"No. Si conservi i suoi soldi per una bella assicurazione sulla vita. C'è ancora un'altra cosa. Vuole ammettere, da uomo a uomo, di avere ucciso sua moglie?"

"Sí," rispose. Lo disse in tutta semplicità, senza esitazioni, come se gli avessi chiesto se aveva una sigaretta.

"Sapevo che l'avrebbe ammesso," dissi. "Ma non doveva farlo. Vede, chi ha ucciso sua moglie, per via del danaro che buttava e che faceva invece gola ad altri, sapeva quello che sapeva Matson, e cercava di spillare quattrini a Conried per conto proprio. Cosí l'hanno bruciata, ieri sera, a

Brayton Avenue, e quindi non è piú il caso che lei le faccia da paravento, dottore. Ho visto la fotografia sulla mensola del camino: *Con tutto il mio amore - Leland*, e l'ho nascosta. Dunque, non cerchi piú di coprirla: Helen Matson è morta."

Mi gettai giú dalla sedia di lato, quando partí il colpo. Fino a quel momento mi ero illuso che non mi avrebbe sparato addosso, anche se non ne ero convinto fino in fondo. La sedia si ribaltò e mi ritrovai a quattro zampe per terra; poi un colpo — molto piú forte — partí dalla stanza buia, dove c'era il letto clinico.

De Spain comparve sulla porta con la pistola ancora fumante nella mano destra. "Che colpo, amici," disse e rimase lí fermo a sorridere.

M'alzai in piedi e guardai verso la scrivania. Il dottor Austrian stava seduto perfettamente immobile, tenendosi la mano destra con la sinistra e strofinandosela al polso. L'arma era sparita dalla sua mano; guardai per terra e la vidi accanto all'angolo della scrivania.

"Accidenti, non l'ho nemmeno sfiorato," disse De Spain. "Ho preso soltanto la pistola."

"Che caro," dissi. "E se lui m'avesse preso soltanto alla testa?"

De Spain mi scrutò ben bene e il sorriso gli scomparve dalla faccia. "L'hai provocato, devo dire," grugní. "Ma che idea tenermi nascosta la faccenda della scarpa verde."

"Ero stufo di fare il tuo scagnozzo," dissi. "Ho voluto dare spettacolo da solo."

"Cosa c'è di vero?"

"Matson aveva la scarpa. Doveva pur esserci un motivo. Adesso che ho ricostruito la storia credo che sia tutto vero."

Il dottor Austrian s'alzò lentamente dalla sedia e De Spain gli puntò la pistola contro. L'uomo magro e sottile scosse lentamente la testa e andò ad appoggiarsi contro la parete.

"L'ho uccisa io," disse con voce spenta, senza rivolgersi a nessuno. "L'ho uccisa io, non Helen. Chiamate la polizia."

De Spain si girò di scatto, si chinò a raccogliere l'arma con l'impugnatura d'osso e se la fece scivolare in tasca. Rimise la propria pistola sotto l'ascella, si sedette alla scrivania, e tirò il telefono a sé.

"Adesso state a vedere come faccio saltare il capo della omicidi fuori da questo aggeggio."

9

Un uomo di fegato

Il piccolo capo di polizia arrivò in un baleno, col cappello buttato all'indietro e le mani ficcate nelle tasche di un leggero soprabito nero. Nella tasca destra doveva stringere qualcosa di grosso e di pesante. Dietro di lui venivano due uomini in borghese e uno di loro era Weems, l'ippopotamo dalla pelle unta che mi aveva seguito fino ad Altair Street. Shorty, il poliziotto in uniforme che avevamo seminato ad Arguello Boulevard, era in coda.

Il capo Anders si fermò un attimo sulla soglia e mi rivolse un sorriso sgradevole. "Cosí se l'è spassata parecchio nella nostra città, a quanto sento. Mettigli le manette, Weems."

L'uomo dalla pelle unta avanzò e tirò fuori dalla tasca sinistra un paio di manette. "Lieto di rincontrarti — con le brache calate," mi disse, con voce untuosa.

De Spain s'appoggiò contro la parete dietro la porta dello studio. Ci fissava in silenzio, facendosi scorrere tra le labbra un fiammifero. Il dottor Austrian sedeva di nuovo alla scrivania; si teneva la testa tra le mani e fissava la superficie nera e lucida della scrivania, la tovaglietta con sopra le siringhe ipodermiche, il piccolo calendario nero, il portapenne e altra roba. Era pallido in faccia, marmoreo, e stava seduto cosí immobile che sembrava avesse smesso persino di respirare.

"Non aver troppa fretta, capo," disse De Spain. "Quello lí ha degli amici a Los Angeles che in questo momento si stanno dando da fare per il delitto Matson. E quel giovane cronista ha un cognato che è poliziotto. Questa t'era sfuggita."

Il capo fece un movimento vago col mento. "Aspetta un momento, Weems." Poi, rivolto a De Spain: "Intendi dire che in città sanno già che Helen Matson è stata assassinata?"

La faccia del dottor Austrian, smunta e tirata, fece un

balzo. Poi ricadde tra le mani, e rimase interamente coperta dalle lunghe dita.

"'Mi riferivo a Harry Matson, capo,"' disse De Spain. "L'hanno bruciato a Los Angeles stanotte — ieri notte — insomma oggi. Moss Lorenz."

Il capo si morse le labbra sottili, facendole sparire quasi del tutto tra i denti. Poi parlò, sempre tenendole ritratte: "Come fai a saperlo?"

"Il lince e io abbiamo beccato Moss. Stava nascosto nella casa di un certo Greb, l'uomo del laboratorio che aveva dato una mano nel caso Austrian. Se ne stava appostato lí perché sembrava che qualcuno stesse per far aprire un'inchiesta sul caso Austrian, un'inchiesta cosí larga che il sindaco l'avrebbe scambiata per una strada nuova e sarebbe arrivato sul posto con un mazzo di fiori in mano e il discorso pronto in tasca. Questo sarebbe successo, se Greb e i Matson non fossero stati tenuti d'occhio. Pare che lavorassero assieme i Matson, nonostante fossero separati, per mungere Conried. E cosí Conried li ha cancellati."

Il capo voltò la testa e ringhiò ai suoi scagnozzi: "Uscite nel corridoio e aspettate fuori."

L'uomo in borghese che non conoscevo aprí la porta e uscí, e dopo una breve esitazione Weems gli andò dietro. Shorty aveva già la mano sulla maniglia, quando De Spain disse: "Voglio che Shorty rimanga. Shorty è un poliziotto come si deve — non come quelle due mezze tacche che ti porti sempre dietro da un po' di tempo a questa parte."

Shorty lasciò andare la maniglia, andò ad appoggiarsi contro la parete e sorrise, tenendosi la mano davanti alla bocca. La faccia del capo divenne paonazza. "Chi ti ha informato del delitto di Brayton Avenue?" urlò.

"Mi sono informato da solo, capo. Ero nella stanza del poliziotto di turno quando è arrivata la telefonata e cosí sono andato con Reed a vedere di che si trattava. Lui s'è tirato dietro anche Shorty. Shorty e io eravamo tutti e due fuori servizio." De Spain sorrise, un sorriso duro, pigro, che non era né di divertimento né di trionfo. Era semplicemente un sorriso.

Il capo tirò fuori l'arma dalla tasca del soprabito. Era lunga un trenta centimetri, un cannone; ma aveva l'aria di saperlo usare. Disse, secco: "Dov'è Lorenz?"

"Nascosto. Te l'abbiamo conservato. Ho dovuto ammaccarlo un pochino, ma ha cantato. Vero, lince?"

"Gli è uscito qualcosa che poteva sembrare un sí o un no," risposi. "Ma soprattutto emetteva dei suoni al momento giusto."

"È cosí che mi piace sentir parlare un uomo," disse De Spain. "Non dovresti sprecare il tuo ingegno con questi assassinii, capo. Quei pupi che ti porti dietro non li sanno mica fare i poliziotti, tutto quello che sanno fare è entrare nelle case della gente e dare una scrollatina alle zitelle che vivono sole. Ora, tu mi restituisci il posto e mi dài otto uomini, e io ti mostro un bel lavoretto come si deve in fatto di omicidi."

Il capo chinò lo sguardo sulla sua grossa pistola e poi sulla testa china del dottor Austrian. "E cosí ha ucciso la moglie," disse, a bassa voce. "Sospettavo una possibilità del genere, ma non ci credevo."

"Farà bene a non crederci nemmeno adesso," feci. "L'ha uccisa Helen Matson. Il dottor Austrian lo sa. Lui copriva la donna, lei, capo, copriva lui, e lui insiste nel cercare di coprire ancora la donna. A certi, l'amore combina di questi scherzi. E questa è una città, capo, dove una donna commette un delitto, si fa coprire dai suoi amici e dalla polizia, e poi si mette a ricattare le stesse persone che l'hanno tolta dai guai."

Il capo si morse le labbra. I suoi occhi erano cattivi: stava riflettendo, e molto anche. "Nessuna meraviglia che l'abbiano bruciata," disse, calmo. "Lorenz..."

"Ci pensi su un attimo. Lorenz non ha ucciso Helen Matson. Ha ammesso di averla uccisa, è vero, ma De Spain l'ha pestato a un tal punto che avrebbe confessato d'avere assassinato l'arciduca d'Austria."

De Spain si scostò dalla parete. Teneva tutte e due le mani pigramente nelle tasche della giacca. Ce le lasciò. Si piazzò a piedi larghi, con una ciocca di capelli neri che gli sporgeva di sotto al cappello, di lato.

"Eh?" disse, quasi educatamente. "Che storia è questa?"

Dissi: "Lorenz non ha ucciso Helen Matson per varie ragioni. Prima di tutto, era un lavoro troppo meticoloso per una testa come la sua, lui l'avrebbe bruciata e basta. Poi, non sapeva che Greb aveva lasciato la città, finanziato dal dottor Austrian, a sua volta finanziato da Conried, che in questo momento si trova al nord a far provvista di tutti gli alibi immaginabili — e se Lorenz non sapeva niente di tutto questo, non poteva nemmeno sapere di Helen Matson.

Tantopiú che Helen Matson non era ancora riuscita a parlare con Conried. Ci aveva soltanto provato; me lo disse lei stessa, ed era abbastanza ubriaca da dire la verità. Quindi Conried non avrebbe corso lo stupido rischio di farla uccidere nel suo appartamento da un tipo di bestione che chiunque sarebbe stato in grado di ricordare, se fosse stato visto nelle vicinanze dell'appartamento. Fare assassinare Matson a Los Angeles era un'altra cosa. Era un bel pezzo fuori da Bay City."

Il capo disse, a labbra strette: "Il club di Conried è a Los Angeles."

"Per giurisdizione, sí," ammisi. "Ma come posizione e come clientela non è che alla periferia di Bay City. Fa parte di Bay City e l'aiuta anche a tirare avanti."

"Non è questo il modo di parlare al capo," intervenne Shorty.

"Lasciatelo dire," fece il capo. "È tanto tempo che non incontro un individuo che ragiona, che credevo non ce ne fossero piú in giro."

Dissi: "Chieda un po' a De Spain chi ha ucciso Helen Matson."

De Spain fece una risatina. "Ma certo. L'ho uccisa io."

Il dottor Austrian sollevò la faccia dalle mani, girò lentamente la testa e guardò De Spain. La sua faccia era impassibile, priva d'espressione come il fondo di un tegame di rame. Poi allungò una mano e aprí il cassetto della scrivania alla sua destra. Shorty fece scattar fuori la pistola e disse: "Fermo, dottore."

Il dottor Austrian alzò le spalle e tirò fuori dal cassetto una bottiglia dal collo largo e col tappo di vetro. Tolse il tappo e si tenne la bottiglia sotto il naso. "Soltanto dei sali," disse, come uno stupido.

Shorty mandò un sospiro di sollievo e ripose la pistola nel fodero. Il capo mi fissava, mordendosi il labbro inferiore. De Spain non guardava niente e nessuno. Sorrideva al vuoto, e continuò a sorridere.

Dissi: "Lui crede che io stia scherzando. Anche lei crede che io stia scherzando, capo. Invece non scherzo affatto. De Spain conosceva Helen Matson — abbastanza bene da regalarle un portasigarette dorato con sopra la sua fotografia. L'ho visto. Era una fotografia piccola, dipinta a mano, non molto chiara, e l'ho vista solo di sfuggita. Lei disse che era un suo ex, ormai andato. Piú tardi mi è venuto in mente chi era l'uomo della fotografia. Lui del resto mi ha nascosto il fatto che conosceva la donna e non ha agito proprio da poliziotto, questa sera, per diversi motivi. Non mi ha tirato fuori dai guai e portato in giro solo per bontà d'animo; l'ha fatto per scoprire cosa sapevo, prima di farmi spremere alla Centrale. Non ha pestato Tuttomento fino a farlo crepare quasi per tirargli fuori la verità, ma per fargli dire quello che lui voleva che dicesse e confessare d'avere ucciso la Matson, che Lorenz probabilmente non conosceva nemmeno.

"Chi ha chiamato la Centrale e ha regalato ai ragazzi l'informazione del delitto? De Spain. Chi si è precipitato lí subito dopo e si è intromesso nell'investigazione? De Spain. Chi ha graffiato il corpo della donna in un accesso di gelosia perché lei l'aveva piantato per una prospettiva migliore? De Spain. Chi ha tuttora del sangue e dei lembi di pelle sotto le unghie della mano destra, dai quali un buon chimico potrebbe ricavare molto? De Spain. Gli dia un po' un'occhiata. Io gliene ho date parecchie."

Il capo fece girare la testa molto lentamente, come se fosse stata su un perno. Fece un fischio, la porta s'aprí e gli altri uomini tornarono nella stanza. De Spain non si mosse. Il sorriso gli era rimasto appiccicato sulle labbra, scolpito lí, un sorriso vuoto, inespressivo, che non significava niente e che sembrava non dovesse sparire mai piú.

"E io che ti credevo un amico," disse, tranquillo. "Be', ti fai venire delle idee ben strane, lince, lascia che te lo dica."

Il capo disse, brusco: "Non fila. Se De Spain ha ucciso la donna, a lei l'ha messo prima nei pasticci e poi l'ha tirato fuori. Come si spiega?"

"Stia a sentire. Lei può controllare se De Spain conosceva la donna e fino a che punto. Può controllare dove De Spain ha passato la serata e chiedergli conto delle ore non coperte da alibi. Può controllare se sotto le sue unghie c'è del sangue e dei lembi di pelle e, entro certi limiti, se questi sono della donna. E se ce l'aveva prima di colpire Moss Lorenz e chiunque altro. A Lorenz, poi, non l'ha graffiato. Questo è tutto quello che le occorre e di cui dispone, tranne una confessione. Quella credo che non l'avrà mai.

"Quanto alla donna, penso che De Spain l'ha seguita fino al club di Conried, o sapeva che sarebbe andata lí e l'ha

raggiunta per conto proprio. L'ha vista avviarsi con me e
mi ha visto che la spingevo nella mia macchina. Questo lo
ha fatto uscire dai gangheri. Mi ha colpito alla testa e la
donna era troppo spaventata per non aiutarlo a trasportarmi
nel suo appartamento. Non ricordo niente di tutto questo.
Sarebbe bello se riuscissi a ricordare, ma non ci riesco.
Mi han trascinato fin lí in qualche modo, si sono azzuffati
tra loro, De Spain l'ha colpita alla testa e poi l'ha assassinata,
a sangue freddo. Ha poi avuto la goffa idea di farlo
sembrare un delitto per rapina e di far fare a me la parte
del ladro. Poi se l'è svignata, ha simulato un allarme e s'è
intrufolato nell'investigazione. Io intanto ero sgusciato via
dall'appartamento prima che mi trovassero lí.

"Nel frattempo lui s'è accorto di aver fatto una sciocchezza.
Sapeva che ero un poliziotto privato di Los Angeles,
che avevo parlato con Dolly Kincaid e la donna probabilmente
gli aveva detto che ero andato al club per parlare
a Conried. E può averne facilmente dedotto che ero interessato
al caso Austrian. Okay. Ha trasformato un gioco
sciocco in un gioco intelligente, seguendomi nell'investigazione
che cercavo di fare, aiutandomi, facendosi raccontare
la mia storia e poi trovandosi un altro assassino, e molto
migliore di me, per il delitto della Matson."

De Spain disse con voce atona: "Fra un minuto comincio
a saltargli addosso, capo. Okay?"

"Un momento," disse il capo. "Che cosa l'ha fatta sospettare
di De Spain?"

"Il sangue e i lembi di pelle sotto le unghie, il modo brutale
con cui ha trattato Lorenz e il fatto che mi avesse taciuto
di essere stato amico della donna e che pretendesse
di non conoscerla affatto. Cosa diavolo potrei desiderare di
piú?"

"Questo," disse De Spain.

Sparò dalla tasca con l'automatica dall'impugnatura d'osso
che aveva preso al dottor Austrian. Sparare da una tasca
richiede molto esercizio, cosa che un poliziotto generalmente
non ha: la pallottola mi passò a trenta centimetri sopra la
testa. Caddi a sedere per terra. Il dottor Austrian s'alzò
improvvisamente, andò verso De Spain e gli agitò sotto la
faccia la mano destra, quella in cui teneva la bottiglia marrone
dal collo largo. Un liquido incolore schizzò negli occhi
di De Spain e gli colò giú dalla faccia, fumante. Qualunque
altro uomo avrebbe urlato. De Spain annaspò nell'aria con

la mano sinistra, mentre con la destra fece partire altri tre colpi, sempre dalla tasca. Il dottor Austrian cadde su un fianco lungo la scrivania, e poi crollò per terra, fuori tiro. La pistola continuò a sparare.

Gli altri uomini erano tutti caduti in ginocchio. Il capo tirò fuori il cannone e colpí De Spain due volte al petto. Un colpo sarebbe stato sufficiente, con quell'arma. Il corpo di De Spain si contorse in aria e andò a sbattere sul pavimento come una cassaforte. Il capo gli andò vicino, si inginocchiò accanto a lui e stette a guardarlo in silenzio. Poi s'alzò, fece il giro della scrivania, tornò indietro e si chinò sul dottor Austrian.

"Questo è vivo," disse, asciutto. "Prendi il telefono, Weems."

Il bisonte dalla pelle unta fece il giro della scrivania, tirò il telefono verso di sé e cominciò a formare il numero. Nella stanza c'era un forte odore di acido e di carne bruciacchiata, un odore disgustoso. Eravamo tutti di nuovo in piedi, adesso, e il piccolo capo di polizia mi guardava, gelido.

"De Spain non avrebbe dovuto spararle," disse. "Lei non avrebbe potuto provare un bel niente. Non glielo avremmo permesso."

Non risposi. Weems mise giú la cornetta e guardò di nuovo il dottor Austrian.

"Credo che sia morto," disse, da dietro la scrivania.

Il capo continuava a guardarmi. "Lei corre dei rischi terribili, signor Dalmas. Non so quale sia il suo gioco, ma mi auguro che i suoi trucchi la divertano abbastanza."

"Sí, sono soddisfatto," dissi. "Mi sarebbe piaciuto avere la possibilità di parlare col mio cliente prima che lo bruciassero, ma credo d'aver fatto tutto il possibile per lui. Il bello è che a me De Spain piaceva. Aveva il fegato piú grosso che sia mai esistito."

"Se vuole saperne qualcosa in fatto di fegato," disse il capo, "una volta o l'altra provi a fare il capo di polizia di una piccola cittadina."

"Già," feci. "Dica a qualcuno di legare un fazzoletto attorno alla mano destra di De Spain, capo. Direi che anche lei adesso ha bisogno di una prova."

Una sirena si lamentò lontano, in Arguello Boulevard. Il suono fu attutito dalle finestre chiuse, sembrava l'ululato di un coyote sulla collina.

La donna nel lago

1

La moglie smarrita

Quella mattina avevo appena poggiato un paio di scarpe nuove sulla scrivania, che Violetta M'Gee mi chiamò al telefono. Era una giornataccia afosa, umida e vuota d'agosto, e non sarebbe bastata una dozzina di asciugamani a spugna ad arginare il sudore che mi colava dalla fronte.

"Come va, aquila?" esordí M'Gee, al solito, con la sua fantasiosa puntualità. "Non un cane di cliente in tutta la settimana, immagino, eh? Be', ho per te un tale, Howard Melton. Lavora all'Avenant Building e non si ritrova piú la moglie, ne ha perso le tracce. È il direttore della Doreme Cosmetic Company per la California. Per certe sue ragioni non vuol passare la cosa alla Investigativa. Il capo lo conosce, mi pare. Meglio che ci fai un salto, e levati le scarpe prima di metterci piede perché è un posticino tutto infiocchettato."

Violetta M'Gee è nella squadra omicidi dello sceriffo, e ha la bontà di passarmi tutti i lavori di ritaglio, senza i quali, forse, troverei una maniera piú decente per campare. Questo qui, però, aveva tutta l'aria d'un lavoro fattibile e passabile, cosí tirai giú le scarpe fiammanti dalla scrivania, mi asciugai di nuovo il collo bagnato e infilai la porta.

L'Avenant Building è in Olive Street, dalle parti della Sesta, e ha davanti un marciapiede lastricato a strisce di gomma bianche e nere. Gli addetti agli ascensori sono ragazzine in fiore con bluse alla cosacca in seta grigia e baschetti a sghimbescio, del tipo di quelli che adoperano i pittori per ripararsi i capelli quando son presi dalla furia creativa. La Doreme Cosmetic Company è al settimo piano, e ne occupa tutta una bella fetta: un ingresso enorme con pareti di cristallo, fiori dappertutto e tappeti persiani. C'erano anche strambe sculture negli angoli, d'uno strano materiale vetroso. In un altro angolo, fuori portata di mano, una bionda belloccia si dava da fare a un centralino telefonico. Dietro una grande scrivania tutta fiorita, invece, sedeva la segretaria, — occhiali alla Harold Lloyd, una bella massa di capelli neri tirati indietro in modo da scoprire una fronte ampia e alta — con i connotati anagrafici scritti a belle lettere su una targhetta vezzosissima: MISS VAN DE GRAAF.

Disse che il signor Howard Melton era "in riunione," ma che gli avrebbe portato a leggere il mio biglietto da visita non appena possibile, e quale era lo scopo della mia visita, di grazia?

Le risposi che non avevo biglietti da visita e che mi chiamavo John Dalmas, da parte del signor West.

"Chi è il signor West?" chiese, con scostante freddezza. "Il signor Melton lo conosce?"

"Chiede troppo, sorella. Dato che non conosco il signor Melton, non posso conoscere i suoi amici."

"Qual è il motivo della sua visita?"

"Diciamo, motivi personali."

"Capisco." Con l'aria di non aver capito niente. Per evitare di prestarmi la sua penna si riempí da sola, in gran fretta, tre schede che aveva lí davanti e mi fece segno d'aspettare. Andai ad accomodarmi su una sedia imbottita in pelle azzurra e con braccioli cromati. Aveva l'aria, e forse anche l'odore, d'una sedia da barbiere.

Dopo mezz'ora circa s'aprí una porta dietro un pannello a grata di bronzo ed entrarono due uomini, ridendo e cedendosi il passo a vicenda. Un terzo teneva la porta aperta ai due e faceva eco alla loro risata. Una stretta di mano che fu tutto un minuetto, dopodiché i due andarono via e dalla faccia del terzo il sorriso scomparve per far posto al vuoto assoluto.

Guardò dalla parte della Van De Graaf e chiese: "Niente per me?" col tono del boss indaffarato.

L'occhialuta si diede un gran da fare a scompigliare le carte che aveva davanti e rispose: "No, signore. Oh, un certo signor... Dalmas. Chiede di lei. Da parte di un certo signor... West. Motivi personali."

"Non lo conosco," brontolò l'indaffarato. "Di assicurazioni sulla vita ne pago già tante da rischiar di morire di fame." Mi lanciò un'occhiata rapida e severa e rientrò nel suo ufficio, sbattendo la porta. La Van De Graaf mi sorrise, con simpatica ostilità. Io mi accesi una sigaretta e incrociai le gambe nell'altro senso. Altri cinque minuti e la porta dietro la grata di bronzo si riaprí e ne venne fuori l'indaffarato col cappello in testa. Sarebbe tornato entro una mezz'oretta, annunciò in un brontolio.

Aveva doppiato la grata e stava dirigendosi alla porta quando, con un passettino aggraziato, cambiò direzione e puntò su di me. Mi si fermò davanti e rimase lí impalato a scrutarmi dall'alto — un bel pezzo d'uomo, qualcosa come uno e ottantacinque o piú, e ben piantato anche. Aveva una faccia che pareva uscita allora allora da un accurato massaggio, che però non gli aveva messo in fuga certe rughe viziose intorno agli occhi scuri, duri e infidi.

"Desidera parlarmi?"

Mi alzai, tirai fuori il portafoglio, presi un mio biglietto da visita e glielo porsi. Gli diede un'occhiata e mi sembrò perplesso.

"Chi è il signor West?"

"E chi lo sa?"

Mi scrutò dritto negli occhi, con aria interessata questa volta. "Mi sembra in gamba, lei," disse. "Andiamo nel mio ufficio."

L'occhialuta era tanto fuori di sé quando le passammo davanti che attaccò a riempire contemporaneamente tre di quelle sue schede.

L'ufficio del signor Howard Melton, là dietro la grata di bronzo, era ampio, pieno d'ombra, silenzioso, ma non fresco. Su una parete c'era un grosso ritratto d'un tipo anziano, dall'aria dura, che ai suoi tempi doveva aver sfacchinato parecchio. Il mio spilungone passò dietro a un ottocento dollari, se non di piú, di scrivania e s'accomodò in una poltrona direttoriale imbottita, accogliente, a schienale alto. Spinse verso di me una scatola di sigari. Ne accesi uno e lui stette a guardarmi con occhi fissi e freddi mentre l'accendevo.

"È una questione personalissima."

"D'accordo."

Tornò a leggersi il mio biglietto da visita e finalmente lo mise via, riponendolo in un bel portafoglio panciuto di coccodrillo.

"Chi l'ha mandata?"

"Un amico alle dipendenze dello sceriffo."

"Ho bisogno di sapere di piú."

Gli diedi un paio di nomi e di numeri telefonici. Mise mano all'apparecchio, chiese la linea e formò il numero da sé. Riuscí a mettersi in contatto con ambedue gli amici che gli avevo indicato e parlò. In quattro minuti s'era già sbrigato e accomodato di nuovo nella poltrona, a gambe incrociate. Ci asciugammo tutt'e due il sudore dal collo.

"Benissimo," fece. "Ora mi mostri qualcos'altro."

Tirai di nuovo fuori il portafoglio e gli mostrai una piccola copia fotostatica della mia licenza. Sembrò soddisfatto.

"Che prezzi fa?"

"Venticinque al giorno, piú le spese."

"Troppo. Che intende per spese?"

"Olio e benzina, qualche mancia, pasti e whisky. Whisky soprattutto."

"Non mangia quando non lavora?"

"Sí — ma non abbastanza."

Fece un sorriso ch'era una smorfia divertita: come lo sguardo, quel sorriso aveva una sfumatura odiosa. "Forse ci accordiamo," disse poi.

Aprí un cassetto e portò alla luce una bottiglia di scotch. Bevemmo. Mise la bottiglia giú a terra, s'asciugò le labbra, s'accese una sigaretta col monogramma e aspirò il fumo soddisfatto. "Meglio ridurre a quindici," rispose. "Coi tempi che corrono. E carta bianca per l'alcolico."

"Scherzavo," spiegai. "Fidati poco di chi non riesci a imbrogliare."

Sorrise (smorfia) di nuovo. "D'accordo. Ma innanzi tutto, sicuro che in qualunque circostanza non avrà niente a che fare con gli amici poliziotti, anche se di vecchia data?"

"D'accordo, se non ha ucciso nessuno."

Rise. "Non ancora. Ma non sono un tipo remissivo. Bene, voglio che lei rintracci mia moglie e scopra dove si trova e che cosa sta facendo, senza che lei sappia niente, naturalmente."

Fece una pausa.

"È scomparsa undici giorni fa — il dodici agosto — da un capanno che possediamo su al Little Fawn Lake. È un piccolo lago di proprietà mia e di altri due, a circa cinque chilometri da Puma Point. Saprà dov'è, immagino."

"Sulle San Bernardino Mountains, a settanta chilometri da San Bernardino."

"Esatto." Raccolse in un mucchietto la cenere della sigaretta caduta sulla scrivania e si chinò a soffiarla via. "Il

Little Fawn Lake è lungo qualche mezzo chilometro e ha una piccola diga che abbiamo costruito per valorizzare la proprietà — giusto per i tempi difficili. Ci son quattro capanni, lassú. Il mio, due che appartengono ad amici — entrambi vuoti, questa estate — e un quarto sulla sponda del lago che la strada tocca per prima. Quest'ultimo è occupato da un certo William Haines e da sua moglie. È un mutilato in pensione, non paga affitto e in compenso dà un'occhiata al posto. Mia moglie ha passato l'estate lassú e doveva venire in città il dodici agosto, per il fine settimana. Non è mai arrivata."

Annuii. Da un cassetto chiuso a chiave tirò fuori una busta. Dalla busta tirò fuori una foto e un telegramma e mi passò quest'ultimo di sopra la scrivania. Era stato spedito da El Paso, Texas, il 15 agosto, alle nove e diciotto di mattina. Diceva: *Vado Messico chiedere divorzio. Sposerò Lance. Addio e buona fortuna. Julia.*

Rimisi il foglio di carta gialla sulla scrivania. "Mia moglie si chiama Julia," spiegò Melton.

"Chi è Lance?"

"Lancelot Goodwin. Fino a un anno fa era il mio segretario privato, poi fece soldi e passò ad altro. Sapevo da un pezzo che tra i due c'era del tenero, se è cosí che si dice."

"Credo che sia corretto."

Mi porse la foto di sopra la scrivania; un'istantanea su carta lucida: una bionda magra e piccolina in compagnia d'un tipo alto, magro e bruno, trentacinque anni circa, forse un tantino troppo bello. La donna poteva avere qualunque età tra i diciotto e i quaranta, con una certa figura e l'aria di farne sfoggio — indossava un costume da bagno che non lasciava faticar troppo la fantasia. L'uomo era in pantaloncini. Stavano sotto un ombrellone a strisce su una spiaggia. Posai la fotografia sul telegramma.

"Il materiale è tutto qui," disse Melton. "Di fatti ce n'è ancora. Un altro goccio?" Versò e bevemmo. Rimise di nuovo la bottiglia a terra e s'era appena sollevato che il telefono squillò. Parlò, fece scattare varie volte il gancio del ricevitore e avvertí la telefonista di non disturbarlo per un po' di tempo.

"Fin qui non ci sarebbe niente di straordinario," continuò. "Ma si dà il caso che abbia incontrato Lance Goodwin per strada, venerdí scorso. Disse che non vedeva Julia da mesi. E gli credo, perché Lance è un tipo che non ha inibizioni né paure. Mi avrebbe detto la verità in un caso simile. E credo che non farà pubblicità."

"Ha in mente qualcun altro?"

"No. Se ce ne sono altri non li conosco. Ora la mia idea è questa: Julia è stata arrestata e sta in galera da qualche parte. Con mance o altro sarà riuscita a nascondere la sua identità."

"In galera, e perché?"

Esitò un attimo, poi con calma disse: "Julia è una cleptomane. A volte, non sempre; in genere quando ha bevuto troppo. E anche in questo va a periodi. Per lo piú si dava da fare qui a Los Angeles, nei grandi magazzini dove abbiamo il conto. Qualche volta è stata presa, ma è riuscita sempre a farla franca facendo addebitare ogni cosa sul conto. Finora non c'è stato nessuno scandalo grosso, ma in una città dove non la conoscono..." S'interruppe e aggrottò la fronte. "Ho il mio lavoro qui alla Doreme a cui badare," disse.

"È mai stata registrata?"

"Cosa vuol dire?"

"Le han mai preso le impronte digitali?"

"No, che io sappia." Sembrò preoccupato.

"Goodwin sa di questo suo — vizio?"

"Non saprei. Spero di no. Naturalmente non ne ha mai fatto cenno."

"Vorrei il suo indirizzo."

"Di Goodwin? È sull'elenco. Ha un bungalow nella zona di Chevy Chase, dalle parti di Glendale. Un posto molto fine."

Sí, aveva proprio tutta l'aria d'essere un buon lavoretto. Era presto per dirlo, ma forse poteva anche uscirci qualche po' di guadagno extra e onesto. "Naturalmente, dopo la scomparsa di sua moglie lei avrà fatto una scappata su al Little Fawn Lake, vero?"

Sembrò sorpreso. "Be', no. Non c'era motivo. Fino a quando non ho incontrato Lance davanti all'Athletic Club, credevo che i due fossero insieme da qualche parte, magari già sposati. In Messico i divorzi vanno in fretta."

"E il danaro? Ne aveva molto sua moglie con sé?"

"Non so. Ne ha molto di suo, ereditato dal padre. Credo che ne avesse abbastanza."

"Capisco. Com'era vestita — o non lo sa?"

Scosse la testa. "Non la vedo da due settimane. Di solito

vestiva di scuro. Haines sarà in grado di dirglielo. Credo che bisognerà raccontargli della scomparsa. Possiamo fidarci, perché terrà la bocca chiusa." Sorrise. "Aveva un orologetto da polso di forma ottagonale con bracciale a catena mòlto larga. Regalo per il suo compleanno. C'è inciso il suo nome. Aveva poi un anello di diamante e smeraldi e una vera di platino con dentro inciso: *Howard e Julia Melton. 27 luglio 1926*."

"E non pensa a un tradimento da parte di lei, vero?"

"No." Arrossí leggermente. "Le ho detto che cosa sospetto."

"Se è in prigione, cosa faccio? Glielo comunico e aspetto?"

"Naturalmente. Se no, non la perda di vista finché non arrivo io, dovunque si trovi. Credo di potermela sbrigare da solo, a questo punto."

"Già. Non è piú un ragazzo. Ha detto che sua moglie lasciò Little Fawn Lake il dodici agosto, però lei lassú non ci è stato. Lo immagina per via degli impegni che sua moglie aveva qui in città, o lo ricava dalla data del telegramma?"

"Giusto. Ecco una cosa che m'ero dimenticato di dirle. Dunque, partí il dodici e, siccome non guida mai di notte, scese da lassú di pomeriggio fermandosi a valle, all'Hotel Olympia, ad aspettare il treno. Lo so perché mi telefonarono dall'albergo una settimana dopo per informarmi che la sua macchina era ancora nella loro rimessa e per pregarmi di passare a prenderla. Dissi che sarei andato appena avessi avuto tempo."

"Okay, signor Melton. Penso che andrò a dare prima un'occhiatina a questo Lancelot Goodwin. Può darsi che non le abbia detto la verità."

Mi porse l'elenco telefonico. Lancelot Goodwin abitava al 3416 di Chester Lane. Non sapevo dov'era, ma nella macchina avevo una carta della zona.

Dissi: "Bene, farò un salto da quelle parti e vediamo. Sarà bene però avere un piccolo acconto. Diciamo un cento biglietti."

"Per cominciare, cinquanta sono sufficienti," rispose lui. Tirò fuori il portafoglio di coccodrillo e mi diede due venti e un dieci. "Le spiace firmarmi una ricevutina — una semplice formalità."

Aveva un blocchetto di ricevute sulla scrivania, ne staccò una, vi scrisse quello che doveva scrivere e io firmai.

Mi misi telegramma e foto in tasca, mi alzai e ci stringemmo la mano.

Lo lasciai con l'impressione che non fosse il tipo da commettere dimenticanze o errori, specie in materia di danaro. Quando passai davanti la Van De Graaf i suoi occhialoni mandarono lampi. Mi sentii addosso il suo sguardo finché non entrai nell'ascensore.

2

La casa tranquilla

Avevo la macchina in un parcheggio di fronte l'Avenant Building. Montai e mi diressi a nord, verso la Quinta, e poi a ovest, verso la Flower Street, e di là al Glendale Boulevard. Di qui, infine, verso Glendale. S'era ormai fatta ora di colazione, cosí mi fermai a un bar a divorare un sandwich.

Chevy Chase non è altro che un profondo canyon ai piedi della collina che separa Glendale da Pasadena. È piena di alberi e le strade che si diramano dal corso principale sono affogate nel verde e buie. Chester Lane era una di queste laterali, ed era abbastanza buia per essere in mezzo a una rossa foresta di sequoia. La casa di Goodwin era in fondo a tutto: un piccolo bungalow all'inglese, con tetto scosceso e finestrelle casa-di-bambola che certo non lasciavano entrare molta luce della poca che c'era. La casa era discosta dalla strada, affogata tra due colline, con una grande quercia giusto davanti la porta. Un bel posto, insomma.

La rimessa di fianco alla casa era chiusa. Percorsi un sentieretto tutto giravolte e pavimentato con lastre di pietra e andai a suonare il campanello. Lo sentii squillare nel retro, col suono tipico che hanno i campanelli quando non c'è nessuno in casa. Bussai altre due volte e nessuno venne ad aprire. Un tordo si posò sul praticello aggraziato lí davanti, si beccò il suo bravo vermiciattolo e volò via. Oltre la curva della strada qualcuno, invisibile, mise in moto una macchina. Di fronte, dall'altro lato della strada c'era una casa nuova di zecca con un gran cartello, *In vendita*, piantato sul verde prato davanti al porticato. Altre case in vista non ce n'erano.

Provai ancora una volta, con un colpettino leggero; quindi sollevai e lasciai ricadere gentilmente il battaglio, ch'era un anello di bronzo imperniato in una bocca di leone. Poi m'allontanai dall'ingresso e andai a poggiare l'occhio alla fessura tra i due battenti della porta dell'autorimessa. C'era una macchina là dentro, la vidi brillare nella debole luce. Girai allora intorno alla casa, e andai ad affacciarmi nel cortile di dietro dove c'erano altre due querce, un bruciatore d'immondizie e, sotto una delle querce, tre sedie intorno a un tavolo da giardino verde. Quel posto era cosí piacevole, ombreggiato e accogliente che mi sarebbe piaciuto fermarmici a fumare una sigaretta. Andai alla porta di dietro e provai la maniglia. Era sciocco sperare che fosse aperta — e invece la porta cedette. L'aprii, trattenni il fiato ed entrai.

Se il bravo Lancelot m'avesse sorpreso avrei inventato qualche scusa per spiegargli la mia presenza lí dentro; in caso contrario, avrei dato un'occhiatina alla sua roba. C'era qualcosa in questo Lancelot Goodwin — magari il solo nome di battesimo — che mi lasciava un poco perplesso.

La porta posteriore dava su un porticato chiuso dal quale un'altra porta metteva nella cucina. Anche questa era aperta. Entrai: allegre mattonelle colorate, un fornello a gas evidentemente non adoperato da parecchio e un bel gruppetto di bottiglie vuote sul piano dell'acquaio. C'erano due porte a vento. Spinsi quella che dava verso il davanti della casa ed entrai in una piccola stanza da pranzo con un buffet su cui erano allineate altre bottiglie, piene questa volta.

Il soggiorno era sulla mia destra, oltre un arco. C'era poca luce, nonostante fosse giorno: era arredato con gusto, con alti scaffali alle pareti e libri non acquistati a serie; in un angolo c'era un mobile radio con sopra un bicchiere riempito a metà d'un liquido ambrato in cui galleggiava ancora del ghiaccio. Il quadro della radio era illuminato e l'apparecchio mandava un sommesso ronzio: era accesa, ma il volume era abbassato al minimo.

Non mi parve una cosa normale. Mi girai e lo sguardo mi cadde nell'altro angolo della stanza, su qualcosa ancor meno normale.

In un'ampia poltrona tappezzata con stoffa tipo damasco stava seduto un uomo con i piedi, calzati di scarpini, su uno sgabello appaiato alla poltrona. Aveva una camicia da polo, bianca e col colletto aperto, pantaloni crema e cintura bianca. La mano sinistra era appoggiata sul largo bracciolo della poltrona e la destra ricadeva languidamente dall'alto bracciolo sul tappeto. Era magro e bruno, un bell'uomo robusto, di quelli che in realtà sono piú agili e forti di quanto sembrano. La bocca era dischiusa e lasciava intravedere una fila di denti regolari; la testa era un po' reclina di lato, come se il brav'uomo si fosse addormentato mentre ascoltava la radio e sorseggiava qualcosa.

C'era una pistola per terra, accanto alla sua destra, e al centro della fronte un foro rosso tutto bruciacchiato.

Dalla punta del mento il sangue colava tranquillamente sulla camicia bianca.

Per un intero minuto — che in situazioni del genere pare che duri quanto una dinastia cinese — non mossi un solo muscolo. Fu un miracolo se continuai a respirare. Rimasi lí impalato a guardare il sangue del signor Lancelot Goodwin formare piccole gocce a forma di pere sulla punta del mento e poi, lentamente, come alla fine di un lungo processo, cadere e arricchire la gran chiazza rosso cremisi che stava cambiando il colore della sua camicia da polo. Mi parve anzi che in quel momento il sangue colasse anche piú lentamente. Finalmente mossi un piede, lo sollevai dal pavimento a cui s'era cementato, e feci un passo; poi sollevai l'altro piede con lo stesso sforzo e la stessa decisione. Attraversai la stanza silenziosa e in penombra.

Dai suoi occhi partí un lampo quando mi avvicinai. Mi chinai a guardarli da vicino, e quasi m'aspettavo d'incontrare il loro sguardo — come se potesse esistere uno sguardo negli occhi d'un morto. Fissavano immobili un punto a mezza altezza, né in alto né in basso. Gli sfiorai il viso con un dito, era caldo e leggermente umido — doveva essere morto da non piú di venti minuti.

Mi voltai di scatto, con l'impressione che qualcuno da dietro mi stesse per colpire con uno sfollagente. Non c'era nessuno, invece. Solo silenzio. La stanza ne era piena, ne traboccava. Fuori, su un albero, un uccello cinguettò, ma serví solo a dar risalto al silenzio. Potevi tagliarlo a fette e imburrartelo, quel silenzio.

Mi volsi a guardare gli altri oggetti nella stanza. Capovolta per terra, davanti a un caminetto di gesso, c'era una cornice d'argento: un portaritratto. Lo sollevai con la mano nel fazzoletto e lo voltai. Dietro al vetro spaccato con esattezza da un angolo all'altro, c'era la fotografia di una donna magra, bionda, con un sorriso pericoloso. Tirai fuori l'istantanea che mi aveva dato Melton e la misi accanto alla cornice: la faccia era la stessa, non c'erano dubbi anche se era un tipo di faccia comunissimo; solo l'espressione era diversa.

Badando a non far cadere schegge di vetro a terra, portai la fotografia nella stanza da letto, arredata anch'essa con gusto, aprii il cassetto d'un mobile dalle gambe alte, tolsi la foto dalla cornice, pulii accuratamente la cornice col fazzoletto e la cacciai sotto alcune camicie. Non era una gran pensata, ma sul momento non seppi trovare di meglio.

Non avevo però molta urgenza. Se il colpo fosse stato sentito e riconosciuto come colpo d'arma da fuoco, la polizia sarebbe già stata da un pezzo sul posto. Passai nel bagno. Col temperino rifilai accuratamente la fotografia, gettai i trucioli di carta nel gabinetto e tirai lo scarico. Misi infine la fotografia assieme al resto che avevo nel taschino di petto e ritornai nel soggiorno.

Su un tavolinetto basso alla sinistra del cadavere c'era un bicchiere vuoto. Dovevano esserci le sue impronte. D'altro canto, poteva anche darsi che qualcun altro avesse bevuto qualche sorso da quel bicchiere e lasciato altre impronte: una donna, naturalmente. Poteva essersene stata seduta tranquillamente sul bracciolo della poltrona, con un dolce sorriso sulle labbra e una pistola nascosta dietro la spalla. Doveva essere stata una donna; un uomo non avrebbe avuto modo di spargli mentre era in quella posizione di assoluto abbandono. Potevo anche immaginare chi era la donna — ma quella fotografia abbandonata per terra non le faceva una buona pubblicità.

Non potevo lasciare quel bicchiere cosí com'era. Lo pulii e feci una cosa che non mi rallegrò molto: presi la mano del morto, la strinsi intorno al bicchiere e riposi quest'ultimo sul tavolinetto. Poi feci la stessa cosa con la pistola, dopo averla pulita col fazzoletto. Quando la lasciai andare, la mano ricadde e oscillò a lungo di fianco alla poltrona, come il pendolo d'un vecchio orologio a cucú. Passai al bicchiere sul mobile radio: pulii anche quello. Insomma, al massimo avrebbero pensato a un tipo diverso di donna, molto piú accorta — se esistono tipi diversi tra le donne. Poi raccolsi quattro mozziconi con tracce di rossetto molto chiaro, d'una sfumatura che chiamano *Carmen*; li portai nel bagno e li affidai al servizio fognature. Con un asciugamano tolsi qua e là qualche lieve traccia, poi pulii la maniglia della porta d'ingresso e infine mandai tutto al diavolo. Non potevo mettermi a lucidare l'intera casa.

Tornai di nuovo da Lancelot Goodwin e l'esaminai piú a lungo. Il sangue aveva cessato di scorrere; l'ultima goccia sul mento non sarebbe caduta giú, sarebbe rimasta lí sospesa a indurirsi e scurirsi, fissa come un porro.

Riattraversai cucina e porticato, pulendo ancora qualche altra maniglia nel passare, girai intorno alla casa e diedi due rapide occhiate su e giú per la strada. Non c'era anima viva. Completai il lavoretto ritornando alla porta d'ingresso, suonando di nuovo il campanello e ripulendo intanto maniglia e pulsante, per benino. Infine raggiunsi la macchina, montai e partii. In tutto, ero stato lí dentro una mezz'ora, ma mi sembrava d'esserci rimasto a partire dalla guerra civile fino allora.

Sulla via del ritorno, agli inizi della Alesandro Street, entrai in un drug-store e mi cacciai nella cabina telefonica. Formai il numero dell'ufficio di Howard Melton.

Una voce cinguettò: "Dureme Cosmetic Company, buonaseeera."

"Il signor Melton."

"Le passo la segretaria," cantò la voce della belloccia che avevo visto nell'angolo, fuori portata di mano.

"Parla la segretaria del signor Melton." Un bel timbro, un quarto di tono piú su e sarebbe stato addirittura incantevole. "Chi lo desidera, prego?"

"John Dalmas."

"Oh, il signor Melton la conosce, signor — ah — Dalmas?"

"La pianti e si sbrighi, ragazza. Lo chieda a lui. Non ho tempo da perdere con gli indovinelli."

Ci rimettevo il timpano a momenti col suo gridolino.

Silenzio, poi uno scatto e la voce frettolosa dell'indaffarato Melton disse: "Sí? Parla Melton. Dica."

"Devo vederla subito."

"Come?" abbaiò.

"Ha sentito bene. Ci sono stati degli sviluppi, come dicono i ragazzi dello sceriffo. Ha capito con chi sta parlando, vero?"

"Oh, sí. Bene-bene, vediamo un po'. Mi faccia dare un'occhiata alla mia agenda."

"Al diavolo la sua agenda," feci. "È un fatto grave e

importante. Altrimenti avrei abbastanza buon senso da non venire a romperle — il programma della giornata, se ne ha uno."

"All'Athletic Club, tra dieci minuti," disse in fretta. "Nella sala di lettura."

"Ci metterò un pochino di piú ad arrivarci." Riappesi prima che potesse aggiungere altro.

In realtà ci impiegai venti minuti fin là.

Nel vestibolo diedi il nome al ragazzo lí pronto; partí con uno scatto da olimpiadi precedendomi in una cabina d'ascensore vecchio stile, tutta aperta. Mi portò al quarto piano e mi indicò la sala di lettura.

"In fondo a sinistra, signore."

La sala di lettura, in realtà, era fatta per tutt'altro che per leggere. C'erano sí giornali e riviste sparse su un lungo tavolo di mogano e libri rilegati sotto vetro lungo le pareti — con un ritratto a olio del fondatore del club illuminato da un faretto — ma c'erano anche angoli e anfratti riparati e fuori vista, con enormi poltrone di pelle dallo schienale altissimo nelle quali ragazzoni avvizziti dormicchiavano in pace e solitudine, le facce violacee per l'età e la pressione sanguigna.

Girai intorno al tavolo, quasi in punta di piedi, e mi diressi verso il fondo della sala a sinistra. Melton stava lí, in un angolino riparato tra gli scaffali, con la schiena rivolta alla sala e la testa bruna che sporgeva di sopra la spalliera della poltrona, che pure era altissima. C'era un'altra poltrona accanto a lui, mi ci accomodai e lo guardai fisso negli occhi.

"Tenga giú la voce," m'ammoní. "Questo posto è per il riposino pomeridiano. Ebbene, cosa c'è? Io l'ho ingaggiata per risparmiarmi noie, non per aumentare quelle che ho già."

"Sí," feci, e avvicinai la faccia alla sua. Aveva bevuto qualche cocktail, ma era un odore gradevole. "Lo ha ammazzato."

Le sopracciglia gli si inarcarono un pochino, non eccessivamente; lo sguardo rimase invece gelido e imperturbabile. Tirò un profondo sospiro, contrasse la grossa mano che aveva poggiata sul ginocchio e, spostando finalmente lo sguardo, la guardò.

"Vada avanti," disse, con un tono che ci si sarebbe potuto scolpire una statua, tant'era duro e tagliente.

M'allungai sulla poltrona e anche la mia testa sporse dalla spalliera — il vecchietto piú vicino ronfava con grazia, e a ogni tirata di fiato le narici gli vibravano sonore.

"Sono stato lí, da quel Lancelot Goodwin. Non hanno aperto, cosí ho provato alla porta di dietro. Era aperta e sono entrato. Radio accesa, ma al minimo, due bicchieri con l'alimento dentro e davanti al caminetto, a terra, una fotografia. Goodwin in una poltrona d'angolo, sparato a bruciapelo. La pistola era a terra vicino alla sua destra. Un'automatica venticinque — gingillo femminile. Se ne stava lí a riposare, come se la cosa non lo riguardasse. Ho pulito i bicchieri, le maniglie e rassettato tutta la casa, poi son venuto via."

Melton aprí e chiuse la bocca. Mandò uno scricchiolio stridente coi denti e strinse i pugni. Poi mi guardò dritto in faccia con occhi scuri, duri.

"La foto," disse, con un grugnito.

La tirai fuori dalla tasca e gliela mostrai, ma tenendola ben stretta tra le dita.

"Julia," disse lui. Mandò un suono strano con la bocca, come se il fiato gli stentasse a uscire, e la mano gli ricadde giú inerte. Mi rimisi la fotografia nel taschino. "E poi?" bisbigliò.

"Tutto qui. Potevano vedermi, per quanto il posto sia ben riparato dagli alberi. Sua moglie possedeva una pistola di quel tipo?"

La testa stava per cadergli: la sostenne tra le mani. Rimase cosí per un po', infine la sollevò un pochino, aprí le dita e parlò attraverso queste, alla parete che stava di fronte a noi.

"Sí. Ma non mi risulta che se la portasse dietro. Immagino che volesse piantarla, quello scarafaggio." Lo disse tranquillamente, senza accalorarsi. "È in gamba, lei. Cosí è un suicidio, no?"

"Non so. Possono metterla cosí, se non sospettano niente. Gli fanno la prova della paraffina alla mano per vedere se ha sparato lui. Ormai la fanno quasi sempre. Ma a volte lasciano andare, e se non hanno sospetti non la fanno. Non capisco la faccenda della fotografia."

"Nemmeno io," bisbigliò, sempre tra le dita. "Deve essere stata presa dal panico all'improvviso."

"Mah. Si rende conto che sono andato a ficcarmi dritto in una rogna assai grossa? Ci rimetto la licenza, se mi colgono. Naturalmente, c'è anche la probabilità, lontana ma c'è, che si tratti di suicidio. Però il giovanotto non mi sembra il tipo. Cosí, lei deve darmi una mano, Melton."

Fece uno sforzo e sorrise. Poi girò il capo quel tanto per piantarmi gli occhi addosso, ma sempre tenendo la faccia nascosta tra le dita. Tra queste, vidi lampeggiare i suoi occhi.

"Perché l'ha fatto?" chiese, calmo.

"Mi rompano le corna se lo so. Forse perché m'è risultato antipatico — sin da quando ho visto quella fotografia, l'istantanea. Mi è sembrato indegno quello che faceva a sua moglie — e a lei."

"Cinquecento, come indennizzo," disse lui.

Mi allungai ancor piú nella poltrona e lo guardai fisso. "Non le sto mica facendo pressioni. Sono un tipo abbastanza ragionevole, di solito — ma non in queste cose. È sicuro di avermi detto tutto?"

Per un minuto (eterno) non disse niente. Poi s'alzò, guardò nella stanza di sopra la spalliera della poltrona, si mise le mani in tasca, vi fece tintinnare qualcosa e si rimise a sedere.

"Ho impostato male la cosa, in tutti i sensi," disse. "Non pensavo che mi stesse ricattando — né stavo cercando di corromperla. In ogni modo, non si tratta di una grossa cifra. Son tempi duri questi, lei corre un rischio extra e io le offro un compenso extra. Supponiamo che Julia non c'entri per niente in questa storia — e questo spiegherebbe la faccenda della fotografia lasciata lí per terra; c'erano infatti un mucchio di altre donne nella vita di Goodwin. Ma se scoppia lo scandalo e io ci resto comunque coinvolto, la direzione generale della ditta mi brucia. Gli affari non sono andati troppo bene in questi ultimi tempi, e saranno felici di approfittare dell'occasione."

"Messa cosí, la cosa è un po' diversa," dissi. "Le ho chiesto, però, se mi ha detto tutto quello che aveva da dirmi."

Abbassò lo sguardo. "No. Ho taciuto qualche particolare. Non mi sembrava importante, fino a poco tempo fa. Ora può cambiare completamente le cose. Pochi giorni fa, dunque, poco dopo che incontrai Goodwin in città, mi chiamarono dalla banca per avvertirmi che un certo signor Lancelot Goodwin s'era presentato per riscuotere un assegno di mille dollari firmato da Julia Melton. Gli dissi che per il momento la signora Melton non era in città, ma che conoscevo benissimo il signor Goodwin e che non avevo nulla da ridire sull'assegno, se questo era in ordine e se l'identità del signor Goodwin era stata regolarmente accertata. Non potevo comportarmi diversamente — date le circostanze. Credo che lo cambiassero. Non so."

"Credo che Goodwin fosse carico."

Le spalle di Melton ebbero un fremito.

"Un ricattatore di donne, dunque. E anche stupido, perché accettava assegni. Credo che le darò una mano, Melton. Non mi va giú l'idea di quelle zanzare di giornalisti buttati a pesce morto su una storia come questa. Ma se pizzicano lei io mi tiro fuori — se mai ci riesco."

Sorrise, per la prima volta. "Le darò subito i cinquecento," disse.

"Niente da fare. Sono stato ingaggiato per trovarla. Se la trovo mi becco i cinquecento biglietti — sennò, niente."

"Vedrà che può fidarsi di me."

"Vorrei un biglietto per quell'Haines, su al Little Fawn Lake. Vorrei dare un'occhiata al capanno. L'unica maniera per andarci è fingere di non essere mai stato a Chevy Chase."

Assentí col capo e si alzò. Andò a una scrivania e tornò con un biglietto intestato del club su cui aveva scritto:

Signor William Haines
Little Fawn Lake

Caro Bill,
   ti prego di far visitare al portatore del presente, signor John Dalmas, il mio capanno e di dargli tutta l'assistenza necessaria.

                                        Affettuosamente
                                        Howard Melton

Piegai il biglietto e lo misi insieme agli altri trofei raccolti in quella giornata. Melton mi posò una mano sulla spalla. "Non lo dimenticherò mai," disse. "Ci va subito?"

"Credo di sí."

"Cosa s'aspetta di scoprire?"

"Niente. Ma sarebbe sciocco non cominciare da dove parte la traccia."

"Certo, certo. Haines è un brav'uomo, solo è un po' burbero. Ha una moglie bionda che gli è molto attaccata. Buona fortuna."

Ci stringemmo la mano. La sua era viscida come un'anguilla morta.

3

Gamba di legno

Feci il San Bernardino in meno di due ore e, per la prima volta nella sua storia, con una temperatura piú o meno identica a quella di Los Angeles, solo meno umida. Mi bevvi una tazza di caffè, mi comprai un litro di rye, feci il pieno e attaccai la salita. Fino alle Bubbling Springs il cielo era coperto, poi si schiarí, venne fuori un bel sereno rinfrescato da una piacevole brezza che soffiava giú dai picchi. Alla fine arrivai alla grande diga e ammirai l'azzurra distesa del Puma Lake. Canoe, barche a remi, fuoribordi e motoscafi si davano un gran da fare a incresparne le acque senza alcun motivo e disturbare con le loro onde una folla di gente che aveva pagato due dollari per una licenza di pesca e stava ora sprecando il tempo per catturare qualche pescetto da pochi centesimi.

Dopo la diga la strada si biforcava. La mia correva lungo la sponda meridionale, rasentando sull'altro lato grossi massi di granito e pini altissimi che svettavano verso il cielo azzurro e limpido. Nei tratti liberi c'era tutto un rigoglio di colori, manzanita verdissima, iris selvaggi, lupini bianchi e porporini, bugola e cespugli fioriti di ginestra gialla. La strada scese fino al livello del lago e su quel tratto superai mandrie di campeggiatori e di manzette, in pantaloncini corti, in bicicletta, motocicletta e a piedi, in mezzo alla strada o sedute ai margini, sotto gli alberi, con le gambe da fuori.

Vidi tanta carne solo in quel poco di strada da fornire tutta una rete di industrie conserviere.

Howard Melton aveva detto di lasciare il lago e imboccare la vecchia strada a un chilometro da Puma Point. Svoltai cosí su un nastro d'asfalto tutto buche e crepe che s'arrampicava su per la montagna.

Qua e là, sui pendii, erano appollaiate casette di tutti i tipi. L'asfalto finí e restarono solo le buche; e dopo un po' vidi sulla destra una strada stretta e erta. Al bivio, un cartello avvertiva: *Strada privata per Little Fawn Lake*.

Vietato il transito. L'imboccai e affondai tra la polvere e i sassi; superai una cascatella d'acqua e mi tuffai tra i pini, le querce e il silenzio. Sul ramo di un albero scorsi uno scoiattolo: stava distruggendo una pigna, lanciandone tutt'intorno le schegge come confetti; appena mi vide mi mandò un'occhiataccia e batté infuriato la zampetta sulla pigna.

La stradina girò bruscamente intorno a un grande tronco d'albero; dopodiché mi trovai di fronte a una cancellata di legno con un altro cartello: *Proprietà privata. Vietato l'ingresso*.

Scesi, aprii la cancellata, rimontai in macchina, passai, ridiscesi e richiusi la cancellata. Girai per qualche altro paio di centinaia di metri tra gli alberi finché, all'improvviso, ai miei piedi scorsi un piccolo lago di forma ovale, sprofondato tra alberi e rocce ed erba selvatica, come una goccia di rugiada racchiusa in una fogliolina accartocciata. All'estremità del lago piú vicina a me c'era la diga di cemento giallo, piccola, con in alto una fune che la percorreva tutta, evidentemente fungendo da ringhiera, e una vecchia ruota di mulino su un lato. Là vicino c'era un piccolo capanno di legno ancora coperto di ruvida corteccia. Aveva due piccoli camini di tubi di latta, e da uno di questi usciva del fumo. Da non molto lontano giungevano i tonfi di un'ascia.

Dall'altra parte del lago, discosto dalla strada ma vicinissimo alla diga, quasi sull'acqua, c'era un grosso capanno. Poi ne scorsi altri due, molto distanti tra loro. In fondo, dalla parte opposta alla diga, mi parve di scorgere una piccola banchina e, sulla punta di questa, una tettoia a forma di padiglione. Mi chiesi, perplesso, se per caso non servisse per tenerci dei concerti di banda in tanta solitudine e silenzio.

Imboccai un sentiero e scesi fino al capanno di legno, il primo che avevo scorto, e bussai alla porta.

I tonfi dell'ascia cessarono e una voce d'uomo gridò qualcosa da dietro il capanno. Mi sedetti su una pietra ad aspettare, facendo roteare una sigaretta spenta tra le dita. Finalmente, da dietro il capanno spuntò un uomo con un'ascia in mano. Era molto robusto, non molto alto, con un grosso mento coperto da una barba nera e ispida, occhi scuri dallo sguardo deciso, capelli brizzolati e leggermente ricciuti. Era in calzoni di tela blu e camicia azzurra aperta su un collo abbronzato e muscoloso. Camminando, a ogni passo sembrava tirar calci in aria col piede destro, di lato: lo buttava in fuori con un piccolo scatto nervoso. Venne lentamente verso di me, con una sigaretta accesa che gli pendeva dalle labbra grosse. La voce era rauca.

"Sí?"

"Il signor Haines?"

"Sí, sono io."

"Ho un biglietto per lei." Lo tirai fuori e glielo porsi. Mise da parte l'ascia e guardò il biglietto tenendolo distante col braccio teso; poi si voltò, entrò nel capanno e ritornò con un paio di occhiali sul naso. Lesse attentamente il biglietto.

"Oh, vedo, vedo," disse poi. "È del principale." Esaminò di nuovo il biglietto, e credo che lo stesse imparando a memoria. "Il signor John Dalmas, eh? Sono Bill Haines. Piacere di conoscerla." Ci stringemmo la mano. La sua era una morsa d'acciaio.

"E cosí vuole dare un'occhiata al capanno di Melton e ai dintorni, eh? E perché? Qualcosa non va? Lui mica lo dice, bontà sua."

M'accesi una sigaretta e lanciai il fiammifero spento nel lago. "Melton quassú possiede piú di quanto abbia bisogno," dissi.

"Di terra, sí. Ma lui parla del capanno nel biglietto..."

"Vuole che dia un'occhiata a tutto. Dice che ha un capanno molto accogliente."

Me lo indicò. "Quello laggiú. Quello grande. Pareti di legno di sequoia piallato e rinforzato con linoleum, e pino nodoso all'interno. Tetto a lastre di lavagna, fondamenta di pietra e porticato, bagno con doccia e tutto. Poco discosto, sulla collina, ha un bel serbatoio attrezzato. Proprio un bel capanno, glielo dico io."

Guardavo il capanno, durante la sua descrizione, ma senza mai perdere di vista lui. I suoi occhi mandavano lampi e avevano rughe tutt'intorno, per la vita all'aria aperta e luminosa.

"Vuole andarci adesso? Prendo le chiavi."

"Sono un po' stanco per il viaggio. È abbastanza lungo, sa. Potrei avere da bere, Haines?"

Mi lanciò un'occhiata piena di comprensione, ma scosse la testa. "Mi dispiace, signor Dalmas. Ho appena finito un litro." Si passò la lingua tra le labbra grosse e mi sorrise.

"A che serve quella ruota di mulino?"

"Roba del cinema. Vengono quassú a girare qualche film, di tanto in tanto. C'è altra roba del genere, laggiú. Ci girarono *Amore tra i pini* con quella lí. Il resto delle attrezzature è a pezzi. Ho sentito dire che il film è stato un fiasco."

"Davvero? Mi tiene compagnia?" Gli mostrai la mia bottiglia. "Mi son portato dietro il mio litro di rye."

"Mai sentito rifiutare da nessuno un invito del genere. Aspetti, vado a prendere i bicchieri."

"La signora Haines non c'è?"

Mi fissò con improvvisa freddezza. "Sí," disse, esitando. "Perché?"

"Per via del rye."

Si riscosse, ma per qualche secondo ancora continuò a guardarmi. Poi si voltò ed entrò nel capanno, con la sua andatura rigida. Tornò con un paio di bicchieri piccoli, di quelli che si comprano pieni di marmellata. Sturai la bottiglia e li riempii fino all'orlo e ci sedemmo tutt'e due, Haines con la gamba rigida allungata in avanti e il piede storto leggermente in fuori.

"Me la sono buscata in Francia," disse, e attaccò il suo bicchiere. "Haines Gambadilegno. Be', in compenso ci ho guadagnato una pensione e non m'ha danneggiato con le donne." E intanto aveva già finito il suo rye.

Mettemmo giú i bicchieri e restammo a guardare una ghiandaia azzurra che svolazzava intorno a un grosso pino. Si posò infine su un ramo e da lí saltò su un altro e cosí via, senza fermarsi a riprendere equilibrio. Passava di ramo in ramo come un uomo può scendere dei gradini in fretta.

"È fresco e piacevole, quassú, ma è isolato," disse Haines. "Troppo isolato, dannazione." Mi lanciò un'occhiata furtiva. Aveva qualcosa in mente, quell'Haines.

"C'è a chi piace." Ripresi la bottiglia, mi chinai sui bicchieri e feci il mio dovere fino all'orlo.

"Mi stufa. E bevo troppo perché questo posto mi stufa. La notte specialmente."

Non risposi. Si scolò il secondo bicchiere d'un sol colpo deciso e rapido. Gli passai la bottiglia senza aprir bocca. Si versò la sua terza razione, buttò di lato la testa e si leccò le labbra.

"È stata una battuta felice la sua — voglio dire quella della signora Haines e del rye."

"Pensavo che dovessimo tenere la bottiglia fuori vista. Dal capanno poteva sorprenderci."

"Ahah! Lei è amico di Melton?"

"Lo conosco. Non siamo intimi."

Haines guardò verso il capanno.

"Quella malata!" grugní all'improvviso, facendo una smorfia.

Lo guardai.

"Mi ha fatto perdere Beryl, quella vacca schifosa," continuò, pieno di amarezza. "Doveva prendersi anche un bifolco storpio come me. Doveva farmi ubriacare e dimenticare che avevo una moglie decente e carina."

Ero tutt'orecchi.

"Al diavolo anche Melton. Era proprio necessario lasciarla sola quassú a sputtaneggiare. Al diavolo anche lui! Non ho mica bisogno del suo maledetto capanno! Posso andare a vivere dove mi pare e piace. Ho una pensione. Una maledetta pensione di guerra."

"Ma è un bel posto per viverci," intervenni. "Beva."

Obbedí: bevve e mi piantò addosso due occhi infuriati. "È un fetente di posto per viverci," grugní alla fine. "Specie quando la moglie ti pianta e non sai dov'è andata e cosa sta facendo — magari insieme a qualche altro." Strinse un pugno che doveva essere d'acciaio.

Dopo un po', lentamente, lo riaprí: per riempirsi un altro mezzo bicchiere. Ormai le condizioni della bottiglia erano pietose, ma lui si scolò il mezzo bicchiere come se avesse tutta una cantina di riserva.

"Non so manco chi sia lei, perdio," brontolò. "Ma perdio, sono stanco di star solo! Sono un orso, d'accordo — ma sono anche un essere umano, dopotutto. È un tipino — come Beryl. Stessa altezza, stessa corporatura, stessi capelli, stessa andatura di Beryl. Perdio, potevano essere sorelle. C'era solo una differenza — non so se mi capisce."

Mi fece un sorriso che era una smorfia. Era un po' ubriaco adesso.

Ricambiai il sorriso.

"Sto là dietro a bruciare delle immondizie," continuò con voce lagnosa, agitando un braccio. "Lei vien fuori sul portico di dietro con un pigiama di quelli che sembrano fatti di cellofan. E due bicchieri in mano. Mi sorride, e c'è tutta una camera da letto dietro quel sorriso, sa come fanno quelle lí? Beva con me, Bill! Sí, beva con me! Ce ne scolammo una ventina. Dopo può immaginare quello che successe."

"Capita a una quantità di brav'uomini."

"Lasciarla quassú tutta sola, quella puttana! Mentre lui se la spassa a Los Angeles. E Beryl mi pianta — venerdí fanno due settimane."

Ebbi un fremito. Un fremito tale che mi sentii i muscoli contorcersi per tutto il corpo. Due settimane dal venerdí seguente significavano una settimana dall'ultimo venerdí. Si arrivava cosí al dodici agosto — il giorno in cui la signora Julia Melton doveva essere partita per El Paso, il giorno in cui s'era fermata all'Olympia Hotel, giú a valle.

Haines mise giú il bicchiere vuoto e si frugò nel taschino abbottonato della camicia. Mi passò un pezzo di carta tutto maltrattato. Lo svolsi con cura: era scritto a matita.

Preferirei morire piuttosto che continuare a vivere con te, porco schifoso. Non c'era scritto altro.

"Non è la prima volta," disse Haines, dopo un colpo di tosse. "Ma la prima volta che sono stato sorpreso." Rise. Poi tossí ancora. Gli restituii il pezzo di carta e lui si riabbottonò il taschino della camicia. "Chissà perché diavolo le sto raccontando tutto questo?" s'innervosí.

"È la solitudine. Ha bisogno di sfogarsi. Beva ancora. La mia parte l'ho già presa. Non era in casa quel pomeriggio, quando lei l'ha piantato?"

Accennò di no col capo, sconsolato, e rimase lí con la bottiglia stretta tra le ginocchia. "Avevamo litigato e me ne ero andato giú a valle, da un tipo che conosco. Mi sentivo piú pidocchioso di un bastardo. Avevo bisogno di sentirmi qualche parola amica, e cosí andai lí. Tornai a casa verso le due del pomeriggio — piuttosto sbronzo, ma per via di questo grosso pino arrivai con la macchina quasi a motore spento. Se n'era andata. C'era soltanto quel biglietto."

"Tutto questo una settimana prima di venerdí scorso, vero? E da allora non ha avuto piú notizie di lei?"

Forse ero stato troppo preciso con quelle date: mi lanciò un'occhiata interrogativa. Ma gli passò presto. Sollevò la bottiglia, bevve e con aria sconsolata alzò poi la bottiglia contro il sole.

"Amico, qua dentro non c'è piú sangue," disse. "Anche

l'altra se l'era battuta." E col pollice indicò l'altro versante del lago.

"Forse le due avevano litigato."

"Sí, e magari se ne sono andate insieme." Scoppiò in una risata rauca. "Amico, lei non conosce la mia piccola Beryl. Quando comincia è una tigre che fa paura."

"Ho l'impressione che lo fosse anche l'altra. Sua moglie aveva una macchina? Voglio dire, lei da quell'amico c'era arrivato con la sua macchina, vero?"

"Avevamo due Ford. La mia deve avere il pedale del freno e l'acceleratore spostati a sinistra, sotto il piede buono. Lei prese la sua."

Mi alzai, arrivai fino all'acqua e vi buttai il mozzicone della sigaretta. L'acqua era azzurro scuro e sembrava profonda. Il livello del lago era molto alto e in certi punti l'acqua sciabordava oltre la diga, con piccole onde tranquille.

Tornai da Haines. Si stava scolando le ultime gocce del mio whisky. "Bisogna procurarsi dell'altro sangue," disse con voce pastosa. "Le sono debitore di un litro. Lei non ne ha quasi bevuto."

"Abbastanza, invece, perché ne avevo già bevuto prima. Piuttosto, quando se la sente vorrei dare un'occhiata a quel capanno."

"Certo, certo. Facciamo il giro del lago a piedi. Mica l'ho infastidita con quella storia di Beryl, vero?"

"A volte bisogna sfogarsi con qualcuno," feci. "Potremmo andar su per la diga, cosí si evita un lungo giro."

"Diamine, no. Cammino abbastanza bene, anche se zoppico. È piú di un mese che non faccio il giro del lago." S'alzò, entrò nel suo rozzo capanno e ne uscí poco dopo con delle chiavi. "Andiamo."

Ci avviammo verso la piccola banchina di legno col padiglione in punta, sulla riva estrema del lago. C'era un sentiero che correva lungo la sponda, serpeggiando intorno a grossi massi di granito. La strada polverosa era molto piú indietro e piú in alto. Haines camminava lentamente, menando calci col piede destro. S'era incupito: aveva bevuto abbastanza da rinchiudersi nel suo mondo, a inseguire i propri pensieri. Non aprí bocca per tutto il tragitto. Quando raggiungemmo la piccola banchina vi montai sopra e mi spinsi all'estrema punta, con Haines dietro e i sordi tonfi del suo piede sulle assi. Quando fummo sulla punta della banchina, sotto la tettoia a forma di padiglione, ci appoggiammo a una ringhiera dipinta di verde ma ormai scolorita dal sole. Guardammo giú nell'acqua.

"Ci son pesci?" chiesi.

"Certo. Trote, pesci persici. Ma a me non piacciono molto i pesci. Non sono un mangiatore. Credo però che ce ne siano parecchi."

Mi sporsi a guardare nell'acqua profonda e calma. C'era un vortice sotto di me e ai miei piedi, sotto la banchina, si muoveva una forma verde. Haines era appoggiato alla ringhiera al mio fianco e fissava l'acqua profonda. La banchina era abbastanza solida e aveva sotto il livello dell'acqua un tavolato degradante — piú largo della banchina — come se una volta il lago avesse raggiunto un livello molto piú basso e quel tavolato servisse per calare le barche da riva. Assicurata a un cavo, c'era una barca che ondeggiava sull'acqua.

Haines mi afferrò per un braccio e quasi lanciavo un urlo: le sue dita mi si erano conficcate nei muscoli come artigli di ferro. Lo guardai: era tutto sporto in fuori e fissava immobile l'acqua, col volto improvvisamente sbiancato. Guardai anch'io in giú.

A un due metri circa sott'acqua, qualcosa che somigliava vagamente a un braccio umano in una manica scura ondeggiava languidamente, spuntando da sotto il tavolato sommerso. S'agitò varie volte sul filo della corrente, poi scomparve.

Haines si drizzò lentamente. Ormai era tornato improvvisamente sobrio e c'era paura nei suoi occhi. Si voltò e, senza dire una parola, ripercorse tutta la banchina. Si avvicinò a un gruppo di macigni e si chinò ad afferrarne uno. Da dov'ero riuscivo a sentire il suo respiro pesante. Infine si raddrizzò, tenendo il macigno sollevato all'altezza del petto — doveva pesare un cinquanta chili. Ritornò sulla banchina con passo deciso, nonostante la gamba di legno, si portò fino al punto in cui la ringhiera finiva e sollevò il macigno in alto sopra la testa. Rimase lí un attimo con quel peso sollevato e i muscoli del petto e del torace gonfi sotto la camicia azzurra; poi, con un ultimo sforzo e il respiro affannoso, il corpo ebbe uno scatto e il grosso macigno piombò nell'acqua.

Un grosso tonfo: gli schizzi arrivarono fino a noi. Precipitò giú veloce e andò a sfondare il tavolato sommerso.

L'acqua ribollí e udimmo il rumore soffocato del legno che si schiantava sott'acqua. Le onde si allontanarono rapide a cerchio e finalmente sotto i nostri occhi l'acqua cominciò a schiarirsi. Una vecchia asse marcita emerse sfrecciando sulla superficie dell'acqua, riaffondò, tornò a galla e s'allontanò nella corrente.

L'acqua si schiarí ancora di piú. Qualcosa si mosse là sotto, poi cominciò a emergere lentamente: un qualcosa di scuro, lungo e contorto. Affiorò, finalmente, e distinsi della lana nera marcita: un pullover, un paio di pantaloncini. Poi vidi delle scarpe e qualcosa di gonfio e non identificabile intorno alla punta delle scarpe. Vidi un'onda di capelli biondi allargarsi nell'acqua, fluttuare e restare per un attimo immobile.

Poi la cosa si capovolse e un braccio emerse dall'acqua con all'estremità una mano che non aveva piú niente d'una mano umana. Anche la faccia venne alla superficie: una massa grigiastra, gonfia e polposa di carne, senza piú tratti riconoscibili. Senza occhi. Senza bocca. Insomma, quella che un tempo era stata una faccia di donna.

Haines era fermo immobile e guardava. Sotto la faccia affiorata c'erano delle pietre verdi legate tra loro come una collana. La destra di Haines strinse il legno della ringhiera e vidi, nella tensione, le sue nocche imbiancarsi sotto la pelle scura e abbronzata.

"Beryl!" Fu un urlo, ma come se giungesse, soffocato da una distanza enorme, da oltre il folto degli alberi lassú, dietro la collina.

4

La donna nel lago

Stampato a grosse lettere, il cartello attaccato al vetro della finestra diceva: ELEGGETE TINCHFIELD. Oltre il vetro vidi un bancone stretto con sopra pile di carte polverose. La porta era a vetri, con su scritto, in vernice nera: *Polizia, Squadra del fuoco, Consiglio di Città, Camera di Commercio, Avanti.*

Seguii l'invito ed entrai: non era altro che un piccolissimo capanno di legno di pino, una sola stanza in tutto, con una stufa in un angolo, una scrivania a coperchio scorrevole tutta in disordine, due sedie scomode e il bancone che avevo visto dalla finestra. Appesa alla parete c'era una grossa pianta del distretto stampata in azzurro, un calendario e un termometro. Accanto alla scrivania, sempre sulla parete, una serie di numeri telefonici erano scritti con grande precisione, quasi incisi nel legno duro.

Un uomo stava stravaccato, dietro la scrivania, in una vecchia sedia girevole, con uno Stetson a cupola bassa spinto indietro sul capo e una sputacchiera accanto al piede destro. Le mani, grosse e senza peli, erano intrecciate in una comoda posizione sulla pancia. Portava un paio di pantaloni scuri con bretelle, una camicia rossiccia, scolorita dal tempo e dal sapone, abbottonata fino al·collo (grosso) e niente cravatta. Quelli che si vedevano dei suoi capelli erano bruni, eccetto alle tempie, dove erano candidi come neve. Sul petto, a sinistra, portava la stella. Stava seduto un po' inclinato sulla sinistra, perché a destra aveva una grossa fondina di pelle con dentro il pistolone, che gli arrivava fino alla tasca laterale destra dei pantaloni.

Mi appoggiai al banco e stetti a guardarlo. Aveva delle orecchie enormi, occhi grigi allegri e l'aria di chi si stia cullando un nipotino sulle ginocchia.

"È lei il signor Tinchfield?"

"Sí. Che legge abbiamo, poveri noi. Sí, sono io — per elezione, però. Voglio dire: lo sceriffo. Ma c'è un paio di bravi ragazzi che mi stanno addosso giusto per togliermi la tranquillità." Sospirò.

"La sua giurisdizione si estende fino al Little Fawn Lake?"

"E che roba è, figliolo?"

"Little Fawn Lake, lassú, dietro le montagne. È roba sua?"

"Sí, credo di sí. Sono lo sceriffo della contea, ma non c'entrava sul vetro della porta." Sbirciò da quella parte, compiaciuto. "Sono tutte quelle cose lí. La proprietà di Melton, vero? C'è qualcosa che non va lassú, figliolo?"

"C'è una donna morta. Nel lago."

"Bene, e io do le dimissioni." Sciolse il nodo delle mani, si grattò dietro l'orecchio e infine si alzò, a fatica. In piedi, risultò alto, grosso e imponente. Il grasso era tutto dovuto all'allegra maniera di prendere la vita. Tornò a grattarsi dietro l'orecchio. "Morta, hai detto? Morta morta? E chi è?"

"La moglie di Bill Haines, Beryl. Sembra suicidio. È

stata a lungo nell'acqua, sceriffo. Non è bella a vedersi. Lo aveva lasciato dieci giorni fa, dice lui. E credo che sia stato allora che s'è buttata."

Tinchfield si chinò sulla sputacchiera e vi scaricò dentro un bel fatto tutto scuro e vischioso che toccò terra con un tonfo leggero. Si leccò le labbra, quindi se le asciugò col dorso della mano.

"Ma tu chi sei, figliolo?"

"Mi chiamo John Dalmas. Sono venuto da Los Angeles con un biglietto del signor Melton per Haines — una guardatina alla proprietà. Stavamo girando intorno al lago, Haines e io, insieme, e ci siamo spinti sulla piccola banchina che quelli del cinema hanno costruito lassú. Cosí abbiamo scoperto qualcosa che si muoveva sott'acqua, molto in fondo. Haines ha buttato giú un grosso macigno e il corpo è affiorato. Non è un bello spettacolo, sceriffo."

"Haines è lí?"

"Sí. Sono venuto io perché lui è rimasto abbastanza scosso."

"Lo credo, figliolo." Aprí un cassetto della scrivania e tirò fuori una bottiglia da un litro di whisky. Piena, naturalmente. Se la cacciò dentro la camicia, si riabbottonò di nuovo tutto e disse: "Chiamiamo il dottor Menzies e Paul Loomis." Girò intorno al bancone senza affrettarsi eccessivamente: la situazione non sembrava dargli piú noia di una mosca.

Uscimmo. Prima di uscire voltò un biglietto infilato nella cornice del vetro sul cui retro era scritto: *Sono di ritorno alle 6 del pomeriggio*. Chiuse la porta a chiave e montò su una macchina che aveva una sirena sul parafango destro, due faretti rossi, due fari antinebbia, una targa bianca e rossa con la scritta *Squadra incendi*, e altre insegne e targhe che non mi presi la briga di leggere.

"Aspetta qui, figliolo. Un attimo e sono di ritorno."

Girò la macchina sul sentiero e imboccò la strada che portava al lago; fece qualche centinaia di metri e frenò davanti a un edificio basso. Entrò e ne uscí poco dopo insieme a un uomo alto e sottile. Quando fu di nuovo davanti al capanno montai dentro, sul sedile posteriore, e attraversammo il villaggio, superando mandrie di ragazze in pantaloncini corti e di uomini in tuta e calzoncini corti, anche loro. Parecchi di loro erano a torso nudo. Tinchfield insisteva sulla tromba, ma non mise in azione la sirena; si sarebbe tirato dietro un codazzo di auto con quel sistema. Risalimmo una collina polverosa e ci fermammo a un capanno. Tinchfield strombazzò e urlò. Un uomo in tuta azzurra aprí la porta.

"Monta, Paul."

L'uomo in tuta fece un cenno col capo, rientrò nel capanno e ne uscí di nuovo, con uno sporco cappellaccio in testa. Ritornammo sulla strada asfaltata e poi imboccammo quella privata, fino alla cancellata di legno. L'uomo in tuta scese, aprí e richiuse dopo che la macchina fu passata.

Quando arrivammo al lago, dal rozzo capanno di Haines non usciva piú fumo. Smontammo tutti dalla macchina.

Il dottor Menzies era un tipo tutto spigoloso, faccia gialla e pupille che parevano due cimici. Dita macchiate di nicotina. L'uomo in tuta azzurra e cappellaccio poteva avere una trentina d'anni, era scuro e abbronzato, sporco e, pareva, denutrito.

Andammo fino alla sponda del lago e guardammo verso la banchina. Bill Haines stava seduto sulle tavole, nudo, con la testa tra le mani. Sulle tavole, accanto a lui, c'era qualcosa.

Quella che era stata una donna era stesa a faccia in giú con una corda che le passava sotto le braccia. Gli abiti di Haines erano ammucchiati lí vicino, insieme alla gamba artificiale, un affare di cuoio e metallo che brillava al sole. Senza pronunciare neanche una parola, Tinchfield sfilò la bottiglia di whisky da sotto la camicia, ne svitò il tappo, si avvicinò a Haines e gliela porse.

"Dacci una buona bevuta, Bill," disse in tono normale, come se si trovasse in una situazione quanto mai normale. Nell'aria c'era un fetore orribile, da cascar morti senza fiato; ma Haines sembrava non farci caso, e neppure Tinchfield e Menzies. Loomis, quello in tuta azzurra, tornò alla macchina per prendere un lenzuolo e con questo coprí il cadavere. Poi lui e io ci allontanammo, indietreggiando.

Haines bevve dalla bottiglia, poi guardò dalla nostra parte con occhi spenti. Mise giú la bottiglia stringendola tra il ginocchio nudo e il moncone dell'altra gamba. Dopodiché cominciò a parlare. Parlò con voce spenta, senza guardare né niente né nessuno, scegliendo le parole, con grande calma, e raccontò tutto quello che aveva già raccontato a me. Alla fine aggiunse che dopo che mi ero allontanato aveva preso la corda, s'era tuffato e sott'acqua aveva legato il cadavere. Dopo che ebbe detto tutto questo, tacque, piantò gli occhi sulle tavole di legno della banchina e cosí rimase, immobile come una statua.

Tinchfield si cacciò in bocca un pezzo di tabacco e prese a masticarlo. Poi stringendo forte i denti, s'abbassò e con grande attenzione rivoltò il cadavere, come se avesse paura che gli si spolpasse tra le mani. L'ultimo sole si rifletté sulle pietre verdi di una collana che girava intorno al collo della donna; erano intagliate in maniera rozza, opache come sapone e tenute insieme da una catenina d'oro. L'ampia schiena di Tinchfield si raddrizzò e lui si soffiò rumorosamente il naso con un fazzoletto rossiccio.

"Che dici, dottore?"

La voce di Menzies era stridula e antipatica. "Che diavolo vuoi che dica?"

"Causa e data probabile della morte," disse Tinchfield, remissivo.

"Non fare il cretino, Bill," disse il dottore, ancora piú odioso.

"Non puoi dire niente, no?"

"Con un'occhiata a quella roba? Perdio!"

Tinchfield sospirò e si rivolse a me: "Dove stava, quando l'ha vista?"

Glielo dissi. Stette a sentire senza muovere la bocca e con uno sguardo vuoto negli occhi. Poi riprese a masticare il tabacco. "Il posto adatto. Non ci sono correnti qui, sennò la pescavamo verso la diga."

Bill Haines s'alzò sull'unico piede, saltellò fin dove erano ammucchiati i suoi panni, prese la gamba artificiale e se la montò. Poi si vestí lentamente, con gesti distratti, infilando la camicia sulla pelle bagnata. Parlò di nuovo, sempre senza guardare nessuno.

"Ha fatto tutto da sé. Per forza. S'è tuffata sotto le tavole sommerse e vi si è aggrappata. Forse vi si è impigliata. Per forza, non c'è altra spiegazione."

"Magari c'è, Bill," disse Tinchfield, comprensivo, guardando in cielo.

Haines si frugò nel taschino della camicia, tirò fuori il biglietto strapazzato e lo porse a Tinchfield. Come per tacito accordo, tutti si allontanarono contemporaneamente dal cadavere. Poi Tinchfield rimise mano alla sua bottiglia e se la ricacciò di nuovo sotto la camicia. Ci raggiunse e lesse e rilesse varie volte il biglietto.

"Mi occorre la data. Dici che è stato un paio di settimane fa?"

"Venerdí fanno due settimane."

"Ti ha già piantato una volta, vero Bill?"

"Sí." Haines rispose senza guardarmi. "Due anni fa. Mi ubriacai e andai con una vacca." Scoppiò in un'orribile risata.

Con calma, lo sceriffo si rilesse un'altra volta il biglietto. "Te lo lasciò quell'altra volta?" chiese.

"L'ho già detto," grugní Haines. "L'ho già detto. Ora non mettertici anche tu."

"Il biglietto mi pare un po' vecchio," disse Tinchfield, molto gentile.

"L'ho tenuto in tasca per dieci giorni," strillò Haines. E scoppiò in un'altra selvaggia risata.

"Cos'è che ti diverte, Bill?"

"Hai mai provato a pescare una persona a piú di un metro sott'acqua?"

"Mai, Bill."

"Nuoto abbastanza bene — con una gamba sola. Ma non per un mestiere del genere."

Tinchfield sospirò. "Be', questo non significa niente, Bill. Potrebbe essere stata adoperata una corda. Potrebbe essere stata legata a una pietra, a due magari, testa e piedi. Poi, sotto quelle tavole la corda può essersi tagliata. Potrebbe anche essere successo questo, figliolo."

"Certo. E potrei averlo fatto io," disse Haines, e mandò una risata che era un ruggito. "Io — posso averlo fatto io a Beryl. Mettimi dentro, figlio di..."

"Ci stavo pensando," rispose Tinchfield, tutto paterno. "Per l'inchiesta. Ancora niente accusa, Bill. Puoi essere stato tu, e non venirmi a dire di no. Non dico che sei stato tu a farlo, dico solo che avresti potuto farlo."

Haines singhiozzò cosí forte che pareva dovesse andare in pezzi.

"C'è qualche assicurazione in giro?" chiese Tinchfield, guardando in cielo.

Haines sobbalzò. "Cinquemila. E questo finirà per fregarmi. Okay. Andiamo."

Tinchfield si voltò lentamente verso Loomis. "Va' nel capanno, Paul, e prendi un paio di coperte. Poi è meglio che questa puzza l'affoghiamo in un po' di whisky."

Loomis lasciò la banchina e s'avviò verso il capanno di

Haines lungo il sentiero che costeggiava il lago. Noialtri rimanemmo dove eravamo. Haines si guardò le mani abbronzate, poi chiuse i pugni e all'improvviso si menò un terribile colpo in faccia, col destro.

"Maledetto...!"

Quando scostò il pugno il naso gli sanguinava. Rimase immobile, col sangue che gli colava sul labbro e poi di lato alla bocca fino alla punta del mento. E di lí a terra.

Mi ricordò qualcosa che quasi avevo dimenticato.

5

La catenina d'oro

Un'ora dopo il tramonto chiamai Howard Melton a casa sua, a Beverly Hills. Telefonai dall'ufficio telefonico, a un cento metri dalla strada principale di Puma Point, ma non abbastanza lontano dal fracasso del tirassegno, delle palle delle bocce, del traffico e della sciocca musica dell'Indian Head Hotel.

Quando la telefonista si fu messa in linea con lui mi disse che m'avrebbe passato la comunicazione nell'ufficio del direttore. Andai lí dentro, chiusi la porta, mi sedetti su una piccola scrivania e risposi al telefono che stava già squillando.

"Trovato qualcosa, lassú?" chiese la voce di Melton. Era un tantino su di tono, diciamo d'un tre bicchieri.

"Niente che mi aspettassi. Ma è successo qualcosa che non le andrà giú certamente. La vuole subito, o gliela impacchetto per Natale?"

Lo sentii tossire. Non sentii invece altri rumori nella stanza in cui si trovava. "Facciamo subito," disse, deciso.

"Bill Haines pretende che la signora Melton gli ha fatto l'occhiolino, e che se la siano spassata. Si ubriacarono insieme la mattina del giorno in cui lei andò via, dopodiché Haines litigò con la moglie e se ne andò dalle parti del Puma Lake, a ubriacarsi qualche altro poco. Stette via fino alle due del pomeriggio. Le ripeto quello che lui mi ha detto. Mi sente?"

Aspettai. Finalmente la voce di Melton disse: "La sento bene, vada avanti, Dalmas." Ma non aveva tono la sua voce, era piatta come un disco di grammofono.

"Quando tornò a casa erano sparite tutt'e due le donne. Sua moglie gli aveva lasciato un biglietto in cui gli diceva che avrebbe preferito morire piuttosto che continuare a vivere con un porco schifoso. Da allora non l'ha piú vista, fino a oggi."

Melton tossí di nuovo, e il suono mi rintronò nell'orecchio. C'erano rumori e fruscii sulla linea. Una telefonista si intromise e io la pregai di togliersi dai piedi. Dopo l'interruzione, Melton disse: "E Haines le ha detto tutto questo senza conoscerla, la prima volta che l'ha vista?"

"M'ero portato dietro un po' di spirito. Gli piace bere e aveva una voglia matta di parlare con qualcuno. Lo spirito è servito a fondere il ghiaccio. Ma c'è dell'altro, non abbia fretta. Ho detto che non aveva piú visto la moglie fino a oggi. Oggi però essa è venuta fuori dal laghetto dove se ne stava rintanata. Può immaginare che aspetto aveva."

"Diomio!"

"S'era cacciata sotto il tavolato sommerso. Quello che sta sotto la banchina costruita da quelli del cinema. Lo sceriffo di qui, quel Jim Tinchfield, non l'ha mandata giú. Ha messo dentro Haines. Credo che ora andranno a San Bernardino a sbrigarsi il procuratore distrettuale, l'autopsia, e tutto il resto."

"Tinchfield crede che l'abbia uccisa Haines?"

"Pensa che possa essere andata cosí, ma non dice tutto quello che pensa. Haines ha messo su una bella scena quando lui è arrivato, ma quel Tinchfield non è uno stupido. Saprà certo un sacco di cose di Haines che io non so."

"Hanno perquisito il capanno di Haines?"

"No. Finché ero lí io, no. Può darsi che l'abbiano fatto dopo."

"Capisco." Sembrava stanco adesso, spento.

"È un buon piatto per uno sceriffo di contea, con le elezioni alla porta," continuai. "Ma non è un piatto buono per i nostri palati. Se devo comparire a un'inchiesta, dovrò dichiarare la mia professione sotto giuramento. Questo significa che dovrò dire che cosa facevo lassú; almeno fino a un certo punto. E questo significa tirare in ballo lei."

"Pare," e la voce di Melton ora era priva di qualunque tono, forse perché i tre bicchierini erano già dimenticati da un pezzo, "che sono già in ballo. Se mia moglie..." s'interruppe con una bestemmia e rimase per un pezzo senza aprir bocca. Si rifecero vivi i fruscii sulla linea e udii persino un brontolio sordo e improvviso che s'interruppe di colpo, come se da qualche parte, su per le montagne, lungo la linea, fosse scoppiato un tuono.

Alla fine dissi: "Beryl Haines aveva una Ford. Non quella di Bill, che è attrezzata con gli strumenti tutti a sinistra, una tutta per lei che non si trova piú. E quel biglietto a me non mi fa affatto pensare al suicidio."

"Cosa intende fare?"

"Ho l'impressione, in questo lavoro, d'essere sempre preceduto da qualcuno. Tutto sommato, penso che me ne scendo in città stasera stessa. Posso chiamarla a casa, appena arrivato?"

"A qualunque ora," rispose Melton. "Sarò in casa tutta la serata e tutta la notte. Mi chiami a qualunque ora. Proprio non immaginavo che Haines fosse capace di queste cose."

"Ma lei sapeva che sua moglie aveva un debole per le bottiglie, eppure l'ha lasciata quassú tutta sola."

"Diomio," disse, come se non mi avesse sentito. "Un uomo con una gamba di legno..."

"Lasciamo stare questi particolari," brontolai. "Già cosí la cosa puzza di sporco lontano un miglio. Addio."

Riattaccai, tornai nell'altra stanza e pagai la ragazza. Quindi ritornai sulla strada e montai nella macchina che avevo lasciata parcheggiata davanti a un drug-store. La strada era tutta illuminata da allegre insegne al neon, piena di luci e molto movimentata. Nell'aria asciutta della montagna ogni suono pareva moltiplicarsi per mille. Riuscivo a sentire la gente che parlava a cento metri di distanza. Scesi di nuovo dalla macchina, mi comprai un'altra bottiglia da un litro nel drug-store e levai le tende di lí.

Quando fui arrivato al punto in cui la strada si biforcava, all'incrocio della stradina che s'inerpicava sino al Little Fawn Lake, mi fermai sul ciglio della strada e mi misi a pensare. Poi rimisi in moto e imboccai la stradina.

La cancellata di legno adesso era chiusa con un catenaccio. Infilai la macchina tra i cespugli, in modo che nessuno potesse vederla da lontano, scavalcai la cancellata e proseguii sull'erba, costeggiando la stradina, finché all'improvviso, superato un costone di roccia, il riflesso della luna sul piccolo lago illuminò tutta la scena intorno. Nel capanno di Haines non c'era nessuna luce. Gli altri capanni, sulla sponda opposta del lago, erano vaghe macchie di ombra contro il pendio della collina. La vecchia ruota di mulino accanto alla diga mi sembrò ancora piú ridicola, a quella luce. Mi misi la bottiglia in tasca, presi una grossa pietra e con questa martellai il telaio della finestra finché l'aprii senza rompere il vetro. Salii su un'altra pietra e scavalcai la finestra.

Quando fui dentro, un fascio di luce mi illuminò in piena faccia.

Una voce calmissima disse: "Io non mi muoverei piú, figliolo. Devi essere molto stanco."

La luce della torcia elettrica mi tenne inchiodato alla parete per qualche secondo, poi un interruttore scattò, una lampada s'accese e la torcia si spense.

Tinchfield stava seduto su una poltrona di pelle, impassibile, accanto a un tavolo, dai cui bordi pendeva mollemente la frangia di una tovaglia marrone. Tinchfield portava gli stessi pantaloni e la stessa camicia che aveva quel pomeriggio, in piú aveva una piccola giacca a vento di lana.

Muoveva lentamente la mascella.

"Quella compagnia di cineasti s'è presa la briga di stendere quasi tre chilometri di filo spinato fin quassú," disse, pensoso. "È stato carino da parte loro, non trovi? Be', cos'è che hai in mente, figliolo — a parte l'idea di introdurti qua dentro?"

Presi una sedia, mi sedetti e mi guardai intorno nel capanno. Era una stanza quadrata, piccola, con due letti, un tappeto di lana e pochi mobili molto modesti. Dietro una porta aperta, in fondo, scorsi lo spigolo di una stufa a carbone.

"A qualcosa pensavo," risposi. "Ma adesso, in questa situazione, mi pare una povera cosa."

Tinchfield annuí col capo. I suoi occhi mi studiarono con benevolenza.

"Ho sentito la macchina, e ho capito che stavi venendo da questa parte. Poi ti ho visto. Sei bravo a camminare sull'erba, non ho sentito nemmeno un fruscio. Tu mi incuriosisci molto, figliolo."

"Perché?"

"Non ti porti dietro un affare troppo pesante, sotto al braccio, figliolo?"

Sorrisi. "Forse è meglio che parli," dissi.

"Be', ora non fartene una preoccupazione. Io ho molta pazienza, sai? Immagino che ce l'avrai il permesso per tirarti dietro quel cannone, vero, ragazzo?"

Mi frugai in tasca e gli posai sul ginocchio il mio portafoglio, aperto. Lo prese, lo sollevò sotto la luce e si lesse attentamente la copia fotostatica della licenza nello scomparto di cellofan. Poi mi restituí il portafoglio.

"M'ero fatta piú o meno l'idea che Bill Haines ti incuriosisse," disse. "Un poliziotto privato, eh? Bene, mi sembri costruito abbastanza solido e la tua faccia non è che parli molto — inutile farti domande. A essere sincero, quel Bill preoccupa abbastanza anche me. Avevi in mente di perquisire il capanno, figliolo?"

"Piú o meno."

"Per me va bene, ma tutto sommato non è necessario. Me lo sono già sbrigato io, da cima a fondo. Chi ti ha ingaggiato?"

"Howard Melton."

Per un po' rimase a masticare in silenzio. "Perché, se è lecito?"

"Per trovargli la moglie. Gli è sfuggita di mano un paio di settimane fa."

Tinchfield si tolse lo Stetson dalla cupola bassa e si grattò tra i capelli grigio topo. Si alzò, poi girò la chiave nella serratura della porta e l'aprí. Poi tornò a sedersi e a guardarmi in silenzio.

"Ha una paura matta dello scandalo," dissi. "Questa storia della moglie potrebbe costargli il posto."

Tinchfield mi guardava senza muovere ciglio. Alla luce della lampada, che la illuminava di lato, la sua faccia pareva di bronzo. "Non alludo alla storia con Bill Haines e al fatto che beva," aggiunsi.

"Ma tutto questo non spiega perché volevi perquisire il capanno di Bill," disse lui, gentile.

"La curiosità mi frega sempre."

Non aprí bocca per un minuto che durò eterno, e durante il quale probabilmente cercò di decidere se lo stavo o no prendendo in giro e, nel caso, se a lui gliene importava.

Alla fine disse: "Ti interessa, figliolo?" Prese dalla tasca della giacca a vento un pezzo di giornale ripiegato e lo svolse sul tavolo, sotto la lampada. Mi avvicinai e mi chinai a guardare. Sul pezzo di carta c'era una sottile catenina d'oro con un fermaglio sottilissimo. La catena era stata tagliata con precisione, evidentemente con un paio di pinze. Il fermaglio, invece, era intatto. La catenina era corta, lunga non piú di dieci quindici centimetri, e l'anello del fermaglio sottilissimo e poco piú grande dello spessore della catena. C'era della polvere bianca sulla catena e sul pezzo di carta di giornale.

"Secondo te dove l'ho trovata?"

Allungai un dito, toccai la polvere bianca e la saggiai. "In un sacchetto di farina. Cioè, in una cucina; magari in questa. È una catena per caviglia. Alcune donne la portano senza mai toglierla. Chi ha tolto questa qui non ha aperto il fermaglio."

Tinchfield mi guardò, compiaciuto. S'allungò nella poltrona e si diede una gran pacca sul ginocchio, a mano aperta. Poi sorrise, staccato, guardando il soffitto di legno di pino. Io tornai a sedermi e presi a farmi roteare una sigaretta spenta tra le dita.

Tinchfield ripiegò il pezzo di giornale e se lo rimise in saccoccia. "Bene, non c'è altro — a meno che tu non voglia dare una guardatina in mia presenza."

"No," feci.

"Si direbbe che tu e io ci mettiamo a pensare ognuno per conto proprio."

"La signora Haines aveva una macchina. L'ha detto Bill. Una Ford."

"Esatto. Un coupé azzurro. È sulla strada, poco lontano da qui, nascosta tra le rocce."

"Non fa pensare a un delitto preparato con cura."

"Invece credo che non ci sia niente di preparato, figliolo. Gli è capitata l'occasione all'improvviso. Forse l'ha colpita — ha delle brutte manacce, sai. E cosí s'è trovato con un cadavere davanti e ha dovuto disfarsene. E se n'è disfatto nella maniera migliore che gli sia riuscito di architettare. Dopotutto, ha fatto un buon lavoro — con quella gamba di legno."

"L'auto lí tra le rocce fa pensare piú a un suicidio," insistetti. "Un suicidio preparato. Non sarebbe il primo caso d'un suicidio studiato in modo da fare incolpare qualcuno di un delitto non commesso; ci son pazzi che studiano di queste vendette. Non ha portato la macchina molto lontano perché doveva tornare indietro a piedi."

Tinchfield disse: "Anche Bill doveva tornare indietro a piedi. E non l'ha lasciata lontano perché per lui era un problema guidarla, abituato com'è a usare solo la gamba sinistra."

"Mi ha mostrato quel biglietto di Beryl prima che saltasse

fuori il cadavere," replicai. "E sono stato io a métter per primo il piede sulla banchina."

"Tu e io insieme possiamo fare un bel lavoretto, figliolo. Quanto a Bill, vedremo. È un bravo ragazzo, solo che, secondo me, questi veterani li hanno un po' troppo viziati a furia di privilegi. Alcuni di loro hanno passato solo tre settimane in un campo d'addestramento e si comportano come se avessero ricevuto nove ferite. Penso che a Bill questa catenina doveva stare molto a cuore."

S'alzò, andò alla porta aperta e sputò nel buio il pezzo di tabacco. "Sono sessantadue anni che sto al mondo," disse senza voltarsi. "Ho conosciuto una quantità di gente che faceva una quantità di cose strane. Eppure, ti dirò che saltare in un lago gelato, con addosso tutti i vestiti e darsi da fare per raggiungere a furia di bracciate quel tavolato sommerso e ficcarcisi sotto, mi risulta la piú strana di tutte. D'altro canto, visto che ti sto dicendo tutti i miei segreti e tu invece con me ancora non hai aperto bocca, ti dirò anche che ho dovuto parlare a Bill una quantità di volte, per via del fatto che menava la moglie quando era ubriaco. E questo non è un particolare che possa bene influenzare una giuria. Se poi questa catenina d'oro stava alla caviglia di Beryl Haines, ce n'è abbastanza per mandare il povero Bill in quella bella camera a gas nuova nuova che hanno costruito su nel nord. E ora possiamo tornarcene a casa tranquilli, figliolo."

Mi alzai.

"E non accendere quella sigaretta quando sei sulla strada asfaltata," aggiunse. "È proibito dalla legge, quassú."

Mi rimisi in tasca la sigaretta spenta e uscii fuori, nella notte. Tinchfield spense la lampada, chiuse a chiave il capanno e si mise in tasca la chiave. "Dov'è che stai, figliolo?"

"Penso di andare all'Olympia, giú a San Bernardino."

"È un bel posto, ma non hanno il fresco che abbiamo noi quassú. Fa troppo caldo."

"A me piace il caldo."

Arrivammo fino alla stradina e Tinchfield si avviò a destra. "Ho lasciato la mia macchina a un bel pezzo da qui. Buonanotte, figliolo."

"Buonanotte, sceriffo. Secondo me non l'ha uccisa lui."

S'era già allontanato. Non si voltò. "Bene, vedremo," disse, sempre calmo.

Raggiunsi la cancellata di legno, la scavalcai, ritrovai la macchina e ridiscesi per la stradina, ripassando davanti alla

cascata d'acqua. Giunto al bivio voltai a ovest, verso valle.
Mentre guidavo, pensai che se i cittadini del distretto di Puma Lake non rieleggevano Tinchfield sceriffo avrebbero fatto un grosso sbaglio.

6

Melton alza la posta

Erano le dieci e mezzo quando arrivai giú a valle e parcheggiai la macchina in un posto libero, davanti all'Hotel Olympia, a San Bernardino. Tirai fuori dal bagagliaio della macchina una valigetta e avevo fatto appena quattro scalini che un fattorino in pantaloni neri, camicia bianca e farfallina nera me la strappò di mano.

L'impiegato dietro il banco, un tipo dalla testa a uovo, non mi degnò invece nemmeno d'uno sguardo. Firmai il registro.

Entrai col fattorino in un ascensore di tipo antiquato, smontammo al secondo piano e ci avviammo in un labirinto di corridoi. Piú ci addentravamo, piú il caldo aumentava. Finalmente il fattorino aprí una porta e m'introdusse in una stanzetta d'un centimetro quadrato, con un'unica finestra su un cortile. Il fattorino, alto, magro, giallo e freddo come una coscia di pollo in gelatina, si passò la gomma che stava masticando dall'altra parte della bocca, posò la valigetta su una sedia, aprí la finestra e stette a guardarmi. Aveva occhi color acqua stagnante.

"Porti su della ginger ale, ghiaccio e due bicchieri," dissi.

"Due?"

"Sí, due, se a lei va di bere."

"Dopo le undici penso che potrò fare un salto."

"Ora sono le undici meno venti."

Sorrise, ripassò la gomma dall'altra parte e uscí lasciando la porta aperta. Mi tolsi la giacca e mi sfibbiai la fondina. Mi tolsi la cravatta, la camicia, la canottiera e mi aggirai per la stanza sempre mantenendomi al centro della corrente che veniva dalla porta aperta. Inutile dire che quella corrente d'aria era calda come un ferro da stiro. Entrai nel bagno sgusciando di fianco — era, se possibile, ancora piú angusto della stanza — mi feci una doccia fredda e cominciavo a respirare un poco quando lo spilungone languido ritornò con un vassoio. Chiuse la porta e io tirai fuori la mia bottiglia. Preparò due miscugli e bevemmo. Il sudore dal collo cominciò a colarmi sulla schiena, eppure mi sentii meglio. Mi sedetti sul letto tenendo il bicchiere in mano e guardando il fattorino.

"Quanto le ci vuole?"
"Per cosa?"
"Ricordare."
"Ho perso l'abitudine."
"Ho denaro da spendere," dissi. "A modo mio." Presi il portafoglio dalla giacca e sparsi delle banconote sul letto.
"Chiedo scusa," disse il fattorino. "Lei è un poliziotto?"
"Privato."
"Sono affascinato. Quei pezzi di carta son capaci di ridarmi la memoria."

Gli diedi un dollaro. "Ci dia una spinta. Posso chiamarla Tex?"
"Faccia come vuole," brontolò, cacciandosi in tasca il dollaro.
"Dov'era lei venerdí dodici agosto, verso sera?"
Bevve un sorso dal suo bicchiere e poi rimase a riflettere, agitando il ghiaccio nel vetro. "Qui. Turno dalle quattro a mezzanotte," rispose alla fine.
"Una signora, una certa signora Atkins, una bionda esile, piccolina e carina, scese a quest'albergo e vi rimase fino all'ora del treno della notte. Mise la sua macchina nella rimessa dell'albergo, e credo che sia ancora lí. Voglio il nome dell'impiegato che la registrò. Ci guadagna un altro dollaro." Ne staccai uno dal gruppo e lo misi in disparte, sempre sul letto.
"La ringrazio," disse il fattorino, con un ghigno. Vuotò il bicchiere e uscí dalla stanza, chiudendosi dietro la porta. Io finii la mia razione e me ne versai un'altra. Passò del tempo. Finalmente il telefono squillò. Mi cacciai nel piccolo spazio tra la porta del bagno e il letto — era un telefono a muro — e risposi.
"Si chiama Sonny, ed è smontato alle otto di stasera. Lo si può raggiungere, credo."
"Entro quanto?"
"Lo vuole lí?"
"Sí."

"Mezz'ora, se è a casa. Quando è andata via c'era un altro di turno. Un tipo che chiamano Les. Lui è qui, adesso."
"Okay. Me lo spedisca su."
Mi finii il secondo bicchiere e pensai di versarmene un altro prima che il ghiaccio si fondesse. Ero appunto occupato a questo quando bussarono. Aprii: un topino tutto raggrinzito, pel di carota, occhi da rospo, con una boccuccia da ragazzina.
"Beve?"
"Certo," rispose. Se ne versò un bel po' e v'aggiunse una goccia di ginger ale. Ingollò tutto in un sorso solo, si cacciò una sigaretta tra le labbra e accese un fiammifero, credo, ancor prima di tirarlo fuori dalla tasca. Sbuffò via il fumo, lo scompigliò agitando la mano e mi guardò, freddo. Notai che sopra la tasca, invece del numero aveva ricamata la parola *Capoturno*.
"Grazie," dissi. "È tutto."
"Come?" Fece una smorfia spiacevole a vedersi.
"È tutto. Non c'è altro."
"Credevo che volesse parlarmi," gemette.
"Lei è il capoturno di notte?"
"Sí."
"Volevo offrirle da bere. Volevo darle una banconota. Ecco qui. Grazie per essere venuto."
Si prese il dollaro e rimase lí impalato, col fumo che gli usciva dalle narici e negli occhi uno sguardo da cane noiosamente fedele. Poi si voltò di colpo e sgusciò via dalla stanza in silenzio.
Passarono dieci minuti, poi ci fu un altro colpo alla porta, leggero. Quando aprii mi trovai davanti lo spilungone sorridente. Indietreggiai e cosí lui riuscí ad entrare nella stanza, strisciando contro la parete. Sempre con quel sorriso, che poi era una smorfia, sulle labbra.
"Non ci ha messo molto con Les, eh?"
"No. Non è rimasto soddisfatto?"
"Credo di sí. Lei sa come sono i capiturno. Vogliono sempre il loro lecco. Forse farà meglio a chiamarmi Les, signor Dalmas."
"Allora era lei di turno quando andò via."
"No, se quella che andò via si chiamava signora Atkins non ero io di turno."
Presi dalla tasca la fotografia di Julia e gliela mostrai. L'esaminò a lungo e con attenzione. "Le somigliava," disse.

"Mi diede quattro biglietti, e questo è un particolare che non si dimentica facilmente in una cittadina piccola come la nostra. Ma il nome era signora Melton. Ho sentito parlare della sua macchina. Ho paura che l'argomento presto s'esaurisce, signor Dalmas."

"Chissà. Dopo di qui dove andò?"

"Prese un taxi per la stazione. Mi piace la sua marca, signor Dalmas."

"Mi scusi, si serva da sé." Quando ebbe fatto, dissi: "Ricorda qualche particolare? Venne qualcuno a trovarla?"

"No, signore. Ma una cosa la ricordo. Giú nella hall fu avvicinata da un signore. Un tipo alto, di bell'aspetto. Non parve contenta di vederlo."

"Ah." Presi l'altra foto dalla tasca e gliela mostrai. Esaminò anche questa con attenzione.

"Questa qui non le somiglia molto. Ma sono sicuro che il signore di cui parlavo è lui." Prese anche l'altra foto e l'avvicinò alla seconda. Sembrava un pochino perplesso. "Sí, signore, è lui. È lui, non c'è dubbio."

"Lei è in gamba," dissi. "Si ricorda quasi tutto, vero? Non le sfugge niente."

"Non la seguo, signore."

"Se ne versi un altro. Le devo quattro biglietti. In tutto fan cinque, ma non li vale. Voi degli alberghi cercate sempre di far qualche scherzo."

Se ne versò poco e restò lí col bicchiere in mano, e la faccia gialla tutta perplessa. Alla fine disse, come se fosse offeso: "Ho fatto del mio meglio." Bevve, rimise giú il bicchiere e si diresse verso la porta. "Può tenerselo il suo maledetto danaro." Tirò fuori il dollaro che aveva intascato prima e lo buttò a terra. "All'inferno, maledetto..." disse in un bisbiglio.

Uscí. Presi le due foto, le misi una accanto all'altra e le esaminai. A lungo. Finché un brivido di freddo mi corse giú per la schiena; avevo già provato quel brivido, ma quasi me l'ero dimenticato. Questo qui forse non lo avrei mai piú dimenticato.

Andai al tavolinetto davanti la finestra, tirai fuori una busta intestata dal cassetto, v'infilai dentro un biglietto da cinque dollari, la chiusi e vi scrissi sopra "*Les.*" Mi rivestii, mi cacciai la bottiglia in tasca, mi presi la valigetta e uscii dalla stanza.

Giú nella hall il pelo rosso mi saltò addosso, quasi. Les

se ne stava dietro una colonna, con le braccia conserte, e mi guardava in silenzio. Andai al banco e chiesi il conto.

"Qualcosa che non va, signore?" L'impiegato questa volta mi guardò, persino preoccupato.

Pagai il conto, mi diressi verso la macchina e poi tornai indietro per dare all'impiegato dietro il banco la busta con i cinque dollari dentro. "La dia a quel texano, Les."

Arrivai a Glendale alle due del mattino e mi misi in cerca di un posto dove telefonare. Trovai una stazione di servizio di turno.

Cavai di tasca tutti gli spiccioli che avevo e chiamai il centralino. Mi passarono il numero di Melton a Beverly Hills in pochi secondi. Quando finalmente venne a rispondere, non mi parve che avesse la voce assonnata.

"Mi dispiace di chiamarla a quest'ora, ma lei mi aveva detto di farlo. Ho ritrovato le tracce di sua moglie fino all'Hotel Olympia, e di lí alla stazione."

"Ma lo sapevamo già, tutto questo!"

"Be', meglio essere sicuri. Il capanno di Haines è stato perquisito. Ma non hanno trovato niente d'importante. Se lei pensava che lui..."

"Non so cosa pensassi," m'interruppe brusco. "Dopo quanto mi ha detto lei oggi ho pensato che bisognasse perquisire il capanno. È tutto qui il suo rapporto?"

"No." Esitai un attimo. "Ho fatto un sogno assai brutto. Ho sognato che c'era una borsetta da donna in quella casa a Chester Lane stamattina. C'era molto buio, per via degli alberi, e ho dimenticato di portarla via."

"Una borsetta di che colore?" La sua voce era dura come acciaio.

"Blu scuro — forse nero. C'era poca luce."

"Farà bene ad andare a prenderla."

"Perché?"

"Perché le pago cinquecento dollari, per questo."

"C'è un limite a ciò che devo fare per cinquecento biglietti."

Mandò una bestemmia. "Apra gli orecchi, amico. Io le devo molto, ma è affar suo non farmi ritrovare nelle rogne."

"Be', ma può esserci un gregge di poliziotti sui gradini di casa, oppure il posto può essere tranquillo come un convento coi monaci appostati. In un modo o nell'altro non mi va. Ne ho abbastanza di quella casa."

Ci fu un lungo silenzio da parte di Melton. Ripresi fiato

e incalzai: "C'è di piú. Sono convinto che lei sa dov'è sua moglie, Melton. Goodwin la incontrò lí a San Bernardino e pochi giorni dopo aveva in mano un assegno firmato da lei. Lei, Melton, incontrò Goodwin per strada. Lo aveva aiutato, indirettamente, a cambiare l'assegno. Mi capisce? Credo che mi abbia ingaggiato per farmi rifare la strada all'indietro e controllare tutte le tracce, e vedere se tutto corrispondeva."

Da parte di Melton non giunse alcun suono. Quando parlò, finalmente, lo fece con una vocetta flebile ed esitante. "Ha vinto lei, Dalmas. Sí, era ricatto. Contento? Quella faccenda dell'assegno era un ricatto. Però davvero non lo so dove sia. Verissimo. E quella borsa bisogna prenderla. Che ne dice di settecentocinquanta?"

"Bene. Quando li intasco?"

"Stanotte, se accetta un assegno. In contanti non arrivo nemmeno a ottanta dollari, in questo momento."

Esitai di nuovo. Sentivo che sulla faccia avevo un ghigno soddisfatto. "Okay," dissi, finalmente. "D'accordo. Le porto la borsa, a meno che lí non ci sia radunata tutta la Centrale."

"Dov'è adesso?" Quasi si metteva a fischiettare, tant'era contento.

"Asuza," mentii. "Mi ci vorrà un'altra ora per arrivare fin lí."

"Voli," rispose lui. "Con me andrà d'accordo, vedrà. Del resto, c'è dentro fino al collo anche lei, amico."

"Sono abituato ai pantani," dissi, e riattaccai.

7

I due soci

Ritornai cosí sul Chevy Chase Boulevard e lo ripercorsi tutto fino all'inizio di Chester Lane, dove abbassai i fari della macchina. Imboccai la strada a forte andatura, fin dopo la curva, fino alla casa vuota posta di fronte a quella di Goodwin. Nessun segno di vita tutt'intorno. Nessuna macchina parcheggiata là davanti. Nessun segno identificabile di qualche agguato teso dalla polizia. Era un rischio che dovevo correre, in ogni modo. Come l'altro, e peggiore, che già stavo correndo.

Infilai il viale della casa vuota, scesi e sollevai la porta, non chiusa, a perno della autorimessa. V'infilai dentro la mia macchina, riabbassai la porta e attraversai la strada, sgusciando come se avessi una tribú di pellerosse alle calcagna. Approfittai di ogni albero del giardino di Goodwin, e arrivai zigzagando fino al cortile di dietro, dove mi appostai dietro al tronco piú grosso. Poi mi sedetti a terra e mi concessi un sorso, dalla prodiga bottiglia che m'ero portato dietro.

Il tempo passava con lentezza esasperante. M'aspettavo compagnia, ma non sapevo entro quando. Venne piú presto di quanto m'aspettassi.

Dopo una quindicina di minuti, infatti, una macchina risalí il Chester Lane. In mezzo al verde, oltre l'angolo della casa, ne vidi brillare per un attimo la carrozzeria — l'auto procedeva infatti a fari spenti. La cosa mi piacque. Si fermò piú o meno vicino e uno sportello s'aprí e si richiuse dolcemente. Un'ombra girò silenziosamente l'angolo della casa: una figura piuttosto bassa, una decina di centimetri piú bassa di Melton — che non poteva aver fatto tutta la strada da Beverly Hills fin lí in cosí poco tempo.

Poi l'ombra fu alla porta sul retro, che s'aprí, diede il tempo al buio di dentro d'inghiottire l'ombra e si richiuse silenziosamente. Mi alzai e sgattaiolai sull'erba soffice e bagnata fino al portico del signor Goodwin e di lí, sempre in punta di piedi, m'infilai nella cucina. Rimasi immobile, trattenendo il respiro e con le orecchie tese. Nessuna luce. Mi sfilai la pistola di sotto il braccio e trattenni ancora il fiato, credo anzi che non respirassi affatto. Poi accadde una cosa strana, quasi incredibile. All'improvviso, di sotto la porta a vento che dava nella piccola sala da pranzo, comparve una striscia di luce. L'ombra aveva acceso le luci. Avventata! Attraversai la cucina, spinsi un battente della porta a vento e lo tenni spalancato. La luce veniva dal soggiorno. Mi avviai da quella parte, senza precauzioni, anch'io avventuratamente. Superai l'arco che divideva la camera da pranzo dal soggiorno.

Una voce al mio fianco disse: "La lasci cadere — e venga avanti."

La guardai. Era bassina, con un faccino piuttosto fuori moda e una pistola puntata con mano ferma contro il mio fianco.

"Eh, poco furbo lei, vero?"

Aprii la mano e lasciai cadere la pistola. Poi avanzai di quattro passi e mi voltai.

"Già," feci.

La donna non disse altro. Si mosse, compiendo un piccolo giro e lasciando la pistola sul pavimento, finché non mi fu di faccia. Guardai alle sue spalle, verso la poltrona con lo sgabello nell'angolo. Su questo c'erano ancora un paio di scarpe color crema e il signor Lancelot Goodwin stava ancora seduto nella poltrona, con la mano sinistra sul bracciolo largo e la mano destra abbandonata accanto alla pistola sul pavimento. L'ultima goccia di sangue gli si era coagulata sulla punta del mento; s'era scurito, irrigidito e aveva assunto un'aria definitiva di cadavere. Gli occhi adesso parevano di cera.

Guardai di nuovo la donna. Portava una gonna-pantaloni azzurra ben stirata, una giacca a doppio petto e un cappellino schiacciato in testa. Aveva capelli lunghi e arricciati alle punte, d'un colore rosso intenso, con sfumature azzurre — tinti. Due chiazze d'un rossetto applicato in tutta fretta le spostavano troppo in alto gli zigomi. Mi teneva la pistola puntata contro e sorrideva: non proprio il sorriso piú benevolo che mi sia mai stato rivolto.

Dissi: "Buona sera, signora Melton. Devo dire che ne ha di fegato lei."

"Si segga nella sedia alle sue spalle, intrecci le mani dietro la nuca e resti cosí. Ci tengo abbastanza, non se lo dimentichi." Mi mostrò i denti fino alle gengive.

Seguii il suo consiglio. Il sorriso le scomparve dalla faccia, una faccia dura, anche se carina in modo convenzionale. "E aspetti. Anche questo è importante. Forse riesce a capirlo quanto è importante."

"Questa stanza puzza di morte," feci. "Immagino che anche questo sia importante."

"Aspetti, aquila."

"Non impiccano piú le donne in questo stato. Ma con due ci si becca molto piú che con uno, molto piú. Un quindici anni, piú o meno: ci pensi bene."

Non rispose. Continuò a puntarmi contro la pistola, con mano ferma. Questa qui era un'arma piú grossa, ma lei non sembrava preoccuparsene. Le sue orecchie erano tese a rumori lontani. A malapena mi sentiva. Il tempo passava, come suol dirsi, a dispetto di tutto. Le braccia ormai mi dolevano.

Alla fine arrivò. Un'altra macchina s'avvicinò silenziosa alla casa, si fermò e uno sportello si chiuse dolcemente. Qualche attimo di silenzio, poi la porta sul retro s'aprí. I suoi passi erano pesanti; superò la porta a vento ed entrò nella stanza illuminata. Rimase lí in silenzio, guardandosi intorno, la fronte corrugata. Guardò il morto nella poltrona, la donna con la pistola e infine me. Fece un passo avanti, raccolse la mia pistola e se la cacciò nella tasca della giacca. Venne verso di me con calma, come se non mi conoscesse, passò dietro le spalle e mi perquisí le tasche. Prese le due fotografie e il telegramma, poi si allontanò e s'avvicinò alla donna. Abbassai le mani e me le sfregai. Tutte e due mi guardavano in silenzio.

Alla fine, calmo, disse: "Uno scherzo, eh? Innanzitutto, ho fatto controllare la sua telefonata e ho scoperto che veniva da Glendale e non da Asuza. Non so perché, ma ho voluto controllare. Poi ho fatto un'altra telefonata e da questa ho appreso che qui dentro non era stata dimenticata nessuna borsetta. Che ne pensa?"

"Cosa vuole che le dica?"

"Il motivo dello scherzo. A cosa mira?" La sua voce era grave, fredda, ma piú pensosa che minacciosa. Accanto a lui la donna, immobile, reggeva sempre la pistola.

"Ho giocato una carta," feci. "Anche lei ha giocato la sua — venendo qui. Disperavo quasi che il gioco riuscisse. In realtà, sapevo che avrebbe telefonato immediatamente a sua moglie per chiedere della borsetta. Sua moglie sapeva che non c'era, e cosí tutti e due avreste capito che stavo mirando a qualcosa e sareste stati divorati dalla curiosità di sapere quale. D'altro canto, lei era piú che sicuro che non lavoravo d'accordo con la polizia, perché altrimenti sapendo ch'era ancora a casa l'avrei fatta pizzicare direttamente lí. Volevo costringere la signora a uscire dal suo nascondiglio — questo è tutto. Ho giocato una carta. Se non ha funzionato, bisognerà trovare qualcos'altro."

La donna finalmente emise un suono dalla bocca; un suono di disprezzo. Poi parlò: "Prima di ogni altra cosa, vorrei sapere perché hai ingaggiato questo poliziotto privato, Howie."

Lui la ignorò. Continuò a guardarmi coi suoi occhi neri e fissi come pietre. Girai il capo e gli ammiccai; ebbe immediatamente una contrazione alla bocca. La donna non se ne accorse, era troppo spostata di lato.

"Lei aveva bisogno di un paravento, Melton," dissi. "Molto male."

Si spostò di tanto da dare in parte le spalle alla donna. Con gli occhi mi divorava. Sollevò di poco le sopracciglia e scosse leggermente il capo: pensava ancora che fossi disponibile.

Lo fece quasi con grazia: si costruí un bel sorriso sulle labbra, si rivolse alla donna e le disse, compassato: "Che ne diresti di spostarci in un posto piú sicuro?" e mentre la donna stava a sentire pensando magari a una risposta, le menò un brutto colpo al polso. Lei soffocò un grido, ma la pistola cadde a terra. La donna indietreggiò, massaggiandosi il polso, e gli sputò addosso.

"Via, mettiti buona e cerca d'essere saggia," le disse, secco.

Si chinò a raccogliere la pistola della donna, e se la cacciò nell'altra tasca. Poi sorrise, un bel sorriso compiaciuto. Ma s'era dimenticato completamente d'una cosa, e a me venne voglia di ridere — nonostante la situazione in cui mi trovavo. La donna andò a sedersi in una sedia alle spalle di lui e rimase lí, reggendosi la testa tra le mani.

"Adesso può dirmi tutto," disse Melton, quasi allegro. "Perché avrei avuto bisogno di un paravento, secondo lei?"

"Le ho detto una bugia, per telefono, a proposito del capanno di Haines. C'è un vecchio poliziotto di campagna lassú che l'ha setacciato da cima a fondo e ha trovato una catenina d'oro, di quelle che le donne portano alla caviglia, in un sacchetto di farina. Era tagliato con le pinze."

La donna mandò un guaito, ma Melton non le badò. Adesso lei mi guardava con gli occhi spalancati.

"Può averlo capito," continuai, "e può non averlo capito. Lui non sa che la signora Melton s'era fermata all'Hotel Olympia e lí aveva incontrato Goodwin. Se l'avesse saputo, avrebbe arricciato immediatamente il naso. Se poi avesse avuto anche delle fotografie a disposizione, come le avevo io, da mostrare ai fattorini, ci sarebbe arrivato. Il fattorino che era di turno quando la signora Melton andò via e che si ricordava di lei per via dell'auto lasciata nella rimessa senza istruzioni, s'è ricordato di Goodwin, s'è ricordato d'averlo visto parlare con la signora Melton. E ha detto che lei sembrava molto seccata. Non era sicuro di riconoscere la signora Melton dalle foto che gli ho mostrato. Lui conosceva la signora Melton."

Melton fece una smorfia con la bocca, una specie di contrazione nervosa, e strinse i denti. Alle sue spalle, senza far rumore, la donna cominciò a indietreggiare, un centimetro alla volta, verso la parte in ombra della stanza. Ma io non guardavo lei, né mi parve che Melton la sentisse muoversi.

Continuai: "Goodwin la seguí in città, dove lei dovette arrivare con l'autobus o in una macchina d'affitto, perché l'auto l'aveva lasciata a San Bernardino. La seguí fino al suo nascondiglio senza che lei se ne accorgesse, e questa è abbastanza grossa perché avrebbe dovuto stare in guardia. Poi la pizzicò. Per un po' lei lo tenne buono — e non riesco a capire in che modo — ma lui deve esserle stato sempre addosso, perché lei non riuscí a liberarsene. Poi non deve esserle riuscito piú di tenerlo buono e gli diede quell'assegno. Come compenso o acconto. Perché infatti quando lui tornò alla carica lei lo pagò sistemandolo definitivamente, lí su quella poltrona. Lei, Melton, questo non lo sapeva, altrimenti non mi avrebbe spedito qui ieri mattina."

Melton sorrise storto. "Esatto, non lo sapevo. Ed è per questo che avevo bisogno di un paravento?"

Scossi la testa. "Sembra che lei non voglia capirmi. Le ho detto che Goodwin conosceva la signora Melton molto da vicino, e questo risulta anche a lei, vero signor Melton? E allora, perché diamine avrebbe dovuto ricattare la signora Melton? Non ne aveva motivo. E infatti lui non ricattava la signora Melton, perché la signora Melton è morta. È morta da undici giorni. È venuta fuori oggi dal Little Fawn Lake — con addosso i panni di Beryl Haines. Per questo le serviva un paravento — e non ne ha avuto uno solo, ne ho avuti due, pronti su misura."

Nella parte in ombra della stanza, la donna si chinò a raccogliere qualcosa. Poi si rizzò, affannando. Melton si voltò di scatto e la mano destra gli corse alla giacca; ma aveva esitato troppo a lungo alla vista della pistola che la donna aveva raccolto a terra vicino alla poltrona, e alla mano morta, di Goodwin. La cosa importante di cui lui s'era dimenticato era, appunto, quella pistola.

"Schifoso...!" esclamò la donna.

Ma Melton non sembrò molto impaurito. Con le mani, vuote, faceva ampi gesti, come per calmarla. "Okay, stella. Facciamo come dici tu," disse con tono persuasivo. Aveva braccia molto lunghe, e adesso poteva riuscire a colpirla al polso. L'aveva già fatto poco prima, quando lei stringeva l'altra pistola; tentò anche questa volta. Si sporse in avanti con uno scatto e allungò la mano. Io mi rannicchiai sulla sedia e mi tuffai. Volevo agguantarlo alle gambe, ma era un tuffo troppo lungo.

"E cosí ho fatto da paravento, vero?" disse la donna, col fiato grosso. E indietreggiò: la pistola tuonò tre volte. Con le pallottole in corpo, anche lui si tuffò. Le cadde addosso trascinandola a terra. Questo la donna non poteva prevederlo, cosí crollarono insieme e il corpo di lui la inchiodò sul tappeto. La donna si dibatté là sotto e agitò verso di me la mano in cui stringeva la pistola. Gliela strappai via, e mi chinai a frugare nelle tasche di Melton. Mi ripresi la mia pistola e mi allontanai dai due. M'andai a sedere sulla sedia dov'ero prima, e mi sentivo il collo rigido come un pezzo di ghiaccio. Me ne stetti lí buono buono ad aspettare, con la pistola in grembo.

La grossa mano di Melton si sporse in fuori e riuscí ad afferrare il piede del divanetto, fatto a forma di zampa di leone, e lo strinse talmente forte da imbiancarsi alle nocche. Poi tutto il corpo ebbe uno scatto, rotolò su se stesso e la donna fu libera. Ma lui non aveva ancora allentato la presa al piede del divanetto: solo adesso le dita gli si aprirono, lentamente, e la mano cadde inerte sul tappeto.

Affannando, mandando lampi dagli occhi come una belva, la donna si liberò definitivamente di lui e s'alzò in piedi. Poi si voltò e fuggí via. Io non mi mossi, la lasciai andare.

Mi alzai, infine, mi avvicinai a Melton e mi chinai a tastargli la vena del collo. Poi provai il polso, e rimasi lí, chinato a terra, in ascolto. Niente sirene, niente macchine, niente rumori. M'alzai in piedi e rimasi ancora un altro poco in ascolto. Niente: solo silenzio di morte, in quella stanza. Mi rimisi la pistola sotto il braccio, spensi le luci, aprii la porta d'ingresso e ridiscesi il viale fino al marciapiede. Non un'anima si muoveva sulla strada. Poco discosto, davanti a una presa d'acqua, era parcheggiata una macchina. Attraversai la strada, entrai nella rimessa della casa di fronte, tirai fuori la mia macchina, richiusi la porta a perno della rimessa e partii. Tornai a Puma Lake.

8

Eleggete Tinchfield

Il capanno era tutto circondato da verdi cespugli e pini. La rimessa lí di fianco pareva un granaio, tant'era grande e piena d'ogni cosa; era aperta e la macchina di Tinchfield luccicava al sole. Un sentiero portava dalla rimessa alla porta del capanno, che era aperta. Dal tetto si levava un filo serpeggiante di fumo. Tinchfield mi venne incontro sulla porta; portava un vecchio maglione grigio accollato e i soliti pantaloni. S'era fatto da poco la barba e aveva i guancioni lisci come un bambino.

"Bene, figliolo, entra," disse con la sua solita calma. "Vedo che sei presto sul lavoro la mattina. Cosí non sei andato via ieri sera, eh?"

Entrai nel capanno e andai a sedermi su una vecchia dondolo, con una vecchia coperta sullo schienale. Mi pareva di essere a casa mia; mi dondolai e sbadigliai.

"Il caffè sarà pronto tra poco," disse Tinchfield, con un bel lampo di genio. "Emma te lo porterà subito. Hai l'aria un po' strapazzata, figliolo."

"Sono andato via e son tornato," dissi. "Quella nel lago non era Beryl Haines."

Tinchfield disse: "Bene."

"Non sembra molto sorpreso," mi lamentai.

"Non mi sorprendo facilmente, specie la mattina, prima di colazione."

"Era Julia Melton," dissi. "È stata uccisa — da Howard Melton e Beryl Haines. Le hanno messo addosso i panni di Beryl e l'han cacciata sotto quel tavolato, a quasi due metri sott'acqua, perché ci stesse a lungo, fino a perder ogni somiglianza con Julia Melton. Le due donne erano bionde, della stessa corporatura, e si somigliavano. Bill diceva che le si poteva scambiare per sorelle, magari anche gemelle."

"Sí, si somigliavano abbastanza," fece Tinchfield, guardandomi assorto. Poi chiamò, a voce alta: "Emma!"

Una donna grossa e robusta aprí la porta interna del capanno. Sopra quello che una volta doveva essere il seno c'era steso adesso un enorme grembiule bianco, con un gran fiocco annodato dietro il collo. Fu seguita da un odore di caffè e di pancetta fritta.

"Emma, questo è il detective Dalmas, di Los Angeles. Prepara anche per lui. È stanco, poverino, e ha fame."

Il donnone scosse il capo, sorrise e mise altre posate sul tavolo.

Ci sedemmo, bevemmo il caffè, mangiammo le uova con la pancetta, le frittelle calde e bevemmo altro caffè. Tinchfield mangiò per quattro e sua moglie come un uccellino, e ogni tanto saltellava su e giú per il capanno, come un uccellino, portando altri piatti. Quando avemmo finito la signora Tinchfield sparecchiò e scomparve in cucina. Tinchfield si tagliò un grosso pezzo di tabacco e se lo fece scomparire in bocca. Io tornai a sedermi nel dondolo.

"Bene, figliolo, son tutt'orecchi. Son molto perplesso, per via di quella catenina d'oro ficcata lí nella farina, con il lago a portata di mano. Ma vado lento quando penso. Che cosa ti fa capire che Melton abbia ucciso la moglie?"

"Il fatto che Beryl Haines è ancora viva e s'è tinta i capelli di rosso."

Gli raccontai tutta la storia, da cima a fondo, senza trascurare nessun particolare: dalla prima visita a Melton alla fuga di Beryl. Non aprí bocca finché non ebbi finito.

"Bene, figliolo," disse allora, "hai fatto proprio un buon lavoro. Ma dopo tutto non era affar tuo, no?"

"No. Ma Melton m'ha voluto giocare, credendomi un locco. Io invece sono un tipo caparbio."

"Secondo te, Melton perché ti ha ingaggiato?"

"Doveva farlo. Il punto importante del suo piano era l'identificazione finale del cadavere. Non subito, magari dopo che fosse stato seppellito e il caso fosse stato chiuso; però alla fine per lui era necessario che fosse identificato, se voleva intascare i soldi della moglie. Altrimenti avrebbe dovuto aspettare anni e anni, prima che il tribunale sancisse la morte presunta. Invece cosí se lo sarebbe fatto identificare dopo un periodo di tempo ragionevole e, avendo ingaggiato me, avrebbe potuto dimostrare di aver fatto dei tentativi per ritrovarla. Dato che sua moglie era una cleptomane, come diceva lui, aveva una buona scusa per essersi rivolto a un poliziotto privato invece che alla polizia. Ma qualcosa doveva fare. Inoltre, c'era la minaccia di Goodwin; e magari poteva aver progettato di ucciderlo e di incastrar dentro me fino al collo. Certamente non sapeva che Beryl lo aveva preceduto, altrimenti non mi avrebbe spedito a casa di Goodwin. Quando poi ha saputo della morte di questi — e io sono stato abbastanza sciocco da venire quassú senza prima denunciare la morte di Goodwin alla polizia di Glendale — avrà pensato di potermi tener buono con un po' di danaro. In ogni modo, il delitto era andato liscio; s'era liberato della moglie e Beryl non poteva sapere che dietro c'era invece qualcos'altro. Magari lei s'era innamorata di lui; una sottosviluppata come lei, con un marito zoppo e ubriacone, avrebbe fatto qualunque cosa per un tipo come Howard Melton.

"Il quale, del resto, non poteva immaginare che il corpo sarebbe stato ritrovato ieri, perché s'è trattato d'un puro caso. Lui invece pensava di tenermi sul lavoro, a caccia della moglie finché non fosse stata ritrovata. Cadavere. E sapeva che Haines sarebbe stato sospettato d'aver ucciso Beryl, perché il biglietto che lei gli aveva lasciato era studiato in modo da lasciar sospettare che non si trattasse d'un vero addio di suicida. Melton sapeva che sua moglie e Haines se l'intendevano e se la spassavano assieme.

"Cosí ha aspettato il momento propizio, e questo è venuto quando Haines s'allontanò di casa ubriaco fradicio. Beryl deve avergli telefonato da qualche parte — lei, Tinchfield, può controllarlo facilmente — e Melton in tre ore può avercela fatta ad arrivare fin quassú. Julia probabilmente era ancora ubriaca; Melton l'ha fatta fuori, le ha messo addosso i panni di Beryl e l'ha cacciata sotto al lago. Era un bel pezzo d'uomo e può avercela fatta da solo, senza troppi inconvenienti. Beryl sarà stata di guardia sull'unica strada che porta lassú, e cosí gli ha offerto la possibilità di nascondere la catenina nel capanno di Haines. Poi s'è precipitato in città, e Beryl, vestitasi da Julia, e con la macchina e il bagaglio di Julia, se n'è andata all'albergo giú a San Bernardino.

"Ma lí non è stata fortunata, perché Goodwin l'ha vista e le ha parlato; lui infatti doveva aver capito che qualcosa non andava, dai suoi vestiti, dal suo bagaglio e magari sentendola spacciarsi per signora Melton. Cosí l'ha seguita in città e il resto gliel'ho già detto. Secondo me, Melton può averle fatto lasciare questa traccia lí all'albergo per due motivi. Il primo, perché lui intendeva aspettare un po' prima di fare identificare regolarmente il cadavere; e con la signora Melton che si sa partita da San Bernardino in treno, il cadavere sarebbe stato subito accettato come quello di Beryl Haines, specie con la testimonianza di Bill, una testimonianza abbastanza attendibile, visto che con un tale riconoscimento Bill si cacciava da solo nei guai.

"L'altro motivo è questo: quando il corpo sarebbe stato identificato come quello di Julia Melton, allora la falsa traccia lasciata all'albergo da Beryl Haines si sarebbe risolta in una prova contro lei e il marito, che avrebbero commesso il delitto per intascare l'assicurazione sulla vita di Beryl Haines. Credo che Melton abbia commesso uno sbaglio nascondendo la catenina in quel sacchetto di farina. Avrebbe dovuto gettarla nel lago, in un punto preciso e poi, in seguito, fingere di averla ritrovata per caso, magari pescando. Invece, averla nascosta nel capanno di Haines e avermi spinto poi a perquisire il capanno, s'è risolto a suo danno. Ma succede sempre cosí, coi delitti perfetti."

Tinchfield storse tutta d'un lato la mascella e andò sulla porta a sputar fuori. Rimase lí sulla soglia, con le mani dietro la schiena.

"Non poteva scaricare tutto su Beryl," disse senza voltarsi. "La ragazza avrebbe parlato. Non hai pensato a questo, figliolo?"

"Certo, una volta che il caso — intendo il vero delitto — fosse scoppiato e la polizia si fosse messa sulle tracce di Beryl, l'avrebbe fatta fuori, simulando un suicidio. Secondo me poteva funzionare."

"Non dovevi lasciarla scappare quella ragazza, figliolo. C'è un sacco di cose che non avresti dovuto fare, ma questa soprattutto è stata grossa, figliolo."

"Di chi è il caso? Suo — o della polizia di Glendale? Beryl la prenderanno, su questo non c'è dubbio. Ha ucciso due uomini e ha i nervi troppo tesi. Prima o poi commetterà uno sbaglio; succede sempre cosí. E questo è lavoro della polizia, non mio. D'altro canto, pensavo alla sua elezione e a quei due giovanotti che le fanno da rivali. Per questo son tornato quassú stamattina, non certo per l'aria pura di montagna."

Si voltò e mi guardò, bonario. "E io pensavo che fossi venuto a rifugiarti tra le braccia del vecchio Tinchfield, perché ti desse una mano a toglierti dai guai, figliolo."

Poi rise e si diede una pacca sulla gamba. "Eleggete Tinchfield sceriffo," urlò quasi, a tutti i monti intorno. "E giuraci che lo faranno. Altrimenti sarebbero dei bei locchi a non farlo — dopo questa storia. Be', diamoci da fare. Chiamiamo il procuratore giú a Berdoo." Sospirò. "Troppo dritto, quel Melton," aggiunse. "A me piace la gente semplice."

"Anche a me. Per questo sono qui," dissi.

Presero Beryl Haines sull'autostrada California-Oregon che correva come una pazza verso Yreka, su una macchina d'affitto. La pattuglia stradale la fermò per un normale controllo di confine, ma lei non se l'aspettava e tirò fuori un'altra pistola. Aveva ancora il bagaglio di Julia Melton, i vestiti di Julia Melton e il libretto d'assegni di Julia Melton, con nove assegni in bianco che portavano la firma falsa di Julia Melton. Quello intascato da Goodwin si rivelò poi anch'esso falso.

Tinchfield e il procuratore distrettuale riuscirono a battere sul tempo la polizia di Glendale. Da Violetta M'Gee intascai la solita lavata di capo e dal defunto Howard Melton intascai quel che era rimasto dei cinquanta dollari che mi aveva anticipato. Tinchfield fu rieletto sceriffo.

In montagna non c'è pace

La lettera arrivò poco prima di mezzogiorno, espresso, in una busta commerciale con nell'angolo in alto il nome del mittente: F. S. Lacey, Puma Point, California. Dentro c'era un assegno di cento dollari, non barrato e firmato Frederick S. Lacey, e un foglio di comunissima certa bianca battuto a macchina con una quantità di cancellature. Diceva:

Signor John Evans

Gentile signore,
  ho ricevuto il suo nome e indirizzo da Len Esterwald. Ho un problema urgente e molto riservato da sottoporle. Accludo un assegno di cento dollari. La prego di venire a Puma Point giovedí pomeriggio o, se non le riuscisse possibile, giovedí sera. Scenda all'Indian Head Hotel e mi chiami al 2306.

Suo
Fred Lacey

Dire che quella era stata una settimana vuota è dir poco; non avevo mai avuto prima un'idea cosí precisa del niente assoluto come quella che ero riuscito a formarmi in quei pochi giorni. Tuttavia bastò quel biglietto, col relativo allegato, per rischiarare l'intero l'orizzonte. La banca su cui era rilasciato l'assegno era a qualche centinaia di metri dal mio ufficio. Ci feci un salto; incassai, mangiai, tirai fuori la macchina, feci il pieno e partii.

Faceva caldo a valle, piú caldo a San Bernardino e ancora caldo, anche se meno, a millecinquecento metri d'altezza, a ventitré chilometri sulla strada a tornanti che porta al Puma Lake. Dovevo fare sessanta degli ottanta chilometri di curve e rampanti per cominciare a sentire il primo fresco; ma l'afa cocciuta doveva scomparire completamente soltanto quando raggiunsi la diga e la sponda meridionale del lago, sulla strada che correva rasente un costone di granito: ogni tanto, ampi squarci nella roccia offrivano generose visioni di campi verdeggianti e fioriti. Era ormai sera quando arrivai a Puma Point, vuoto dentro come un pesce sventrato.

L'Indian Head Hotel è un edificio scuro che sorge di fronte a un locale da ballo. Firmai il registro, portai su la valigia e la depositai in una stanza inospitale e scomoda a prima vista, con un tappeto ovale a terra, un letto matrimoniale in un angolo e niente alle pareti, di pino rozzo, se non un vecchio calendario-pubblicità tutto accartocciato e ingiallito dal tempo e dalla secca estate di montagna. Mi lavai faccia e mani e scesi a mangiare.

Il bar-sala da pranzo era pieno fino a traboccare di maschi in abiti sportivi e alito alcolico e femmine in camicetta e pantaloncini, unghie laccate rosso sangue e nocche sporche. Un bisonte con due cespugli per sopracciglia, e corna evidentissime, pascolava irrequieto per la sala, tra banco e tavolo, con un lungo sigaro avvitato in bocca. Un ragioniere — altrimenti che altro poteva essere? — magro, con un paio d'occhi acquosi e in maniche di camicia, smaniava davanti a una radio ch'era un serbatoio di scariche per afferrare i risultati delle corse a Hollywood Park. Nell'angolo piú buio e piú fondo della triste sala, un bieco complessino di cinque cospiratori in giacchetta bianca e camicia porporina dava di fiato e zampettava per farsi sentire al di sopra dei barriti provenienti dal bar.

Ingoiai quello che chiamavano il "pranzo fisso," ci bevvi su un cognac per ammansirlo e uscii sulla strada principale. Era ancora giorno ma le insegne al neon erano già accese e l'aria era piena di fracasso: trombe d'auto, voci strepitanti, spari al tirassegno, rotolio di bocce al bowling, musica di jukebox e, alto sopra quest'iradiddio, il rombo fastidioso dei motoscafi sul lago. Sull'angolo, di fronte all'ufficio postale, una freccia bianca e azzurra diceva: *Telefono*. Seguii la direzione indicata e infilai una stradina polverosa che improvvisamente si rivelò un'oasi di pace e di silenzio, fresca e piena di pini: in fondo, mi vidi venire incontro un daino rossiccio con un collare di cuoio. L'ufficio telefonico era un capannino stretto e angusto, con una cabina in un angolo e un apparecchio a gettone. Mi ficcai lí dentro, inserii la moneta e formai il 2306. Rispose una voce di donna.

"C'è il signor Fred Lacey?"
"Chi lo desidera, prego?"
"Mi chiamo Evans."
"Il signor Lacey non c'è in questo momento, signor Evans. Aspettava la sua telefonata?"

Era la seconda domanda in risposta alla mia, e la cosa mi dette fastidio. Dissi: "Lei è la signora Lacey?"

"Sí, sono la signora Lacey." Trovai la voce forzata e caricata; ma non sono poche le voci che dànno questa impressione.

"È per un affare," dissi. "Quando sarà di ritorno?"
"Non saprei dirlo con esattezza. In serata, immagino. Lei cosa..."
"Dov'è il suo cottage, signora Lacey?"
"È... a Ball Sage Point, a circa due miglia a ovest del paese. Chiama dal paese lei? Ha..."
"Richiamerò tra un'ora, signora Lacey," dissi, e riattaccai. Uscii dalla cabina. Nell'altro angolo della stanza una ragazza bruna in gonna-pantalone stava dietro una piccola scrivania con un gran libro mastro davanti. Alzò gli occhi, sorrise e disse: "Le piace la montagna?"

Risposi: "Magnifica."
"È molto tranquillo quassú," disse lei. "C'è molta pace."
"Già. Conosce un certo Fred Lacey?"
"Lacey? Oh, sí, han messo da poco il telefono. Hanno comprato il capanno Baldwin. Era vuoto da due anni e loro l'hanno comprato. È in fondo a Ball Sage Point, un grosso capanno con una grande estensione di terreno intorno. Guarda sul lago, ha una vista meravigliosa. Lei conosce il signor Lacey?"

"No," risposi, e uscii.

Il daino rossiccio adesso era accanto a uno steccato in fondo alla stradina. Cercai di spostarlo per farmi largo, ma non si mosse; cosí scavalcai lo steccato, ritornai all'Indian Head e montai nella mia macchina.

In fondo al paese c'era una stazione di servizio. Chiesi

il pieno e all'uomo in tuta domandai dov'era Ball Sage Point.

"Be'," rispose. "Non è difficile. Anzi è molto facile. Non avrà nessuna difficoltà a trovare Ball Sage Point. Vada giú dritto da questa parte per due chilometri o poco meno, fin dopo la chiesa cattolica e il Kincaid's Camp, e quando è arrivato al panificio volti a destra e prenda la strada per il Willerton Boys' Camp; superato questo prenda la prima strada a sinistra. È una strada polverosa, quasi una mulattiera. Non ci spazzano la neve d'inverno — ma niente paura, adesso non è inverno. Conosce qualcuno laggiú?"

"No."

Gli diedi una banconota e lui andò dentro a prendere il resto. Quando tornò disse:

"È tranquillo laggiú. C'è molta pace. Come ha detto che si chiama?"

"Murphy."

"Piacere di conoscerla, signor Murphy." E mi tese la mano. "Venga sempre che ha bisogno, sarà un piacere per me servirla. Ora, per Ball Sage Point vada dritto giú per questa strada..."

"Ho capito, ho capito." E lo lasciai a bocca aperta.

Ormai credevo di sapere a memoria come arrivare a Ball Sage Point, cosí girai e tornai indietro: magari Fred Lacey non voleva che andassi a casa sua. A un centinaio di metri dopo l'albergo, la strada asfaltata, dopo un'ampia curva, scendeva fino al pontile delle barche, poi piegava ancora a destra e continuava lungo la sponda del lago. L'acqua lí era bassa e sui prati che la incorniciavano, prati che in primavera eran invasi dal lago, pascolava del bestiame. Qua e là qualche turista fornito di pazienza e cocciutaggine era appostato dietro a qualche trotella, disturbato dalle barche a motore e dai fuoribordo. A un paio di chilometri, oltre i prati, una strada piena di ciottoli girava con ampia curva intorno a un lungo promontorio coperto di ginepro. In punta a questo, al limite dell'acqua, c'era un padiglione illuminato: ci ballavano. A quell'ora, lassú c'era ancora tanta luce da sembrare pieno pomeriggio. L'aria era cosí limpida che non solo sentivo la musica ma mi pareva addirittura d'avere l'orchestra al completo sistemata nel taschino di petto. Una ragazza stava uggiolando con un'ugoletta d'oro l'eccitante *Canzone del picchio*. Accelerai; la musica si dissolse e i sassi della strada aumentarono.

Superai un capanno sulla riva e dopo di questo non vidi altro davanti a me che pini e ginepro, ginepro e pini, e il lago luccicante. Incantevole. Fermai la macchina, scesi e mi avvicinai a un tronco enorme con le radici all'aria che parevano tentacoli d'un quattro metri di diametro. Mi ci sedetti sopra e accesi la pipa. Pace e silenzio, e l'esatta sensazione d'essere isolati dal mondo. Non so se mi spiego. Lontano, al largo sul lago, un paio di motoscafi ronzavano noiosi come vespe; ma sul lato della sponda dove mi trovavo io c'era solo il modesto sciabordio dell'acqua contro la riva. Lentamente, la cupa sagoma della montagna riflessa nel lago stava per essere inghiottita dal buio. Pensai a Fred Lacey. Chi diavolo era? E che diavolo voleva? E perché non s'era fatto trovare in casa o non aveva lasciato un'ambasciata, se l'affare per cui m'ero scapicollato lassú era tanto urgente? Ma presto cambiai ordine di pensieri: la pace della sera era troppo accattivante.

Continuai cosí a fumare, a guardare il cielo e il lago e, poco distante, sulla cima nuda d'un pino altissimo, un pettirosso che stava aspettando il buio per attaccare a cantare la sua buonanotte.

In capo a mezz'ora ero stufo. Col tacco scavai un solco nel terreno soffice, ci versai dentro cenere e brace della pipa e ricoprii il tutto. Senza nessun motivo, feci qualche passo verso il lago e arrivai cosí all'altra estremità del tronco. Vidi allora il piede.

Era una scarpa di tela bianca — un quarantaquattro o poco meno. Girai intorno alle radici dell'albero.

C'era un altro piede in un'altra scarpa bianca di tela. Poi c'erano: pantaloni bianchi millerighe, con dentro naturalmente un paio di gambe, e una camiciola sportiva verde pallido, di quelle che si portano fuori dei pantaloni e han tasche come un giubbotto, con dentro il torace e tutto il resto. Il collo della camiciola, senza bottoni, era a forma di V e di sotto vi spuntava un cespetto di peli. Era di mezza età, quasi calvo, discretamente abbronzato, con baffetti sottili che gli rigavano il labbro superiore. Il quale, come quello inferiore, era grosso, stava dischiuso, come regolarmente succede nei cadaveri, e mostrava una bella chiostra di denti. Era il tipo di faccia che appartiene a chi ama molto il cibo e poco le preoccupazioni. Gli occhi erano fissi al cielo.

Il fianco sinistro della camiciola sportiva verde pallido

era intriso di sangue: una chiazza grossa quanto un piatto da portata. Al centro di questa chiazza mi parve di vedere un foro bruciacchiato, ma non potevo esserne sicuro, perché la luce cominciava a ingannarmi.

Mi chinai e sentii sotto le dita, nelle tasche della camiciola, la scatola dei fiammiferi e il pacchetto delle sigarette, un oggetto duro che poteva essere una chiave e, nelle tasche dei pantaloni, degli spiccioli. Sollevai il busto di quel tanto per arrivargli alla tasca posteriore dei pantaloni. Non era ancora rigido; anzi, non era nemmeno freddo. Il gonfiore alla tasca posteriore era dovuto a un comunissimo portafoglio di pelle, che tirai fuori puntandogli il ginocchio contro la schiena.

C'erano dentro dodici dollari e alcuni biglietti da visita. Ma ciò che soprattutto m'interessò fu il nome che lessi nella copia fotostatica della patente. Accesi un fiammifero per essere sicuro di aver letto bene nella luce ingannevole del crepuscolo.

Secondo la patente, quello lí era Frederick Shield Lacey.

2

Rimisi il portafoglio al suo posto, mi alzai e girai intorno al cadavere, aguzzando bene gli occhi. Non c'era nessuno in vista, né sulla sponda né al largo sul lago.

Del resto, con quella luce nessuno poteva aver notato le mie manovre, a meno che non fosse molto vicino.

Feci qualche passo esaminando bene il terreno per vedere se avevo lasciato qualche impronta. Nessuna. Il terreno era coperto di strati d'aghi di pino caduti nel corso di anni e di legno marcito e polverizzato.

La pistola era a circa un metro e mezzo di distanza, ed era quasi nascosta sotto il tronco dell'albero caduto. Non la toccai. Mi chinai solo a guardarla: un'automatica calibro 22, una Colt, con impugnatura d'osso. Era quasi coperta dagli aghi di pino e dalla polvere di legno marcito. C'erano molte formiche tutto intorno, grosse e nere, e una di queste stava viaggiando veloce sulla canna, diretta verso la bocca.

Mi rialzai e diedi un altro sguardo, molto attento, in giro. Al largo, una barca a motore stava ronzando tranquilla per conto suo; sentivo il motore ansimare, ma per quanto aguzzassi la vista non riuscii a vedere nulla.

Tornai alla macchina e avevo appena messo il piede sul predellino che una piccola figura spuntò silenziosa da dietro un grosso cespuglio. Alla poca luce vidi luccicare un paio di occhiali e, poco piú giú, un altro oggetto lucido, evidentemente stretto in un pugno.

Una voce disse, quasi in un bisbiglio: "Le mani bene in alto, per piacere."

Il posto era proprio adatto per sbrigarsi un individuo alla svelta, e non avevo certo nessuna voglia d'essere proprio io il soggetto; perciò alzai le mani.

La piccola figura si fece avanti: naturalmente l'oggetto luccicante di sotto gli occhiali era una pistola. E anche bella grossa. La vidi avanzare verso di me.

Ma vidi brillare anche un'altra cosa, un bel dente d'oro in una bocca piccolina, sotto un paio di baffi neri.

"Voltiamoci, per piacere," continuò la vocetta, sempre tutta gentilezza. "Abbiamo visto l'uomo steso lí a terra?"

"Senta," feci. "Sono nuovo di queste parti, io..."

"Voltiamoci, su, presto," disse l'uomo, un po' piú freddo.

Mi voltai.

La canna della pistola si scavò un nido nella mia schiena. Una mano leggera e agile mi palpò qua e là, su e giú, finché si fermò sulla pistola che avevo sotto l'ascella. La vocetta tubò qualcosa, e la mano mi scese sulle natiche. La pressione del mio portafoglio diminuí e, poi, cessò. Davvero destro; quasi non sentivo le dita che mi palpavano.

"Diamo una lettura al portafoglio. Lei rimanga cosí. Non tenti neppure di muoversi," disse la voce. La pistola s'allontanò.

Poteva essere l'occasione: mi sarei potuto buttar giú di colpo, rivoltarmi sulle ginocchia e balzar su di scatto con la pistola in mano. Sarebbe stata questione d'un attimo e mi sarei sbrigato l'ometto con gli occhiali in un batter d'occhio e, forse, senza fuochi d'artificio. Ma non me la sentii.

Il portafoglio ritornò nella mia tasca e la pistola mi si riconficcò nella schiena.

"E cosí," riprese la voce, sempre gentile, "venire qui è stato uno sbaglio."

"Sacrosanta verità, fratello," risposi.

"Poco male," riattaccò la voce. "Vada via, adesso. Se ne torni a casa. Cinquecento dollari. Bocca chiusa e cinquecento dollari recapitati da qui a una settimana."

"Magnifico. Ce l'ha il mio indirizzo?"

"Tutto a posto," tubò la voce. "Ah, ah!"

Qualcosa mi colpí al ginocchio destro e la gamba mi cedette improvvisamente, come sempre succede quando si è colpiti in quel punto. Contemporaneamente avvertii un altro colpo, questa volta tra la spalla e la nuca, e la testa mi scoppiò dal dolore. Credetti che avesse adoperato il calcio della pistola, invece no: aveva adoperato una manina dura e tagliente, in un colpo importato dall'Oriente ed eseguito a meraviglia. La testa mi schizzò via dal collo e rotolò fino al lago, e poi mi tornò di nuovo sul collo, piombando sulle vertebre con una seconda botta che si ripercosse per tutta la spina dorsale. E con un sapore d'aghi di pino e di terriccio in bocca.

Mi svegliai, e credetti di trovarmi in una stanza piccolissima, con le finestre chiuse, tanto mi mancava l'aria. Il petto era schiacciato a terra dalla tonnellata di massi che m'avevano posato sulla schiena; nel tirare il respiro sentivo una fitta al polmone destro. Emisi un paio di suoni, ma non dovettero avere rilevanza perché nessuno ci fece caso. Sentii il rombo d'una barca a motore avvicinarsi sempre piú, e un fruscio leggero di passi sugli aghi di pino. Poi qualche paio di stivalacci pesanti s'avvicinarono, s'allontanarono e s'avvicinarono di nuovo, accompagnati da un paio di passettini leggeri e da una voce pastosa: "Cosa ci hai lí, Charlie?"

"Oh, niente," rispose Charlie, sempre tubando. "Tutto fumo. Non è proprio niente. Turista o roba del genere."

"Ha visto il cadavere?"

"Non credo," rispose Charlie — e io mi chiesi il perché.

"Okay, andiamo."

"Male," fece Charlie. "Molto male." Il peso scomparve dalla mia schiena, la tonnellata di massi rotolò via dalla mia spina dorsale. "Molto male," disse di nuovo Charlie. "Ma bisogna andare."

Questa volta mi colpí con la pistola. Credo di avere ancora oggi il bitorzolo che mi spuntò.

Passò del tempo e mi ritrovai in ginocchio, che belavo. Poi piantai un piede a terra e mi tirai su, m'asciugai il viso col dorso della mano, piantai l'altro piede a terra e m'arrampicai fuori da quel baratro nel quale avevo l'impressione d'essere precipitato.

Il riflesso dell'acqua, ma non piú per via del sole bensí d'una grossa luna d'argento, era diritto davanti a me; a destra c'era un grosso tronco. M'aiutò a ricordare. Mi diressi da quella parte, con molta cautela, stringendomi la testa tra le mani: me la sentivo gonfia e molle; però non sanguinava. Mi fermai e mi voltai per cercare il cappello; poi mi ricordai di averlo lasciato nella macchina.

Girai intorno all'albero. La luna era brillante come solo può esserlo in montagna o nel deserto: potevi leggerci il giornale. Cosicché non fu difficile scoprire che adesso lí dietro non c'era piú nessun corpo e che nessuna pistola era ficcata sotto il tronco, con una formica che zampettava sulla canna. Gli aghi di pino sembravano rimossi; c'erano delle tracce, ma erano state coperte accuratamente.

Rimasi in ascolto, ma sentii soltanto il sangue pulsarmi alle tempie e, come immediata e implacabile conseguenza, un mal di capo infernale. Poi con uno scatto mi frugai sotto l'ascella; sí, avevo ancora la pistola. Un altro scatto e accertai che avevo ancora il portafoglio. Me lo sfilai dalla tasca e controllai i soldi. C'erano tutti, mi parve.

Rifeci il giro dell'albero e mi avviai vacillando alla macchina. Per il momento avevo una sola idea fissa davanti a me, tornarmene in albergo, bere subito qualcosa e scaraventarmi a letto. Quel Charlie avevo voglia d'incontrarlo, ma non subito. *Subito* volevo solo stendermi a letto. Ho una certa età, e in quel momento avevo gran bisogno di riposo.

Montai in macchina, misi in moto e, a marcia indietro, dal terreno soffice passai sui sassi della strada e, una volta su questi, dritto sparato verso la statale asfaltata. Non incontrai altre macchine. Sotto il padiglione illuminato ballavano ancora; la musica non s'era arresa e neppure la cantante, che adesso stava belando: *Non sorriderò mai piú.*

Quando raggiunsi la strada asfaltata, accesi i fari e mi diressi verso il paese. Il posto di polizia era in un capanno di legno di pino, a metà strada dalle banchine d'attracco, oltre il bivio. C'era luce dentro, una lampadina nuda che m'accecò da dietro il vetro della porta. Girai intorno, fermai la macchina sull'altro lato della strada e rimasi lí qualche minuto a spiare nell'interno del capanno. C'era un uomo seduto a capo scoperto su una sedia girevole dietro una vecchia scrivania col coperchio scorrevole. Aprii lo sportello, feci per scendere ma ci ripensai, richiusi lo sportello, riaccesi il motore e partii.

Dopotutto i cento dollari dovevo ancora guadagnarmeli.

3

Riattraversai il paese e feci, sempre di corsa, i tre chilometri di strada fino al panificio; lí imboccai una strada asfaltata da poco che ridiscendeva verso il lago, dalla parte opposta. Superai un paio di parcheggi e infine scorsi le tende scure del Boys' Camp. Poco oltre, la strada formava una curva e si biforcava. Imboccai quella di destra, tutta crepe, buche e sassi, con alberi che lasciavano a stento passare. Passai davanti a un paio di capanni illuminati, vecchie costruzioni di pino, poi la strada si fece piú erta e il posto deserto. Dopo un po' scorsi un grosso cottage, quasi in bilico sulla roccia, con il lago ai suoi piedi. Aveva due camini, uno steccato rustico e un doppia autorimessa fuori dello steccato. Dalla parte del lago c'era un lungo portico, dal quale partivano dei gradini che portavano fin giú a riva. Le finestre erano illuminate. Nella manovra, i fari illuminarono il nome Baldwin dipinto su una tavola di legno inchiodata a un albero. Non m'ero sbagliato, era il posto che cercavo.

La rimessa era aperta e dentro v'era una berlina. Fermai poco distante, entrai nella rimessa e andai a toccare il tubo di scappamento della berlina. Era freddo. Superai un cancelletto pure rustico e mi trovai sul sentiero che portava dritto al portico. Quando arrivai lí la porta s'aprí: sulla soglia, stagliata contro la luce dall'interno, comparve una donna alta. Un botoletto abbaiante le sgusciò tra le gambe, scese i gradini e venne a piantarmi nello stomaco due zampe; poi prese a girarmi intorno, scodinzolando e abbaiando.

"Buona, Shiny!" gridò la donna. "Buona! Non è una bella cagnetta? Anche allegra, per essere una mezza coyote."

La mezza coyote rientrò di corsa in casa. Io dissi: "È lei la signora Lacey? Sono Evans. Ho chiamato un'ora fa circa."

"Sí, sono la signora Lacey," disse. "Mio marito ancora

non è ritornato. Penso... be', perché non entra?" La sua voce aveva un tono staccato, come se pensasse ad altro mentre parlava.

Chiuse la porta dopo che fui entrato e rimase per un po' a guardarmi, poi scosse le spalle e andò a sedersi in una sedia di vimini. Io mi sedetti in un'altra sedia identica. La cagnetta ricomparve all'improvviso, mi saltò in grembo, mi menò un colpo di lingua sulla punta del naso, saltò giú e scomparve di nuovo. Era una bestiolina di pelo grigio morbido, con un muso aguzzo e una lunga coda soffice.

La stanza era molto ámpia, con numerose finestre e delle tende non tanto allegre. C'era un grosso camino, tappeti indiani, due divani ricoperti di cretonne e altri mobili di vimini, non tanto confortevoli. Alle pareti c'erano delle corna di cervo, e un paio di queste aveva sei punte.

"Fred non è ancora tornato," ripeté la signora Lacey. "Non so cosa gli sia successo."

Feci un gesto vago con la mano. Era pallida, aveva un'aria nervosa e i capelli, neri, un po' trascurati. Portava una giacchetta a doppio petto scarlatta con bottoni d'ottone, una gonna-pantalone di flanella grigia, un paio di sandali a ciabatta di cinghiale e niente calze. Intorno al collo portava una collana di ambra opaca e un nastro di stoffa rosa tra i capelli. Aveva superato la trentina, quindi per lei era un po' tardi imparare a vestirsi.

"Deve vedere mio marito per qualche affare?"

"Sí. Mi ha scritto di venire quassú e di scendere all'Indian Head e di telefonargli."

"Oh, all'Indian Head," disse, come se la cosa avesse qualche importanza. Incrociò le gambe, poi cambiò idea e le mise giú. Si piegò in avanti e poggiò il mento tra le mani a coppa. "Di che si occupa lei, signor Evans?"

"Sono un poliziotto privato."

"È — è per via dei soldi?" chiese immediatamente. Annuii. Poteva passare, il denaro entra dappertutto. In ogni modo, ero lí per via di quei cento dollari che avevo in tasca.

"Già," fece lei. "Naturalmente. Beve qualcosa?"

"Volentieri."

Andò a un piccolo bar di legno e tornò con due bicchieri. Bevemmo. Ci guardammo da sopra l'orlo del bicchiere.

"L'Indian Head," riprese. "Ci stemmo due giorni quando venimmo quassú. Mentre rimettevano in ordine il cottage. Era vuoto da due anni, quando lo comprammo. Sa, la polvere s'accumula facilmente."

"Sí, immagino."

"Ha detto che mio marito le ha scritto?" Adesso guardava nel bicchiere. "Immagino che le abbia raccontato tutto."

Le offrii una sigaretta. Allungò un braccio per prenderla, ma poi scosse la testa e riportò la mano in grembo. Mi scrutò da capo a piedi con sguardo molto attento.

"Era un biglietto molto vago."

Mi guardò dritto negli occhi e io ricambiai lo sguardo. Soffiai leggermente sul bicchiere finché s'appannò.

"Be', non credo che sia il caso di fare del mistero," disse. "In fondo, io ne so molto piú di quanto Fred immagina. Lui non sa, per esempio, che io ho letto la lettera."

"La lettera che ha mandato a me?"

"No, la lettera che ebbe da Los Angeles, con la relazione sul biglietto da dieci dollari."

"Come mai le capitò di leggerla?"

Rise, senza alcun motivo, visto che dalla faccia non la si sarebbe detta divertita. "A Fred piace fare il misterioso. Ma è uno sbaglio voler fare i misteriosi con una donna. E soprattutto pretendere d'avere dei segreti con lei. Ci diedi un'occhiata mentre lui era nel bagno. L'aveva nella tasca della giacca."

Assentii di nuovo e bevvi un altro sorso. Poi dissi: "Eh, no." Non che mi aiutasse a cavare fuori qualche costrutto da quella situazione imbarazzante, però serví a farmi guadagnar tempo, visto che ancora non sapevo di che cosa stavamo parlando. Poi, per allungare il brodo, chiesi ancora: "Ma che ne sapeva lei che l'aveva nella tasca della giacca?"

"L'aveva appena ritirata all'ufficio postale. Ero con lui quando la ritirò." Rise, e questa volta forse era un tantino divertita. "Vidi che c'era una banconota dentro e che veniva da Los Angeles. Sapevo che aveva mandato una delle banconote a un amico di lí che è un esperto di queste cose; cosí naturalmente sapevo che quella lettera era una relazione. Come infatti era."

"Si direbbe che Fred non sappia mantenere molto bene i suoi segreti. Perlomeno con lei. Cosa diceva la lettera?"

Arrossí impercettibilmente. "Non so se è il caso di dirglielo. In realtà non so nemmeno se lei è davvero un poliziotto e se si chiama Evans."

"Be', questo è un particclare che può essere chiarito senza tante storie." Mi alzai e tirai fuori dalla tasca tutto il materiale necessario per dimostrare chi ero e qual era il mio maledetto mestiere. Poi mi rimisi a sedere. La cagnetta si rifece viva, uggiolò, scodinzolò e m'annusò la piega dei pantaloni. Mi piegai per farle una carezza in testa e ci guadagnai una mano bagnata di saliva.

"Diceva che la banconota era perfetta. Specialmente la carta. Ma al microscopio risultavano delle piccolissime 'differenze' di cliché. Cosa significa?"

"Significa che la banconota che suo marito aveva mandato a Los Angeles non era stata stampata dal governo. C'era qualche altra cosa che non andava?"

"Sí. Alla luce nera — o quel che diamine è — risultavano delle lievissime sfumature nella composizione degli inchiostri. Ma la lettera aggiungeva che a occhio nudo la contraffazione era praticamente perfetta. Da ingannare qualunque impiegato di banca."

Annuii per la millesima volta. Non m'aspettavo per niente un imbroglio del genere. "Da chi era scritta la relalazione, signora Lacey?"

"Era firmata semplicemente Bill. Era un semplice foglio di carta, e non so chi l'abbia scritta. Oh, c'era anche un'altra cosa! Bill diceva che Fred doveva consegnarla subito alla polizia federale, perché la falsificazione avrebbe causato un mucchio di difficoltà se fosse entrata in circolazione. Ma, naturalmente, Fred non s'è lasciato convincere. Per questo l'avrà chiamata immagino."

"Be', si capisce, si capisce," feci. Era un altro colpo a vuoto, ed era poco probabile che cogliesse nel segno, con tutto quel buio che avevo davanti.

Invece fece di sí col capo, come se io avessi detto qualcosa di sensato.

"Di che si occupa Fred, adesso?" chiesi.

"Di bridge e di poker, come ha fatto per tanti anni. Gioca a bridge quasi ogni pomeriggio al club, e la sera a poker. Gioca molto a poker. Capirà che non poteva lasciarsi immischiare in quest'imbroglio dei soldi falsi, sia pure nella maniera piú innocente. Ci sarebbe sempre stato qualcuno che non avrebbe creduto alla sua innocenza. Lui gioca anche alle corse, ed è proprio questo il lato divertente della cosa: perché è cosí che si procurò i cinquecento dollari che nascose, per farmi una sorpresa, nella mia scarpa. All'Indian Head."

Ora, a questo punto, io covavo in corpo una sola voglia: alzarmi, andar fuori all'aria aperta e lanciare un urlo; e poi mettermi a respirare a pieni polmoni, giusto per sfogarmi. Invece, dovevo starmene seduto lí, con l'aria perbene e le gambe accavallate, e sorseggiarmi il bicchierino. Me lo scolai, finalmente, e agitai il ghiaccio nel vetro vuoto, che mandò un desolato tintinnio. Lei s'alzò e andò a prendermene un altro. Quando lo ebbi in mano lo portai lesto alle labbra, tirai un sorso, un profondo sospiro e dissi:

"Se il biglietto era cosí perfetto, come fece Fred a capire che era falso? Non so se mi sono spiegato."

Sgranò un poco gli occhi — vivaddio cominciava ad animarsi! "Oh — benissimo. Benissimo. No, lui non l'aveva capito, naturalmente. Non da quell'unico biglietto. Non poteva capirlo da quello. Ma il fatto è che ce n'erano altri cinquanta, tutti da dieci dollari, e tutti nuovi di zecca. E i soldi che lui aveva messo nella scarpa, invece, non erano nuovi di zecca."

Mi venne voglia di strapparmi i capelli, magari ne avrei tratto qualche giovamento. Non riuscivo a connettere, la testa mi faceva troppo male. Charlie. Caro vecchio Charlie! Okay, Charlie, un attimo e sarò tutto per te.

"Stia a sentire," dissi. "Stia a sentire, signora Lacey. Fred non mi aveva parlato della scarpa. Cosa fa, mette sempre i soldi in una scarpa? O questi ce li aveva ficcati per via che li aveva vinti alle corse e che i cavalli, si sa, portano le scarpe?"

"Le ho detto che voleva farmi una sorpresa. Quando avrei messo la scarpa ce li avrei trovati!"

"Oh." Storsi d'un cinque centimetri il labbro superiore. "Invece non ce li trovò, è cosí?"

"E come avrei potuto trovarceli, se non misi la scarpa ma la mandai per la cameriera dal calzolaio del paese a far rifare i tacchi? Non ci guardai dentro prima, non potevo immaginare che Fred l'avesse imbottita."

Le cose adesso cominciavano a farsi un po' piú chiare. Non molto, naturalmente; avevo ancora un sacco di nebbia davanti agli occhi, ma qualcosa cominciavo a distinguerla.

Dissi: "E questo a Fred non lo disse, vero? La ragazza portò le scarpe a riparare, e poi?"

"Be', Gertrude — la cameriera dell'Indiana Head si chiamava Gertrude — disse che neppure lei aveva notato il denaro nella scarpa. E quando Fred lo scoprí e l'ebbe interrogata, andò dal calzolaio. Non aveva ancora messo mano alla scarpa e il rotolo dei biglietti era ancora dentro. Cosí Fred si mise a ridere, prese il danaro, se lo mise in tasca e diede cinque dollari al calzolaio per la felicità di aver ritrovato il danaro."

Finii il secondo bicchiere e mi allungai nella sedia. "Ci sono, adesso. Cosí quando Fred prese il danaro per contarlo scoprí che non erano gli stessi biglietti. Questi qui erano tutti nuovi di zecca e da dieci, mentre prima probabilmente erano stati di vario taglio e non nuovi, o non nuovi, o non tutti nuovi."

Fu sorpresa dal fatto che ci fossi arrivato col ragionamento. Che tipo di lettera penserà che mi ha scritto Fred? e quanto lunga? mi chiesi. Poi dissi: "Si sarà chiesto il perché di quel cambio di moneta, cosí ne ha preso uno e l'ha mandato da quel suo amico per sentirne il parere. E la risposta è stata una rivelazione: il biglietto era falsificato in maniera perfetta, ma falsificato. Chi altro ha interrogato lí all'albergo?"

"Nessuno all'infuori di Gertrude, credo. Non voleva far chiasso intorno alla cosa. Credo che si sia limitato a mandarla a chiamare."

Spensi la sigaretta e guardai fuori le finestre il lago illuminato dalla luna. Un motoscafo con un potente faro acceso a prua scivolava sull'acqua, al largo. Scomparve presto dietro un promontorio coperto d'alberi.

Guardai di nuovo la signora Lacey. Stava ancora seduta stringendosi il mento tra le mani, lo sguardo perduto lontano.

"Vorrei che Fred ora tornasse," disse.

"Dov'è andato?"

"Non lo so. È uscito con un tale Frank Luders, uno che sta al Woodland Club, alla punta estrema del lago. Fred ha detto che aveva degli affari da sbrigare con lui. Ma poco fa ho chiamato il signor Luders e mi ha detto che Fred è solo salito in paese con lui; lo ha poi lasciato davanti all'ufficio postale. Sto aspettando che mi telefoni per dirmi di andare a prenderlo con la macchina da qualche parte. Ormai sono parecchie ore che è uscito."

"Può darsi che giochino al Woodland Club, e lui è andato là."

Scosse il capo. "In questi casi di solito mi telefona."

Abbassai lo sguardo e per un po' lo tenni fisso sul pavimento, sentendomi un verme. Infine mi alzai. "Sarà meglio che me ne torni all'albergo. Se vuol telefonarmi son lí. Non so, mi pare di avere incontrato il signor Lacey da qualche parte. Non è un uomo robusto, d'un quarantacinque anni, un po' calvo e con un paio di baffetti?"

Mi accompagnò alla porta. "Sí," rispose. "È proprio lui."

S'era chiusa dietro la porta per tenere la cagnetta dentro e stava ancora sotto il portico quando girai la macchina e andai via. Diomio, che aria desolata aveva!

4

Stavo disteso sul letto e fumavo una sigaretta, cercando di decidere se dovevo o no lasciarmi trascinare in quell'affare, quando bussarono alla porta. Gridai di entrare e una ragazza in grembiule entrò con degli asciugamani sul braccio. Aveva capelli molto bruni, con riflessi rossastri, un faccino ben truccato e gambe lunghe. Si scusò, appese gli asciugamani accanto al lavabo e s'avviò di nuovo verso la porta, lanciandomi un'occhiata dietro a un gran sbatacchiamento di palpebre.

Dissi: "Salve, Gertrude," tanto per buttarmi.

Si fermò, girò la testolina bruna e accennò un sorriso. "Come conosce il mio nome?"

"Non lo conosco, ma una delle cameriere di qui si chiama Gertrude. Volevo appunto parlare con Gertrude."

S'appoggiò allo stipite della porta e mi guardò con occhi quasi increduli.

"Sí?"

"Vive qui, o ci viene solo per l'estate?"

Arricciò le labbra. "Direi di no. Non vivo quassú. Figurarsi, tra queste montagne."

"Tutto bene?"

Annuí. "Sí, e non ho bisogno di nessuna compagnia, signore." Col tono di chi s'aspetta d'essere pregata.

L'osservai per qualche attimo e dissi: "Mi dica di quel danaro nascosto nella scarpa."

"Ma lei chi è?" chiese, gelida.

"Mi chiamo Evans. Sono un poliziotto privato di Los Angeles."

S'irrigidí, ma in maniera impercettibile. Strinse nella mano un lembo del grembiule e mi parve di sentire l'unghia stridere sulla stoffa. Poi si scostò dalla porta e andò a sedersi su una sedia accostata alla parete. Aveva un'aria preoccupata.

"Un poliziotto," disse con un sospiro. "Cosa cerca?"

"Non lo sa?"

"Tutto quello che so è che la signora Lacey lasciò del danaro in una scarpa che voleva far riparare e che io la portai dal calzolaio, e che il denaro non fu rubato. Ha avuto i soldi indietro, no?"

"Cosí non le piacciono i poliziotti, vero? La sua faccia mi pare di conoscerla," dissi.

Il volto le si indurí in un'espressione seccata. "Stia a sentire, capitano, ho un lavoro e me lo serbo. Non ho bisogno dell'aiuto d'un poliziotto. Io non devo un centesimo a nessuno."

"Certo, certo," feci. "Quando portò quelle scarpe fuori dalla stanza, andò dritta dal calzolaio?"

Fece un brevissimo segno d'assenso.

"Non s'è fermata strada facendo?"

"E perché mi sarei dovuta fermare?"

"Che ne so io. Mica c'ero."

"Be', non ho perso tempo. Tranne che per dire a Weber che uscivo a fare una commissione."

"Chi è questo Weber?"

"È il vicedirettore. Bazzica sempre la sala da pranzo."

"Quel tipo alto, pallido, che scrive i risultati di tutte le corse?"

Annuí. "Sí, lui."

"Capisco." Strofinai un fiammifero e m'accesi una sigaretta. Poi la guardai attraverso il fumo. "Grazie assai."

S'alzò e andò alla porta e l'aprí. "Non mi sembra di ricordarla," disse, voltandosi a guardarmi.

"Ne deve avere incontrati parecchi come me."

Arrossí e rimase sulla soglia a fissarmi.

"Cambiano sempre gli asciugamani cosí tardi, in quest'albergo?" le chiesi, giusto per dire qualcosa.

"Acuto, eh?"

"Be', faccio di tutto per dare quest'impressione."

"E anche modesto," disse, con improvviso accento straniero.

"Nessun altro ha maneggiato quelle scarpe cltre a lei — dopo che le ha portate via dalla stanza?"

"No, gliel'ho detto. Mi son solo fermata per dire al signor Weber..." S'interruppe di colpo e rimase qualche attimo a riflettere. "Andai a portargli una tazza di caffè," continuò poi, e quando la guardai negli occhi questi mandarono un lampo. "Ho lasciato quelle cose, be', quelle scarpe sulla scrivania, accanto al registratore di cassa. Come diamine faccio a sapere se qualcuno le ha toccate? E, poi, che importanza ha, visto che la signora Lacey ha ritrovato tutti i suoi soldi?"

"Okay. Vedo che lei ci tiene molto a mettermi tranquillo su questo particolare. Mi parli di quel tipo, Weber. È qui da molto?"

"Da troppo, direi," rispose, seccata e pungente. "È il tipo da cui una ragazza sta volentieri alla larga, non so se capisce... Ma di che cosa stavo parlando?"

"Di Weber."

"Be', che il diavolo se lo porti, il signor Weber — non so se capisce."

"Ha avuto qualche inconveniente con lui?"

Arrossí di nuovo. "Sí, e non del tipo che si possa dire," rispose alla fine. "Al diavolo anche lei..."

" ... non so se capisce," completai io.

Aprí la porta, mi rivolse un sorriso mezzo storto e sparí.

Sentii i suoi passi, attutiti, allontanarsi nel corridoio. Ma non la sentii fermarsi ad altre porte. Guardai l'orologio: erano le nove e mezzo.

Qualcuno s'avvicinò con passo pesante nel corridoio ed entrò nella stanza accanto alla mia sbattendo la porta. S'aggirò per la stanza poi si tolse le scarpe, che caddero a terra con un tonfo. Le molle del letto cigolarono sotto il suo peso; poi continuarono il concerto perché evidentemente l'amico era irrequieto. Cinque minuti di questa musica e s'alzò. Un tonfo, di piedi nudi questa volta, e il tintinnio d'un bicchiere contro una bottiglia. Si serví da bere e si buttò di nuovo sul letto, attaccando a russare quasi immediatamente.

A parte questo, e a parte i suoni confusi provenienti

dalla sala da pranzo e dal bar di sotto, tutto il resto era silenzio, pieno della pace e tranquillità che una stazione climatica in montagna è capace di offrirvi: il solito ronzio, anche se piú attutito, dei motoscafi sul lago; il tonfo delle palle nel bowling; il crepitio delle carabine nel tirassegno, le grida degli scalmanati giú sulla strada principale.

Il silenzio era tale che non sentii la porta della mia stanza quando s'aprí. Era già socchiusa a metà quando me ne accorsi. Un uomo entrò dentro tranquillo come se fosse a casa sua e accostò la porta senza richiuderla; fece qualche passo al centro della stanza e si fermò a guardarmi. Era alto, pallido, l'aria molto calma e un mezzo lampo di minaccia negli occhi acquosi.

"Okay, lince. Vediamola un po'."

Mi girai e mi misi a sedere in mezzo al letto, sbadigliando. "Vediamo cosa?"

"La tessera."

"Quale tessera?"

"Piantala, professore. La tessera che ti dà il diritto di far domande alla servitú."

"Oh, quella!" E feci qualcosa che poteva passare per un sorriso. "Non ho nessuna tessera, signor Weber."

"Bene, andiamo proprio una meraviglia," fece Weber. Avanzò dondolando le lunghe braccia. Quando fu a meno di mezzo metro da me si piegò un pochettino in avanti e fece un improvviso movimento. Una mano aperta mi schiaffeggiò la guancia esposta, scuotendomi la testa come un birillo, in uno schianto di dolore.

"Cos'è? Ho rubato la marmellata?"

Storse tutta la faccia in un ghigno e strinse il pugno destro. Poi lo sparò all'improvviso, ma troppo in alto — qualche centimetro piú in giú e sarei partito a caccia di farfalle. Invece ebbi anch'io il mio scatto e spuntai come un grillo, di sotto al suo braccio teso, con il cannone in mano. Glielo cacciai nello stomaco e la cosa non gli andò a sangue, tanto che il ghigno si trasformò in una smorfia di disapprovazione.

Dissi: "Ora le mani le alziamo sopra la testa, signor Weber. Vero?"

Grugní, sgranò gli occhi acquosi, — tanto che pensai che m'allagasse la stanza — ma, per cocciutaggine, non alzò le mani. Gli girai intorno e, camminando all'indietro, mi spostai verso l'altro angolo della stanza. Lui girò su se stesso, sempre tenendomi gli occhi piantati addosso.

Dissi ancora: "Un momento solo. Chiudo la porta e poi parliamo un po' di quel danaro nella scarpa, ovvero del Mistero della Moneta Sostituita."

"Va' all'inferno."

"Una proposta veramente originale, devo dire."

Allungai la mano dietro la schiena per afferrare la maniglia della porta, senza staccargli gli occhi di dosso. Alle mie spalle ci fu uno schianto: girai su me stesso come una trottola, andando a sbattere contro la parete e sollevando altra polvere intorno, oltre alla nuvola di gesso in cui ero già avvolto. Poi rimbalzai lontano, mandando lampi e scintille, a capofitto nel vuoto. Passarono migliaia d'anni, poi una meteora mi si venne a schiantare nella schiena e finalmente aprii gli occhi, stordito, con una mascella gonfia e le ossa in frantumi. Aprii gli occhi e vidi un paio di piedi.

Mi stavano di fronte, collegati a due gambe divaricate ad angolo quasi retto. Poco piú su delle gambe, sempre sul pavimento della stanza, c'era una mano inerte e, poco discosta, alla portata di essa, una pistola. Mossi uno dei piedi e rimasi sorpreso nello scoprire che mi apparteneva. La mano abbandonata si mosse, contorse e, istintivamente, fece per raggiungere la pistola. Non ci riuscí; tentò di nuovo e finalmente riuscí a stringersi intorno all'impugnatura lucida e liscia. La sollevai. Qualcuno ci aveva legato un peso di mezzo quintale; però riuscii a sollevarla lo stesso. Oltre al silenzio, nella stanza non c'era altro. Girai la testa e lo sguardo mi cadde sulla porta chiusa. Mi spostai un poco e fui percorso tutto intero da una scarica di dolore. Mi dolevano da impazzire: testa, mascella, spina dorsale e diramazioni — gambe, mani eccetera. Sollevai di qualche altro centimetro la pistola, ma dovetti rimetterla giú. Al diavolo quel ferro! Che bisogno c'era di impugnare la pistola? La stanza era vuota, gli ospiti avevano sgombrato. La luce del soffitto mi colpiva come una doccia d'aghi roventi. Mi rotolai su me stesso, accusai qualche altra fitta, e riuscii a piegare una gamba e un ginocchio. Bestemmiando mi sollevai, riafferrai di nuovo la pistola e feci tutto il resto della fatica per sollevarmi in piedi. In bocca avevo un sapore di cenere.

"Male, male," dissi ad alta voce. "Molto male. Okay, Charlie. Ci rivedremo."

Vacillai, stordito come dopo una sbronza di tre giorni, girai lentamente su me stesso e perlustrai la stanza con gli occhi che mi dolevano.

Un uomo era inginocchiato in preghiera di fianco al letto; indossava un abito grigio e aveva capelli di un color biondo cenere. Le gambe erano divaricate in fuori e il corpo era piegato sul letto, con un braccio penzoloni, il destro. Sul sinistro, ripiegato sul letto, teneva appoggiata la testa.

Sembrava una comoda posizione. Il manico di corno d'alce del coltello che gli stava conficcato sotto la scapola sinistra sembrava non dargli nessun fastidio.

Mi avvicinai e mi chinai a guardarlo in faccia: era la faccia del signor Weber. Povero Weber! Di sotto al manico del coltello, giú lungo la schiena, partiva una lunga striscia scura.

Non era tintura di iodio.

Trovai il cappello in un angolo, me lo ficcai in testa con molta attenzione, mi infilai la pistola sotto l'ascella e attraversai vacillando la stanza fino alla porta. Girai la chiave, spensi la luce, uscii e mi chiusi dietro la porta, cacciandomi in tasca la chiave.

Attraversai il corridoio silenzioso e scesi le scale. Dietro il banco della portineria c'era un vecchio impiegato dall'aria devastata. Stava leggendo il giornale e non mi degnò nemmeno d'un'occhiata. Mi affacciai sotto l'arco che dava nella sala da pranzo; dal bar giungevano i soliti barriti, contro i quali, dall'angolo opposto della sala, si batteva il solito quintetto. Il bisonte col sigaro avvitato in bocca e i due cespugli sopra gli occhi era tutto preso a far andare il registratore di cassa. Gli affari sembravano andare a gonfie vele. Una coppia di villeggianti stava ballando al centro della pista, tutt'e due ancora col bicchiere in mano.

5

Attraversai il vestibolo e uscii sulla strada, svoltando a sinistra, per raggiungere il parcheggio. Avevo fatto pochi passi che mi fermai e tornai indietro nel vestibolo dell'albergo. M'appoggiai al banco e chiesi all'impiegato:

"Potrei parlare con la signorina Gertrude? È una delle cameriere."

Sbatté le palpebre dietro le lenti, pensieroso.

"È smontata alle nove e mezzo. È andata a casa."

"Dove abita?"

Mi guardò, senza sbattere le palpebre questa volta.

"Credo che lei si sbagli," fece.

"Se mi sbaglio, non è nel senso che lei crede."

Si grattò la punta del mento e mi squadrò: "Qualcosa non va?"

"Sono un poliziotto di Los Angeles e mi comporto bene, quando mi permettono di comportarmi bene."

"Sarà meglio che parli al signor Holmes," disse. "Il direttore."

"Stia a sentire, amico. Questo posto è un buco molto piccolo. Non dovrei far altro che scender giú sul corso e chiedere di Gertrude in qualche bar o in qualche bettola. Troverei una scusa qualunque, non è questo il difficile. Lei può risparmiarmi questa piccola perdita di tempo e, forse, delle rogne a qualcun altro. Delle brutte rogne."

Scosse le spalle. "Vediamo un po' le sue credenziali, signor..."

"Evans." Gli mostrai le credenziali. Rimase a guardarle a lungo, dopo averle lette, poi mi restituí il portafoglio e stette a studiarsi la punta delle dita.

"Credo che stia alle Whitewater Cabins."

"Come si chiama di cognome?"

"Smith," disse, con un vago sorriso, vecchio e stanco; il sorriso di un uomo che ne ha viste troppe nella vita. "O forse Schmidt."

Lo ringraziai e uscii di nuovo sulla strada. Feci qualche centinaio di metri ed entrai in un piccolo bar affollato per bere qualcosa. In fondo alla piccola sala un terzetto stava smaniando su una pedana di latta, davanti alla quale c'era una piccola pista. Qualche paio di coppie occhi-sognanti si dondolavano a bocca aperta e facce estasiate.

Bevvi un rye nano e chiesi al barista dove erano le Whitewater Cabins. Mi disse che si trovavano nella parte orientale della "città," a un centinaio di metri sulla strada che partiva dalla stazione di servizio.

Tornai indietro, montai in macchina, attraversai il paese e trovai la strada. Una freccia azzurra m'indicò la direzione. Le Whitewater Cabins erano un gruppetto di piccoli cottage appollaiati sul fianco della collina; davanti a tutti c'era quello della portineria. Mi fermai davanti a questo. La gente stava seduta sulle loro brave verandine a sentire le loro brave radio portatili. La notte era tranquilla. La portineria aveva un campanello.

Bussai e una ragazza in gonna-pantalone venne a dirmi che la signorina Smith e la signorina Hoffman stavano in un cottage piuttosto isolato da tutti gli altri, perché le ragazze si svegliavano tardi e avevan bisogno di star tranquille. Certo durante la stagione c'era sempre un po' di movimento, ma il cottage dove stavano loro era abbastanza quieto; era in fondo a tutto, e se andavo di lí a sinistra non avrei avuto difficoltà a trovarlo. Ero un loro amico?

Le dissi che ero il nonno della signorina Smith, la ringraziai e mi avviai su per la salita, tra i cottage nascosti in mezzo ai pini. C'era un lungo e basso steccato di legno, quasi in fondo alla salita, e dietro questo uno spiazzo sgombro a ciascun lato del quale c'era un piccolo cottage. Davanti a quello sulla sinistra c'era un coupé con i fari accesi. Una ragazza alta e bionda stava riponendo una valigia nel portabagagli; aveva i capelli avvolti in un fazzoletto azzurro e pantaloni e maglione azzurri. O blu scuro. Nel cottage la luce era accesa.

La bionda entrò dentro lasciando il portabagagli della macchina aperto. La luce era piuttosto fioca. Salii in punta di piedi i gradini ed entrai.

Gertrude era occupata a riempire una valigia poggiata sul letto. La bionda non era nella stanza, ma la sentii muoversi nella cucina del piccolo cottage tutto bianco.

Non dovevo aver fatto molto rumore: Gertrude chiuse il coperchio della valigia, la prese per il manico e stava per metterla giú quando mi vide. Impallidí di colpo e rimase immobile, reggendo la valigia. Spalancò la bocca e disse, evidentemente rivolta alla cucina: "Anna, *achtung*."

In cucina i rumori cessarono. Gertrude e io ci fissammo.

"In partenza?" chiesi.

Mosse le labbra. "Vorrebbe impedirmelo, poliziotto?"

"Non credo. Perché va via?"

"Non mi piace l'aria di montagna. Fa male ai nervi."

"L'ha deciso all'improvviso, vero?"

"È forse proibito?"

"Non credo. Per caso non avrà paura di Weber?"

Non rispose: guardò dietro la mia spalla. Era un trucco vecchio e non ci feci attenzione. Ma, alle mie spalle, sentii la porta del capanno che si chiudeva, e cosí mi voltai. La bionda era dietro di me e aveva una pistola in mano. Mi guardava pensierosa, quasi senza espressione in faccia. Era una ragazza abbastanza robusta e aveva l'aria d'esser molto forte.

"Chi è?" chiese, con un voce profonda, quasi una voce d'uomo.

"Un poliziotto di Los Angeles," rispose Gertrude.

"Davvero? E cosa vuole?"

"Non lo so. E non credo nemmeno che sia un vero poliziotto. Non fa molto sfoggio di documenti."

"Davvero?" ripeté Anna. S'allontanò dalla porta camminando di fianco e tenendo la pistola puntata contro di me. La teneva con calma, come se il fatto non la innervosisse per niente — come se fosse abituata alle pistole. "Cosa vuole?" chiese con la sua voce profonda, rivolta a me.

"Niente e tutto," risposi. "Perché state tagliando la corda?"

"Ha già avuto la risposta," disse la bionda, molto calma. "Per via dell'aria di montagna. Gertrude ci sta rimettendo la salute."

"Lavorate tutte e due all'Indian Head?"

La bionda rispose: "Che importanza ha?"

"All'inferno, sí!" intervenne Gertrude. "Ci abbiamo lavorato tutt'e due. Fino a stasera — perché adesso ce ne andiamo. Qualcosa da obiettare?"

"Stiamo perdendo tempo," disse la bionda. "Guarda se è armato."

Gertrude mise giú la valigia e mi perquisí, con mano molto leggera. Trovò la pistola e gliela lasciai prendere, come se la cosa mi divertisse, sorridendo. Lei rimase con la mia pistola in mano e la guardava preoccupata, pallida in volto.

La bionda disse: "Metti giú quella benedetta pistola e porta la valigia alla macchina. Metti in moto e aspettami."

Gertrude si chinò a prendere di nuovo la valigia. Poi si avviò verso la porta, girandomi intorno.

"Non concluderete un bel niente," dissi. "Basterà una telefonata e vi bloccheranno sulla strada. Ci son solo due strade che portano quassú, e sono entrambe facilmente bloccabili."

La bionda sollevò le sopracciglia sottili e rossicce. "E perché dovrebbero bloccarci?"

"E lei perché punta quella pistola?"

"Non sapevo chi era lei," rispose la bionda, sempre con calma, sempre con le sopracciglia sollevate. "E non lo so nemmeno adesso. Avanti, Gertrude, non perdiamo tempo."

Gertrude aprí la porta, poi si voltò a guardarmi e sporse in fuori il labbro inferiore. "Mi dia retta, capitano, tagli anche lei la corda finché le gambe le reggono," disse con calma.

"Chi di voi ha visto il coltello?"

Si scambiarono una rapida occhiata, poi entrambe guardarono me. Lo sguardo di Gertrude era un po' fisso, ma non mi parve che nascondesse qualcosa. "Io ci rinuncio," disse. "Questa battuta non la capisco."

"Okay," feci. "So che non ce l'ha ficcato lei là dentro. Un'altra domanda: quanto tempo ci ha impiegato per portare quella tazza di caffè a Weber, la mattina che andò dal calzolaio?"

"Gertrude, stai perdendo un'infinità di tempo," intervenne la bionda; abbastanza impaziente, per essere il tipo di donna dai nervi saldi che sembrava.

Gertrude non le badò. S'era fatta pensierosa adesso. "Il tempo necessario per portare una tazza di caffè."

"Ce n'era bell'e pronto nella sala da pranzo."

"Non era fresco. Cosí andai in cucina a prenderlo. Insieme a dei toast."

"Cinque minuti?"

Annuí. "Piú o meno."

"Chi altro c'era nella sala da pranzo, oltre a Weber?"

Mi guardò soprappensiero. "In quel momento credo nessuno, ma non ne sono sicura. Forse qualche ritardatario che stava facendo colazione."

"Grazie molte, signorina Gertrude," dissi, mettendola sul piano delle cerimonie. "Adesso lasci la pistola là fuori, sulla veranda. Stia attenta, la metta giú piano perché scoppia. Può anche toglierci i proiettili, se vuole. Non ho intenzione di sparare a nessuno."

Sorrise, un sorriso appena accennato, aprí la porta con la mano in cui stringeva la pistola e uscí. La sentii scendere i gradini della veranda e poi chiudere il portabagagli della macchina. Mise in moto e, dopo qualche colpo di tosse, il motore prese a rombare, tranquillo.

La bionda si spostò verso la porta, tolse la chiave da dentro e la infilò nella serratura da fuori. "Neanche io ho intenzione di sparare a nessuno. Ma posso farlo, se ci sono costretta," disse. "La prego, non mi costringa a farlo controvoglia."

Chiuse la porta e girò la chiave. Sentii anche i suoi passi sui gradini della veranda. Lo sportello sbatté e la macchina si avviò. Le gomme mandarono solo un lieve fruscio giú per il viale tra i cottage. Poi il suono delle radio portatili inghiottí anche quello.

Mi guardai prima intorno nel cottage delle due ragazze, poi mi misi a perlustrarlo. Non avevano lasciato niente che appartenesse a loro. C'era dell'immondizia nella pattumiera, delle tazze da caffè non lavate, una padella con dei fondi. Non c'erano carte, nessuno aveva lasciato tracce della propria vita scritte su una scatola di fiammiferi.

Anche la porta di dietro era chiusa. Naturalmente dava tra gli alberi, dalla parte opposta al viale giú dal quale erano scomparse le due ragazze. Scossi la porta e mi abbassai a dare un'occhiata alla serratura: una bella serratura, forte e resistente. Aprii una finestra. Una rete era inchiodata contro il telaio. Tornai alla porta e le diedi una spallata. Resse, e mi tolse immediatamente ogni illusione risvegliandomi il mal di capo. Mi frugai nelle tasche disgustato: nemmeno un ferrino.

Dal cassetto della cucina presi un apriscatole e con questo mi diedi da fare su un angolo della rete. Ne schiodai un pezzetto e lo tirai in dentro. Poi montai sul lavandino, infilai un braccio nello squarcio e raggiunsi la maniglia della porta dal di fuori. La chiave era nella serratura; la girai, ritirai dentro la mano e uscii dalla porta; poi rientrai per spegnere le luci. La mia pistola era sulla veranda, su uno dei gradini. Me la infilai nella fondina e ridiscesi il viale fino al punto dove avevo lasciato la macchina.

6

C'era un banco di legno che andava fino in fondo alla stanza partendo di fianco alla porta, una stufa panciùta in un angolo, una grossa mappa del distretto stampata in azzurro e un calendario accartocciato alle pareti. Sul banco v'erano pile di carta coperte di polvere, una penna arrugginita, una bottiglia d'inchiostro e uno Stetson unto di sudore tutt'intorno alla falda.

Dietro il banco c'era una vecchia scrivania di quercia col coperchio scorrevole, e dietro questa un uomo seduto, con un'alta sputacchiera di ferro corroso quasi poggiata alla gamba destra. Era un uomo pesante, dall'aria pacifica, e se ne stava allungato nella poltrona con le manacce, senza peli, intrecciate sullo stomaco. Portava scarpe militari marrone, calzini bianchi, pantaloni di flanella marrone, tenuti da bretelle scolorite, e una camicia kaki abbottonata fino al collo. Aveva capelli grigio topo, tranne alle tempie dov'erano del colore della neve sporca. Sul petto, a sinistra, c'era la stella. Sedeva inclinato sul fianco sinistro, perché sulla destra aveva una fondina di pelle scura con dentro la pistola che gli arrivava fino alla tasca destra dei pantaloni. Doveva essere una 45.

Aveva grosse orecchie e una simpatica espressione negli occhi: tutto sommato non doveva essere piú pericoloso d'uno scoiattolo, e molto meno nervoso. M'appoggiai al banco e stetti a guardarlo. Mi fece un cenno vago con la testa e si sporse lateralmente a scaricare un buon quarto di roba nella sputacchiera. Accesi una sigaretta e mi guardai intorno, in cerca d'un portacenere dove buttare il fiammifero.

"Butti a terra," disse. "Cosa posso fare per lei, figliolo?"

Lasciai cadere il fiammifero a terra e con un cenno del mento indicai la carta sulla parete. "Cercavo una carta del distretto. A volte gli uffici turistici ne hanno da dare in omaggio. Non che creda che il suo sia un ufficio turistico."

"Non abbiamo cartine," disse l'uomo. "Ne avevamo una quantità qualche paio d'anni fa, ma le abbiamo date via. Ho sentito dire che Sid Young, quello che ha il negozio di ottica vicino all'ufficio postale, ne ha qualcuna. È il giudice di pace, oltre che l'ottico del posto, e le dà in omaggio per mostrare dove si può fumare e dove no. C'è sempre pericolo d'incendi, tra questi alberi. Quella sulla parete è un'ottima carta del distretto. Sarei lieto di poterla indirizzare da qualche parte. I turisti estivi son sempre benvenuti da noi." Riprese fiato e scaricò un altro carico di roba. "Come ha detto che si chiama?"

"Evans. È lei che rappresenta la legge da queste parti?"

"Già. Sono il poliziotto di Puma Point e il vicesceriffo di San Berdoo. Che forza di polizia dovrebbe esserci quassú? Sid Young e io bastiamo. Mi chiamo Barron e sono di Los

Angeles. Diciott'anni nella squadra incendi. Ma è un pezzo che sono quassú. C'è pace e aria buona. È qui per affari?"

Non era possibile che avesse raccolto un terzo carico in cosí poco tempo eppure: ci fu un bel tonfo nella sputacchiera.

"Affari?"

L'uomo allontanò riluttante una mano da sopra lo stomaco e si ficcò un dito nel colletto della camicia, accomodandoselo. "Sí, affari," disse con calma. "Cioè, immagino che ce l'avrà un permesso per quella pistola."

"Accidenti, sporge molto?"

"Dipende dalla vista di chi guarda," disse, e poggiò tutt'e due le mani sui braccioli. "Forse sarà meglio che ci presentiamo."

S'alzò e venne al banco. Presi il mio portafoglio, lo misi sul banco, l'aprii e gli mostrai la copia fotostatica della mia licenza nello scomparto di celluloide. Tirai fuori anche il porto d'armi rilasciatomi dallo sceriffo di Los Angeles e glielo misi accanto alla licenza.

Lesse tutto con grande attenzione.

"Meglio controllare anche la matricola."

Tirai fuori la pistola e gliela misi sul banco. La prese e confrontò il numero della matricola con quello dichiarato sul porto d'armi. "Vedo che lei ne ha tre. Spero che non le porti addosso tutt'insieme. Una bella pistola, figliolo. Anche se non è paragonabile alla mia." Dalla fondina sul fianco tirò fuori un cannone e lo mise sul banco. Una Frontier Colt che doveva pesare quanto una valigia. La riprese in mano, se la fece girare intorno a un dito, poi la mise via. Mi restituí la mia 38.

"È qui per affari, signor Evans?"

"In verità, non saprei dire. Sono stato chiamato quassú, ma ancora non ho avuto nessun contatto. Diciamo, un affare molto riservato."

Annuí. Lo sguardo gli si fece pensoso; il che significò che gli occhi si fecero piú profondi, piú freddi e piú scuri. Si ripassò di nuovo il dito dentro il colletto della camicia.

"Sto all'Indian Head."

"Non ho nessuna intenzione di ficcare il naso nei suoi affari, figliolo," disse, grattandosi ora la nuca. "Tanto piú che quassú non abbiamo mai rogne. Ogni tanto qualche litigio o, d'estate, qualche ubriaco al volante. Magari qualche paio di ragazzetti ancora freschi e verdi che s'intrufolano in qualche capanno vuoto per passarci la notte e rubacchiare qualche scatoletta di fagioli. Ma rogne vere e proprie no, quassú non ne conosciamo. L'aria di montagna non ispira cattivi pensieri. E i montanari sono gente assai pacifica. Sid Young e io bastiamo a sufficienza."

"Già," feci. "Ma deve essere cambiato il vento."

Si piegò un po' in avanti e mi guardò negli occhi.

"Già," feci. "Adesso c'è un bel delitto da sbrigare."

La sua espressione non cambiò gran che. Si ripassò con lo sguardo tutta la mia faccia, centimetro per centimetro, poi allungò un braccio e, meccanicamente, afferrò il cappello e se lo cacciò in testa.

"Cos'è che dice, figliolo?" chiese con grande calma.

"Fuori dal paese, sulla strada poco oltre quel padiglioncino dove ci fanno musiche e danze. Un uomo, sparato piú o meno a bruciapelo, lungo disteso dietro un grosso tronco. Sparato al cuore. Mi son fatta tutta una pipata di mezz'ora vicino a lui, prima di accorgermene."

"Davvero?" Non parlò con calma questa volta; era quasi un grugnito. "Dalle parti di Speaker Point, eh? Dopo la Speaker's Tavern? È quello il posto?"

"Esatto."

"Ci ha messo un bel po' prima di venire a dirmelo, o sbaglio?" Il suo sguardo non era piú amichevole.

"M'è venuto un colpo," dissi. "Mi c'è voluto un sacco di tempo per riprendermi."

Annuí. "Adesso noi due facciamo una scappatina laggiú, nella sua macchina."

"Sarebbe una corsa inutile," dissi. "Il corpo è stato rimosso. Dopo che ho scoperto il morto stavo tornando alla mia macchina — credo che intendessi venir dritto qui da lei — quando una scimmietta giapponese è saltata fuori da un cespuglio e mi ha abbattuto. Un paio di uomini hanno portato via il cadavere. Si sono allontanati in barca. Non c'è rimasta nemmeno una traccia."

Lo sceriffo andò alla sputacchiera e mollò un altro carico. Poi mandò uno schizzetto sulla stufa e aspettò che sfriggolasse; ma era estate e la stufa era spenta.

Si voltò a guardarmi e, schiarendosi la voce, disse: "Adesso sarà bene che lei se ne va a casa e se ne sta buono buono per un po' di tempo." Si piantò un pugno nel fianco. "Noi vogliamo che i nostri villeggianti se la godano quassú." Si ficcò tutte e due le mani nelle tasche.

"Okay," dissi.

"Non abbiamo scimmiette giapponesi da queste parti. È un articolo che ci manca."

"Vedo che questa non l'è piaciuta," dissi. "Vediamo un po' quest'altra. Un tale, un certo Weber, è stato accoltellato nella schiena poco fa, all'Indian Head. Nella mia stanza. Qualcuno, che non ho visto in faccia, m'ha dato una mattonata in testa e dopo che son partito ha accoltellato questo Weber. Stavamo parlando, lui e io. Weber infatti lavora all'albergo. Fa il cassiere, e questa volta ha incassato un po' troppo."

"Ha detto che è successo nella sua stanza?"

"Sí."

"A quanto pare," disse Barron, tutto pensoso, "lei sta cominciando a esercitare una cattiva influenza in tutta la zona."

"Non le è piaciuta nemmeno questa, vero?"

Scosse la testa. "No. Nemmeno questa m'è piaciuta. A meno che, naturalmente, non abbia un cadavere da mostrare."

"Non l'ho con me," dissi. "Ma posso fare una corsa a prenderlo."

Allungò una manaccia e mi strinse il braccio tra le dita piú inesorabili che avessi mai provato. "Al posto suo, figliolo, la pianterei con questo gioco del nasconderello," disse. "Facciamo cosí: l'accompagno. È una magnifica serata."

"Certo," dissi, senza muovermi. "L'uomo che mi ha mandato a chiamare quassú si chiama Fred Lacey. Ha comprato da poco il cottage su a Ball Sage Point, il cottage Baldwin. L'uomo che ho trovato morto a Speaker Point si chiamava Frederick Lacey, stando alla patente che ho trovato nella sua tasca. C'è ancora dell'altro, ma credo che i particolari finiscano con annoiarla, o sbaglio?"

"Noi due, adesso, facciamo una corsa all'albergo," disse lo sceriffo. "Ha la macchina?"

Dissi di sí.

"Benissimo," disse lo sceriffo. "Non l'adoperiamo. Però mi dà le chiavi."

7

Il bestione con i due cespugli sopra gli occhi e il sigaro avvitato in bocca stava appoggiato contro la porta chiusa della stanza e non diceva niente, né aveva l'aria di pensare a qualcosa da dire. Lo sceriffo Barron s'era allungato su una sedia e guardava il dottore, un certo Menzies, che stava esaminando il cadavere. Io me ne stavo nel mio cantuccio. Il dottore era un tipo spigoloso, con le pupille che parevano due cimici e una faccia gialla rallegrata da due chiazze rosso brillante sugli zigomi. Le dita erano macchiate di nicotina; non sembrava uno che amasse molto la pulizia.

Sbuffò il fumo della sigaretta tra i capelli del morto, lo girò su se stesso, sul letto, e lo palpò qua e là. Cercava di dare l'impressione di sapere con esattezza che cosa stava facendo. Il coltello era stato tolto dalla schiena di Weber e ora era sul letto accanto a lui. Un coltello dalla lama corta e larga, del tipo di quelli che si portano in un fodero attaccato alla cintola e il manico abbastanza doppio da tappare completamente la ferita, appena inferto il colpo, impedendo al sangue di riversarsi fuori a fiotti. La lama era completamente coperta di sangue.

"Coltello Sears Sawbuck Hunter's Special n. 2438," disse lo sceriffo, guardandolo. "Ce n'è migliaia uguali tutt'intorno al lago. Non sono né buoni né cattivi. Che ne dici, dottore?"

Il dottore si rizzò e cavò fuori un fazzoletto. Sparò dei colpi violenti di tosse nel fazzoletto, ne studiò il risultato, scosse tristemente la testa e s'accese un'altra sigaretta.

"Di che cosa?"

"Causa ed epoca della morte."

"Epoca recentissima," rispose il dottore, più cupo che mai. "Non più di due ore. Non c'è nemmeno l'inizio dell'irrigidimento."

"Diresti che l'ha ucciso il coltello?"

"Non fare il cretino, Jim Barron."

"Ci sono stati casi," fece lo sceriffo, "in cui un uomo è stato prima avvelenato o fatto fuori in qualche modo, e poi gli hanno piantato un coltello in corpo per dare tutt'altra impressione."

"Sarebbe una bella trovata," rispose il dottore, odioso. "Ne hai avuti molti di casi cosí da queste parti?"

"Ho avuto un solo omicidio," disse lo sceriffo, con grande calma. "Il vecchio Dad Meacham, sull'altra sponda. Aveva un capanno a Sheedy Canyon. Non lo si vide in giro per parecchio, ma faceva freddo e tutti pensarono che se ne stesse accucciato sulla stufa. Poi, visto che proprio non si faceva vivo, andarono a bussare e scoprirono che il capanno era chiuso a chiave. Pensarono che fosse sceso a valle a svernare. Poi ci fu una forte nevicata e il tetto si sfondò; andammo su a ripararlo per non fargli marcire tutta la roba e, grandio, lo trovammo steso nel letto con un'accetta piantata dietro il capo. Aveva messo qualche quattrino da parte durante l'estate — e credo che questo gli costò la vita. Non scoprimmo mai il colpevole."

"Vuoi mandarlo giú con la mia autoambulanza?" chiese il dottore indicando con la sigaretta il morto sul letto.

Lo sceriffo scosse la testa. "No. Questo è un paese povero, dottore. Secondo me può andarsene via in una maniera piú economica."

Il dottore si rimise il cappello in testa e s'avviò alla porta. L'uomo coi cespugli si scostò per farlo passare. Il dottore aprí la porta. "Fammi sapere se vuoi che paghi io i funerali," disse, e uscí.

"Che maniera di parlare," disse lo sceriffo.

L'uomo coi cespugli disse: "Mettiamo fine a tutta la storia e portiamolo via, cosí me ne torno al lavoro. Ho una troupe di cineasti che arriva lunedí, e ci sarà un sacco da fare. Dovrò procurarmi anche un altro cassiere, e non sarà facile."

"Dove trovò Weber?" chiese lo sceriffo. "Aveva qualche nemico?"

"Direi che ne ha avuto almeno uno," rispose l'uomo coi cespugli. "Lo trovai per mezzo di Frank Luders, giú al Woodland Club. Tutto quello che so di lui è che conosceva bene il suo mestiere e che pagò una cauzione di diecimila senza fiatare. Questo era tutto quanto m'occorreva sapere."

"Frank Luders, eh?" fece lo sceriffo. "Cioè quello che s'è stabilito laggiú. Credo di non averlo incontrato. Cosa fa?"

"Ah, ah!" rispose l'uomo coi cespugli.

Lo sceriffo lo guardò con calma. "Be', non è l'unico posto dove giocano a poker pesante, vero, signor Holmes?"

Il signor Holmes guardò nel vuoto. "Bene," disse poi.

"Ora devo tornare al lavoro. Ha bisogno d'una mano per rimuoverlo?"

"No. Lo portiamo via subito, prima di giorno, ma non immediatamente. Per il momento non ho bisogno di nient'altro, signor Holmes."

L'uomo coi cespugli lo guardò per un attimo pensieroso, poi mise la mano sulla maniglia della porta.

Dissi, allora: "Lei ha un paio di ragazze tedesche che lavorano qui, signor Holmes. Chi le ha ingaggiate?"

"L'uomo coi cespugli si tolse il sigaro di bocca, lo guardò, se lo cacciò di nuovo in bocca e l'avvitò ben bene tra le labbra. Disse: "È affar suo, per caso?"

"Si chiamano Anna Hoffman e Gertrude Smith, o forse Schmidt," dissi. "Avevano un cottage insieme, su ai Whitewater Cabins. Ma stanotte hanno fatto le valige e hanno lasciato la montagna. Gertrude è quella che portò le scarpe della signora Lacey dal calzolaio."

L'uomo coi cespugli mi guardò fisso.

Continuai: "Ma prima di andare dal calzolaio Gertrude le lasciò per qualche attimo sulla scrivania di Weber. C'erano cinquecento dollari in una delle scarpe. Ce le aveva messe il signor Lacey, per fare una sorpresa alla moglie."

"Come storiella è carina, ed è la prima volta che la sento raccontare," disse l'uomo coi cespugli.

Lo sceriffo non aprí bocca.

"I soldi non furono rubati," aggiunsi. "I Lacey li ritrovarono nella scarpa lí dal calzolaio."

Si svitò un tantino il sigaro, giusto per poter dire: "Mi fa piacere che la cosa si sia conclusa felicemente." Spalancò la porta e uscí. Lo sceriffo non disse nulla per fermarlo.

Andò nell'altro angolo della stanza e sputò nel cestino dei rifiuti; poi tirò fuori dalla tasca un fazzoletto ch'era un lenzuolo color kaki, v'avvolse dentro il coltello macchiato di sangue e se lo cacciò nella cintura, di fianco. Si avvicinò al letto e guardò il morto. Si raddrizzò il cappello in testa e s'avviò alla porta.

L'aprí e, sulla soglia, si voltò dalla mia parte. "Questo è un piccolo imbroglio," disse. "Ma forse non è il tipo d'imbroglio che crede lei. Andiamo da questi Lacey."

Uscii e lui chiuse la porta dietro di me e si mise la chiave in tasca. Scendemmo le scale e attraversammo il vestibolo e, poi, la strada, verso una berlinetta rossiccia, coperta di polvere, ferma davanti a una presa d'acqua. Al volante c'era un giovanotto pelle-e-ossa: sembrava denutrito e sporco, come tutti quelli del posto. Lo sceriffo e io montammo sul sedile di dietro. Lo sceriffo disse:

"Sai dov'è il cottage Baldwin, a Ball Sage, Andy?"
"Se'."
"Andiamoci," disse lo sceriffo. Poi aggiunse: "Ferma un attimo." Si sporse a guardare il cielo. "Luna piena, stanotte. Ed è una notte veramente magnifica."

8

Il cottage era tale e quale come l'avevo lasciato. Erano illuminate le stesse finestre, la stessa automobile era nella doppia autorimessa aperta e gli stessi selvaggi e fieri latrati risuonarono nella notte.

"Che diavolo è?" esclamò lo sceriffo mentre la macchina rallentava. "Si direbbe un coyote."
"È una mezza coyote," feci.
L'uomo pelle-e-ossa al volante disse, senza voltare il capo: "Vuoi che mi fermo davanti all'ingresso, Jim?"
"Portala avanti un altro poco. Fino a quei vecchi pini."
La macchina si fermò silenziosa nell'ombra cupa sul lato della strada. Lo sceriffo e io scendemmo. "Tu rimani qui, Andy, e non farti vedere da nessuno, ho le mie ragioni."

Facemmo a piedi un pezzo di strada, superammo lo steccato di legno, e il latrato riprese piú forte di prima. La porta d'ingresso s'aprí e, quando fu sui gradini, lo sceriffo si tolse il cappello.

"La signora Lacey? Sono Jim Barron, lo sceriffo. Questo è il signor Evans, di Los Angeles. Credo che lei lo conosca. Disturbiamo se entriamo?"

La faccia della donna era nell'ombra, cosí non notai nessuna espressione. Girò di poco la testa dalla mia parte e disse, guardandomi: "Prego, entrate," con una voce completamente atona.

Dopo che fummo entrati la donna chiuse la porta alle nostre spalle. Un uomo robusto, dai capelli grigi, che stava seduto in una poltroncina, si liberò del cane che teneva sulle ginocchia e s'alzò. Il cane sfrecciò attraverso la stanza, piombò nello stomaco dello sceriffo, si rigirò in aria e appena toccato terra prese a girarci vorticosamente intorno.

"Be', è proprio una cagnetta simpatica," fece lo sceriffo, ricacciandosi la camicia nei pantaloni. L'uomo dai capelli grigi fece un sorriso compiaciuto. Poi disse: "Buonasera," mostrando una bella chiostra di denti bianchi e forti.

La signora Lacey indossava ancora la giacca a doppiopetto scarlatta e la gonna-pantalone grigia. Sembrava invecchiata e aveva una faccia molto tirata. Guardando per terra, disse: "Il signor Frank Luders, del Woodland Club. Il signor Bannon e..." s'interruppe e sollevò gli occhi per fissare un punto incerto al di sopra della mia spalla sinistra. "Non ho afferrato bene il nome dell'altro signore," disse.

"Evans," fece lo sceriffo, senza guardarmi. "E il mio è Barron, non Bannon." Fece un cenno del capo verso Luders. Anch'io feci un cenno del capo, e Luders sorrise a tutt'e due. Era grosso, bene in carne, muscoloso, ben nutrito e dall'aria allegra. Era chiaro che non aveva preoccupazioni al mondo, il buon Frank Luders, amico di tutti.

Disse: "Conosco Fred Lacey da molto tempo. Ho fatto un salto a salutarlo, ma non è in casa. Sto aspettando un amico che dovrebbe venire a prendermi in macchina."

"Lieto di conoscerla, signor Luders," fece lo sceriffo. "Ho sentito dire che lei ha comprato il club. Ancora non avevo avuto il piacere di incontrarla."

La donna si sedette, con un movimento lentissimo, sulla punta d'una sedia. Mi sedetti anch'io. La cagnetta, Shiny, mi saltò immediatamente in grembo, mi lavò l'orecchio sinistro, rotolò a terra e s'appiattì sotto la mia sedia. Rimase lí ansimando rumorosamente e battendo il pavimento con la coda soffice.

Nella stanza ci fu silenzio per uno o due minuti. Da fuori, dalla parte del lago, giunse attraverso le finestre un lievissimo rombo di motore. Lo sceriffo l'udí e voltò impercettibilmente la testa, senza mutare espressione.

Disse: "Il signor Evans, qui presente, mi ha raccontato una storia molto strana. Immagino che non ci sia nulla di male se ne parlo adesso, visto che il signor Luders è un amico di famiglia."

Guardò la signora Lacey e rimase in attesa d'una risposta. La donna levò lentamente gli occhi da terra, ma non abbastanza da incontrare i suoi, fece un paio di movimenti con la gola, come se inghiottisse qualcosa, e scosse la testa. Una delle mani cominciò a strisciare su e giú irrequieta sul bracciolo della sedia. Luders sorrise.

"Mi sarebbe piaciuto trovare il signor Lacey in casa," riattaccò lo sceriffo. "Pensa che tarderà?"

La donna scosse di nuovo il capo. "Credo di no," disse con voce spenta. "È fuori da oggi pomeriggio. Non so dove sia andato. Ma non credo che sia andato a valle senza avvertirmi. Qualche volta è capitato che ci sia andato senza dirmi niente, oggi però aveva tutto il tempo per avvertirmi. Deve essere successo qualcosa."

"Può darsi," fece lo sceriffo. "Pare che il signor Lacey abbia scritto una lettera al signor Evans, pregandolo di venire subito quassú. Il signor Evans è un poliziotto di Los Angeles."

La donna si agitò, inquieta sulla sedia. "Un poliziotto," ripeté in un soffio.

Luders disse, con tutt'altro tono: "E perché mai Fred avrebbe fatto una cosa simile?"

"Per via di certi soldi nascosti in una scarpa," rispose lo sceriffo.

Luders sollevò le sopracciglia e guardò la signora Lacey, meravigliato. La signora Lacey si mordicchiò le labbra, poi disse, tirando fuori le parole a fatica: "Ma l'abbiamo riavuti, signor Bannon. Fred voleva farmi una sorpresa. Aveva vinto del danaro alle corse, poca roba, e voleva farmi una sorpresa. Io mandai la scarpa a riparare ancora col danaro dentro, ma quando andammo a riprendercela il denaro c'era ancora."

"Barron, mi chiamo, signora, non Bannon," fece lo sceriffo. "Cosí ha riavuto tutto il danaro indietro, signora Lacey?"

"Sí, certo. Naturalmente, sulle prime avevamo pensato che, trattandosi di un albergo... poiché una delle cameriere aveva portato la scarpa... be', insomma, non so cosa pensassimo con esattezza — certo che era un posto poco adatto per nascondere dei soldi... però li abbiamo riavuti tutti, fino all'ultimo centesimo..."

"Ed erano gli stessi soldi?" intervenni io, cominciando a capire lo scherzo e non apprezzandolo per niente.

Non mi guardò affatto. "Certo, naturalmente. Perché? Dovevano essere diversi, forse?"

"Secondo quanto mi ha riferito il signor Evans, la cosa sarebbe andata diversamente," disse lo sceriffo, sempre tranquillo, e s'incrociò le mani sullo stomaco. "C'era una piccola differenza, pare, nel racconto che lei ha fatto a Evans."

Luders si tese improvvisamente in avanti, ma continuò a sorridere. Io non mossi muscolo. La donna fece un gesto vago con una mano, mentre con l'altra continuava a fregare il bracciolo della poltrona. "Io... gli ho detto... Cosa ho detto al signor Evans?"

Lo sceriffo girò molto lentamente la testa verso di me, m'affibbiò un'occhiataccia severa e riportò la testa nella posizione di prima. Con la mano destra si diede un colpetto sulla sinistra piantata in mezzo allo stomaco. Dalle labbra non si capiva se stesse sorridendo.

"So che il signor Evans è già stato qui da lei stasera, e lei gliene ha parlato, signora Lacey. Del danaro cambiato, voglio dire."

"Cambiato?" La voce della donna suonò stranamente fessa. "Il signor Evans le ha detto di essere stato qui questa sera? Io... io il signor Evans non l'ho mai visto prima in vita mia."

Non mi presi la briga nemmeno di guardarla. Luders era il mio soggetto, e cosí guardai lui. Ne ricavai quello che si ricava da una slot machine: nemmeno un nichel. Soffocò una risatina e accostò un fiammifero acceso al sigaro.

Lo sceriffo chiuse gli occhi. In faccia gli comparve una specie di espressione triste. La cagnetta venne fuori da sotto la mia sedia e andò a piantarsi al centro della stanza, puntando Luders. Poi si spostò in un angolo e andò a cacciarsi sotto un divano. Per un po' da quella parte giunse un ringhio continuo, poi silenzio.

"Be,' non so che dire," fece lo sceriffo quasi parlando tra sé. "Non so sbrigarmela in faccende come questa. Non ho esperienza. Quassú non abbiamo mai imbrogli simili. Quasi non sappiamo cosa è un delitto." E fece la faccia preoccupata. Poi aprí gli occhi. "Quanti soldi c'erano nella scarpa, signora Lacey?"

"Cinquecento dollari." La voce della donna fu poco piú d'un bisbiglio.

"E dov'è ora tutto questo danaro?"

"Credo che ce l'abbia Fred."

"Avevo capito che intendesse darlo a lei, signora Lacey."

"Sí," rispose, decisa e pronta. "Sí. Ma in questo momento non ne ho bisogno. Non certo quassú in montagna. Probabilmente in seguito mi darà un assegno."

"E se lo porta in tasca, tutto? O l'ha lasciato qui in casa, signora Lacey?"

Scosse la testa, sempre decisa. "In tasca, credo. Non lo so. Vuole perquisire la casa?"

Lo sceriffo scosse le grosse spalle pesanti. "Be', no, credo di no, signora Lacey. Non mi servirebbe a niente se lo trovassi. Specie se è stato cambiato."

Luders disse: "Cosa intende dire esattamente con cambiato, signor Barron?"

"Cambiato con moneta falsa."

Luders scoppiò a ridere. "Questa è buona. Proprio divertente. Moneta falsa a Puma Point? E quali probabilità di spacciarla ci sarebbero quassú, me lo dice?"

Lo sceriffo scosse il capo con aria rattristata. "Non sembra plausibile, vero?"

Luders aggiunse: "E la sua unica fonte d'informazione in materia è il signor Evans qui presente? Che si spaccia per poliziotto privato, immagino."

"Credo di sí," rispose lo sceriffo.

Luders si piegò ancora di piú in avanti. "Le risulta, oltre che dalle dichiarazioni del signor Evans, che Fred Lacey lo abbia mandato a chiamare?"

"Doveva pur averci un motivo per venire fin quassú, non trova?" La voce dello sceriffo cominciava ad avere un tono piuttosto agitato — come se qualcosa lo preoccupasse. "E poi — sapeva del danaro nella scarpa della signora Lacey."

"Chiedevo soltanto," fece Luders, abbassando la voce.

Lo sceriffo si voltò dalla mia parte. Avevo ancora il sorriso appiccicato sulle labbra. Dopo l'incidente lí all'albergo non avevo piú pensato alla lettera di Lacey — ora sapevo che era inutile cercarla.

"Ha ricevuto una lettera da Lacey?" Con voce molto dura.

Feci per portare la mano alla tasca di petto. Barron abbassò la sua e quando la rialzò stringeva la Frontier Colt. "Le toglierò prima quella pistola," disse, tra i denti. S'alzò.

Mi sbottonai la giacca e la tenni aperta. Si chinò su di me e mi sfilò l'automatica dalla fondina sotto l'ascella. La guardò un momento soprappensiero, poi se la cacciò nella tasca posteriore sinistra dei pantaloni. Tornò a sedersi. "Adesso può cercare la lettera."

Luders mi guardava con molto poco interesse. La signora Lacey congiunse le mani e le contorse; poi rimase immobile a guardare il pavimento tra le sue scarpe.

Mi svuotai la tasca di petto. Un paio di lettere, dei bigliettini con appunti, un pacchetto di stoppini per pulire la pipa, un fazzoletto di riserva. Nessuna delle lettere era quella che cercavo. Rimisi tutto nella tasca, tirai fuori una sigaretta e me la misi tra le labbra. Strofinai il fiammifero e accostai la fiamma al tabacco. Indifferente.

"Avete vinto," dissi con un bel sorrisone. "Tutt'e due."

Il colorito del viso di Barron s'animò: una sfumatura lievissima di rosso. Gli occhi gli luccicarono. Storse le labbra e girò la testa dall'altra parte.

"Perché," chiese Luders, sempre tutto premuroso, "non vediamo anche se è veramente un poliziotto?"

Barron lo guardò a malapena. "Le sciocchezze non mi preoccupano," rispose. "Adesso devo indagare su un delitto."

Sembrava che non guardasse né a Luders né alla signora Lacey, ma in un punto imprecisato del soffitto. La signora Lacey ebbe un fremito e strinse le mani così forte che le nocche impallidirono e brillarono alla luce della lampada. Aprí la bocca lentamente e gli occhi le si rivoltarono in dentro. Un singhiozzo le si spense in gola.

Luders si tolse il sigaro dalla bocca e lo poggiò con cura nel portacenere d'ottone del servizio da fumo che aveva accanto. Non sorrideva piú e aveva un'espressione dura sulle labbra. Non disse niente.

Era stata calcolata da maestro: Barron gli diede, a tutt'e due, il tempo necessario per reagire al colpo, ma non un secondo per riprendersi. Con lo stesso tono indifferente, aggiunse:

"Un certo Weber, cassiere all'Indian Head Hotel. È stato accoltellato nella stanza di Evans. Con Evans presente, ma stordito prima che l'uccidessero. Cosí lui è uno di quelli di cui sentiamo sempre parlare ma che non incontriamo mai — uno di quelli che arrivano sempre per primi sul posto."

"Non direi che arrivo sul posto," dissi io. "Li ammazzano e poi vengono a portarmeli a domicilio."

La testa della donna ebbe un sussulto. Finalmente alzò lo sguardo da terra e per la prima volta mi guardò dritto negli occhi. C'era una strana luce nei suoi occhi, una luce remota, offuscata, umiliata.

Barron s'alzò lentamente. "Non ci sono," fece. "Proprio non ci sono. Ma una cosa la capisco: che non sbaglio a metter dentro questo giovanotto." Si rivolse a me: "Non corra troppo veloce, non al principio, figliolo. Di solito do sempre cinquanta metri di vantaggio."

Non dissi niente. E cosí anche gli altri.

Sempre parlando con molta calma, Barron aggiunse: "Devo chiederle di aspettare qui finché non torno, signor Luders. Se il suo amico passa a prenderla, gli dica di andare. Sarà un piacere per me accompagnarla al club, dopo."

Luders assentí. Barron diede un'occhiata all'orologio sulla mensola del camino. Era mezzanotte meno un quarto. "Piuttosto tardi, per un vecchio acciaccato come me. Pensa che il signor Lacey tornerà a casa presto, signora?

"Io... io spero di sí," rispose la donna, e fece un gesto con la mano che non significava niente, a meno che non fosse dettato dalla disperazione.

Barron s'avviò verso la porta aperta. Mi fece segno di precederlo con un movimento quasi impercettibile del mento. Uscii sul portico. La cagnetta si sporse da sotto il divano e mandò un suono che pareva un ululato. Barron si voltò a guardarla.

"È proprio una cagnetta simpatica. M'han detto che è una mezza coyote. Cosa sarà mai l'altra metà?"

"Non sappiamo," mormorò la signora Lacey.

"Forse mi piace questo caso. Quello a cui sto dietro, voglio dire," fece Barron, e uscí sul portico dietro di me.

9

Scendemmo fino alla strada senza scambiare una sola parola e arrivammo alla macchina. Andy s'era stravaccato sul sedile con mezza sigaretta spenta fra le labbra.

Montammo in macchina. "Va' avanti per un pezzo, un paio di centinaia di metri," fece Barron. "E fa' molto chiasso."

Andy mise in moto, impazzí sull'acceleratore, ingranò la marcia e la macchina partí, alla luce della luna, affrontò una curva e, poi, una salita tutta scaglionata dalle ombre degli alberi.

"Arrivati in cima gira e torna indietro, ma non avvicinarti troppo," disse Barron. "Mantieniti fuori vista da quel cottage, e spegni i fari, prima di girare."

"Sí," fece Andy.

Girò la macchina poco prima della fine della salita, manovrando intorno a un albero. Spense le luci e cominciò a scendere. Poi spense il motore. In fondo alla discesa c'era un folto di alberi altissimi. La macchina si fermò lí. Andy tirò il freno lentamente per non far rumore. Barron si appoggiò allo schienale del sedile anteriore. "Adesso attraversiamo la strada e ci avviciniamo al lago," disse quasi nell'orecchio di Andy. "Non voglio rumori né che si cammini alla luce della luna. Intesi?"

Andy disse: "Se'."

Scendemmo e ci avviammo con grande cautela sul ciglio della strada, camminando sugli aghi di pino. Poi ci infilammo tra gli alberi finché arrivammo al lago. Barron si sedette a terra per riposare. Andy e io facemmo lo stesso. Barron accostò la bocca all'orecchio di Andy.

"Senti niente?"

Andy disse: "Otto cilindri, sfiatati."

Tesi l'orecchio anch'io: sí, qualcosa l'afferravo; un brontolio lieve; ma non avrei mai potuto giurare che si trattasse di otto cilindri. E sfiatati, per giunta.

Nel buio, Barron si riaccostò all'orecchio di Andy e bisbigliò: "Tieni d'occhio le luci del cottage."

Stemmo tutt'e tre a guardare verso il cottage. Passarono un cinque minuti, o almeno tanto tempo da poter giudicare che fossero passati cinque minuti. Le luci del cottage erano sempre accese. Poi, a un tratto, sentimmo un rumore, lontanissimo, tanto da pensare d'esserselo immaginato: una porta che veniva chiusa. Poi ancora, anch'essi lievi e remoti, dei passi su gradini di legno.

"Furbi. Non c'è male. Hanno lasciato le luci accese," disse Barron, sempre nell'orecchio di Andy.

Aspettammo ancora qualche minuto. Poi il brontolio lieve scoppiò in un rombo: un motore ansimante che, ogni tanto, perdeva qualche colpo. Poi il rombo parve abbassarsi in un ronzio pesante e piú continuo che, lentamente, cominciò ad allontanarsi. Una sagoma scura sgusciò sull'acqua illuminata dalla luna, piegò lasciandosi dietro una bianca scia luminosa, e sfrecciò via dietro il promontorio, scomparendo.

Barron tirò fuori un pezzo di tabacco, se lo cacciò in bocca e prese a masticare. Stava seduto e masticava tranquillo, sputando ogni tanto oltre la punta delle scarpe, davanti a lui. Poi s'alzò e si scosse di dosso gli aghi di pino. Andy e io ci alzammo.

"Ormai la gente non ha piú il buon senso di masticare tabacco," disse Barron. "Il mondo è veramente cambiato. E poi, star fuori fino a quest'ora di notte! Quasi m'addormentavo, là nel capanno." Sollevò la Colt che stringeva nella sinistra, la passò nella destra, poi l'infilò nella fondina.

"Ebbene?" disse, guardando Andy.

"È la barca di Ted Rooney," rispose Andy. "Ha due valvole sporche e la marmitta spaccata. Si sente quando accelera, come poco fa quando sono partiti. Perde colpi."

Era quasi una conferenza per Andy, e allo sceriffo piacque.

"Non potresti sbagliare, Andy? Un sacco di barche hanno le valvole sporche. Non sarà mica l'unica."

"E allora perché diamine me lo chiedi?" rispose Andy, arrabbiato.

"Okay, Andy, non prendertela adesso."

Andy brontolò qualcosa. Ritornammo sulla strada e rimontammo in macchina. Andy riaccese il motore, fece marcia indietro, girò e disse: "Fari?"

Barron fece di sí col capo. Andy accese i fari. "Dove?"

"Da Ted Rooney," disse Barron, calmo. "E presto. Ci son quindici chilometri fin lí."

"In meno di venti minuti non ce la faccio," brontolò Andy, incupito. "Dobbiamo girare intorno al promontorio."

Le ruote della macchina frusciarono sull'asfalto della strada. Partimmo, passammo davanti all'accampamento di boy scout e agli altri gruppi di cottage e voltammo a sinistra sulla statale. Barron non parlò finché non superammo il paese e non fummo sulla strada di Speaker Point. L'orchestra, sotto il padiglioncino, si stava dando ancora da fare.

"Son stato bravo?" mi chiese finalmente.

"Abbastanza."

"Ho fatto qualche sbaglio?"

"Nessuno. Una scena perfetta," risposi. "Ma non credo che abbia ingannato Luders."

"La signora era molto a disagio," disse Barron. "Quel Luders è a posto. Deciso, tranquillo, osservatore. Non gli sfugge niente. Ma non son riuscito a fargliela. Almeno in parte. Lui sí, ha fatto qualche sbaglio."

"Qualche paio. Pare anche a me," feci. "Il primo è stato

quello di farsi trovare addirittura là; il secondo, di dire che aspettava un amico che passava a prenderlo per spiegare perché era senza macchina. Non era tenuto a dare nessuna spiegazione. Nella rimessa c'era una macchina, e noi non sapevamo di chi era. Un altro sbaglio è stato di tenere lí la barca a motore acceso."

"Non è stato uno sbaglio, questo," intervenne Andy. "Ha mai provato a metterla in moto da freddo?"

Barron disse: "Non metti la macchina nella rimessa quando vai a trovare qualcuno lassú. L'umidità non te la rovina, perché non ce n'è. Quanto alla barca, poteva essere di chiunque, magari di qualche coppia occupata a conoscersi a fondo. Ai suoi occhi non dovrei aver sospetti su di lui. Ha solo insistito troppo nel volermi mettere fuori strada con la faccenda del poliziotto privato."

Sputò fuori dal finestrino: sentii il tonfo contro l'asfalto, pareva uno straccio bagnato. La macchina correva nella notte chiara affrontando curve, salite e discese, tuffandosi tra i pini e tagliando per tratti piani su cui a quell'ora c'era ancora del bestiame a pascolare.

Dissi: "Sapeva benissimo che non ce l'avevo la lettera di Lacey, perché è stato lui a sfilarmela di tasca, lí all'albergo. È stato Luders a stordirmi col mattone e a pugnalare Weber. Luders se che Lacey è morto, anche se non l'ha ucciso lui. È cosí che ha convinto la signora Lacey. Lei crede che il marito sia ancora vivo e nelle mani di Luders."

"Me lo sta dipingendo come una carognetta, questo Luders," disse Barron, piú calmo che mai. "E perché avrebbe accoltellato Weber?"

"Perché da Weber son cominciati tutti i guai. La loro è una organizzazione. Il loro scopo è di spacciare biglietti da dieci dollari falsificati alla perfezione, spacciarne in grande quantità. Naturalmente non è un servizio reso alla causa spacciarne un carico per cinquecento dollari, tutti nuovi fiammanti, in circostanze che avrebbero insospettito chiunque fosse stato meno avventato di quel Lacey."

"Un bel lavoro d'immaginazione, il suo," disse lo sceriffo, afferrandosi alla maniglia dello sportello mentre Andy affrontava una curva a tutta velocità. "Ma forse ha trovato poco pubblico. Io devo andarci piano. Conosco il mio pollaio, e Puma Lake non mi sembra proprio il posto adatto per mettersi a spacciare biglietti falsi."

"Okay," feci io.

"D'altro canto, se Luders è il mio soggetto potrà essere difficile incastrarlo. Ci sono tre strade che partono dalla valle, e c'è una mezza dozzina di aeroplani ai lati del campo da golf del Woodland Club. Ed è estate."

"E lei non mi pare molto preoccupato," dissi.

"Uno sceriffo di montagna non ha molti motivi di preoccuparsi," rispose lui tranquillo. "Non ha cervello, secondo la gente. E il signor Luders fa parte della gente."

10

La barca era legata a una cima da ormeggio corta, e si cullava pigra sull'acqua come tutte le barche di questo mondo, anche sulle acque piú calme. Era quasi tutta coperta da un telo incerato legato qua e là alle caviglie, ma in modo affrettato: qualcuna era stata saltata. Dal breve pontile di legno partiva un viottolo tutto giravolte che, attraversati i pini, si riconnetteva alla strada asfaltata. Poco lontano c'era un gruppo di cottage d'affitto con il capanno centrale a forma di faro. Da questo giungeva della musica, evidentemente ballavano; ma in tutto il resto dei cottage erano già andati a dormire.

Arrivammo fino al pontile a piedi, dopo aver lasciato la macchina sulla strada asfaltata, all'ombra di certi pini. Barron aveva una grossa torcia elettrica in mano e l'accendeva e spegneva, facendosi strada. Quando arrivammo al lago, alla fine del viottolo e agli inizi del pontile, accese di nuovo la torcia ed esaminò attentamente il terreno. C'erano delle tracce che sembravano recenti.

"Che ne pensa?" mi chiese.

"Paiono tracce di copertoni."

"E tu, Andy? Che ne pensi? L'amico qui è intelligente, ma non si esprime per intero."

Andy si chinò a studiare le tracce. "Gomme nuove. E grandi anche," disse, e si avviò verso il pontile. Si fermò di nuovo e indicò col dito. Lo sceriffo accese la torcia e illuminò il punto indicato. "Se', han fatto manovra qui," brontolò Andy. "E con ciò? In questi giorni il paese è pieno di macchine nuove. Fosse ottobre, significherebbero qualcosa, queste tracce. La gente di qui compra le gomme una alla volta, e le piú economiche. Questi son copertoni grossi, per ogni tipo di strada e di tempo."

"Diamo un'occhiata alla barca," disse lo sceriffo.
"Per cosa?"
"Vediamo se è stata usata di recente."
"Al diavolo," fece Andy. "Lo sappiamo che è stata usata da poco, no?"
"Ammesso che tu abbia indovinato giusto," rispose Barron, docilissimo.

Andy lo guardò per un attimo in silenzio, poi sputò a terra e si avviò verso la strada, dove avevamo lasciata la macchina. Aveva fatto pochi passi che si voltò e disse:

"Indovinato!" E scomparve tra gli alberi. Non mi parve di sentire il fruscio dei suoi passi sugli aghi di pino.

"Un po' permaloso," disse Barron. "Ma, in fondo, un bravo ragazzo." Si spinse avanti sul pontile e si abbassò per passare una mano su e giú sul bordo della barca, sotto il telo cerato.

Tornò scuotendo la testa. "Andy ha ragione. Ha sempre ragione, benedetto figliolo. Secondo lei a che tipo di copertoni appartengono queste tracce, signor Evans? Le dicono qualcosa?"

"Cadillac V-12," risposi. "Coupé nero, con sedili in pelle rossa e due valige su quello posteriore. L'orologio del cruscotto va indietro di dodici minuti, poco piú o poco meno."

Se ne stette per un po' pensieroso, poi scosse il testone. "Be', spero che almeno abbia divertito i pesci laggiú." E s'allontanò.

Tornammo alla macchina. Andy stava già al volante, tirando a una sigaretta. Guardava dritto davanti a sé attraverso il parabrezza impolverato. Non si voltò quando noi due sedemmo sul sedile di dietro.

"Dov'è che abita Rooney, adesso?" chiese Barron.
"Dove ha sempre abitato," rispose Andy.
"Be', è un bel po' avanti, sulla strada di Bascomb."
"E chi ha detto il contrario?" brontolò Andy.
"Andiamo da Rooney, allora," disse Barron, chiudendo lo sportello.

Andy girò la macchina, andò avanti per un cinquecento metri e stava per svoltare in una strada laterale, quando lo sceriffo gli batté sulla spalla: "Aspetta un attimo."

Andy frenò e Barron scese e fece andare il fascio di luce della torcia su e giú sull'asfalto. Ritornò alla macchina.

"Credo di aver trovato qualcosa. Quelle tracce lí al pontile non dicevano molto, ma ce ne sono di uguali qui sulla strada e possono dir qualcosa. Se vanno dritto da Bascomb, sono addirittura una rivelazione. Quella vecchia miniera d'oro è fatta apposta per un traffico del genere."

La macchina imboccò la strada laterale e s'arrampicò lentamente in una gola. La strada era piena di sassi, e grossi macigni sporgevano dal fianco della collina: granito che brillava metallico alla luce della luna. La macchina affannò per qualche chilometro, poi Andy frenò.

"Okay, ammiraglio, questo è il capanno," disse. Barron scese di nuovo e fece andare la torcia ancora su e giú, tra i sassi. Non c'era luce nel capanno. Tornò alla macchina.

"Arrivano fin qui," annunciò. "Hanno riportato Ted a casa, poi hanno proseguito verso Bascomb. Te l'immaginavi Ted Rooney immischiato in una faccenda sporca, Andy?"

"No, se non lo pagano."

Scesi dalla macchina e mi avviai con Barron verso il capanno. Era piccolo, rozzo, e il legno aveva ancora la corteccia. C'era un piccolo portico, un piccolo camino tenuto insieme con del filo di ferro e una latrina sul retro. Era buio. Salimmo i gradini del portico e Barron picchiò alla porta. Parevano martellate. Non successe niente. Provò la maniglia: la porta era chiusa. Scendemmo dal portico e girammo dietro al capanno, guardando alle finestre. Erano tutte chiuse. Barron provò alla porta di dietro, che era al livello del terreno. Era chiusa anche quella. Menò dei brutti colpi, levando echi tra gli alberi e, ancora piú su, tra le rocce.

"Se n'è andato con loro," disse Barron. "Immagino che non abbiano voluto lasciarselo dietro, proprio adesso. Probabilmente si son fermati per fargli prendere la sua roba — o parte della sua roba. Sí, deve essere andata cosí."

Dissi: "Non credo. Volevano solo la barca di Rooney, quella con cui hanno ritirato il corpo di Fred Lacey da Speaker Point stasera presto. Probabilmente l'avranno buttato nel lago, con dei pesi, e hanno aspettato la notte per far questo. Rooney era a bordo, e l'avranno pagato. Poi stanotte hanno voluto di nuovo la barca, e avranno pensato di non aver piú bisogno di Rooney. Se stanno sistemati in qualche bel buco tranquillo a Bascomb Valley, a impacchettare o stampare biglietti falsi, non avranno certo voluto Rooney tra i piedi."

"Dàgli con la fantasia, figliolo. Proprio non gliene manca," disse lo sceriffo, tutto tranquillo. "In ogni modo, anche se non ho un ordine di perquisizione voglio dare lo stesso un'occhiata alla casetta di Ted Rooney. Mi aspetti qui."

S'allontanò, dirigendosi verso la latrina. Presi la rincorsa e mi lanciai contro la porta del capanno. Tremò tutta e il pannello superiore si spaccò diagonalmente. Dietro di me, lo sceriffo esclamò: "Ehi!" ma debolmente, poco convinto.

Presi un'altra rincorsa e mi lanciai di nuovo contro la porta. Si spalancò, questa volta, e io precipitai dentro andando a finire in ginocchio su un pezzo di linoleum che puzzava come una casseruola di pesce. Mi alzai, avanzai a tastoni verso la parete e girai l'interruttore di una lampadina nuda. Barron era alle mie spalle, mandando suoni di disapprovazione.

C'era una cucina con un fornello a legna e delle mensole di legno sporche con sopra qualche piatto. Il fornello era ancora caldo. Sopra c'erano delle pentole sporche che puzzavano. Attraversai la cucina ed entrai nell'altra stanza, quella che dava sul portico: un tavolo di legno rozzo, delle sedie di legno altrettanto rozzo, un vecchio apparecchio radio, del tipo soprammobile, ganci alle pareti, un portacenere con dentro quattro pipe incrostate e una pila di riviste popolari a terra, in un angolo.

Il soffitto era basso, per tener caldo l'ambiente: in un angolo aveva una botola che dava sull'attico e, sotto, c'era una scala a pioli. Su una cassetta di legno c'era, aperta, una vecchia valigia di tela con macchie d'acqua sul coperchio e, dentro, degli stracci.

Barron s'avvicinò e guardò nella valigia. "Si direbbe che Rooney si preparasse a partire per qualche viaggetto. Poi saran venuti quelli lí a prenderlo. Non ha finito la valigia, ma ha fatto in tempo a metterci dentro il vestito. Un tipo come lui ha un solo vestito e lo indossa solo quando va giú a valle."

"Non è qui," dissi. "Però ha mangiato qui. Il fornello è ancora caldo."

Lo sceriffo stava guardando la scala a pioli, perplesso. Vi si avvicinò, montò su e spinse la botola sopra la sua testa. Sollevò la torcia elettrica e perlustrò là dentro. Riabbassò la botola e scese dalla scala.

"Credo che la valigia la tenesse lassú," disse. "Ho visto che c'è anche un vecchio baule. Andiamo?"

"Non ho visto la macchina. Ne avrà certamente una."
"Sí. Una vecchia Plymouth. Spenga la luce."
Ritornò in cucina e si guardò in giro. Spegnemmo entrambe le luci e uscimmo dal capanno, chiudendo quello che restava della porta sul retro. Barron si mise a esaminare delle tracce di ruote sul terreno umido. Le seguí fino a uno spiazzo sotto una grossa quercia dove c'erano due larghi solchi: dovevano parcheggiarci una macchina lí, di solito; c'erano anche macchie d'olio.

Tornò indietro facendo oscillare il fascio di luce. Poi lo puntò verso la latrina e disse: "Lei torni da Andy. Do un'altra occhiata in giro e la raggiungo."

Non dissi nulla. Lo vidi avviarsi verso la latrina e aprirne la porta. Vidi il lampo della torcia nell'interno e poi la luce filtrare dalle crepe del tetto in rovina. Girai intorno al capanno e tornai alla macchina. Lo sceriffo stette via parecchio tempo, alla fine ritornò, a passo lento; si fermò accanto alla macchina e strappò coi denti un bel pezzo di tabacco dalla treccia che aveva tirato fuori dalla tasca. Se lo rigirò in bocca e poi prese a masticarlo.

"Rooney sta lí nella latrina," disse finalmente. "Con due pallottole in testa." Aprí lo sportello ed entrò. "Gli hanno sparato con un cannone di pistola. E a bruciapelo. A giudicare dalle apparenze, direi che qualcuno ha una fretta del diavolo."

11

La strada s'arrampicava per un tratto lungo il letto d'un torrente pieno di macigni rotolati, e per un altro tratto, abbastanza lungo, correva piana a un quattro-cinquecento metri sopra il livello del lago. Superammo un recinto per bestiame fatto con assi marce, dopo il quale la strada cominciò a discendere. Davanti a noi comparve un pianoro ondulato, con del bestiame al pascolo; lontano, stagliato contro il cielo argenteo di luna, scorgemmo una fattoria con le luci spente. Giungemmo infine all'incrocio con una strada piú larga che tagliava perpendicolarmente quella che stavamo percorrendo. Andy frenò, Barron ridiscese e ricominciò il suo esame dell'asfalto con l'aiuto della torcia elettrica.

"Hanno voltato a sinistra," disse, deciso. "Grazie al cielo, dopo di loro non è passata nessun'altra macchina." Rimontò in macchina chiudendo piano lo sportello.

"A sinistra non si va alle vecchie miniere," brontolò Andy. "A sinistra si va dritto a Worden e quindi di nuovo giú al lago, alla diga."

Barron se ne stette zitto per un po', quindi scese di nuovo dalla macchina e tirò fuori ancora una volta la torcia. Mandò un'esclamazione di meraviglia quando fu giunto all'incrocio delle due strade. Spense la luce e ritornò alla macchina.

"Le tracce vanno anche a destra," annunciò. "Però vanno prima a sinistra. Devono essere tornati indietro, ma prima di farlo si sono inoltrati su quell'altro tratto della strada. Facciamo come loro."

Andy disse: "Sicuro che sono andati a sinistra prima e non dopo? A sinistra si va sulla statale."

"Sí, sí! Le tracce di destra coprono quelle di sinistra."

Svoltammo a sinistra. Le piccole alture che movimentavano la valle erano coperte d'alberi; la strada vi serpeggiava in mezzo per circa un paio di chilometri, dopodiché ci fu un altro incrocio, con un vero e proprio viottolo che s'allontanava verso nord. Andy frenò, Barron scese e riaccese la torcia. Poi fece un cenno con la mano e Andy lo raggiunse. Lo sceriffo montò in macchina, e annunciò, quasi eccitato:

"Quei ragazzi non sono molto accorti. No, direi che non lo sono affatto. Ma del resto, non potevano immaginare che Andy solo sentendone il motore potessero dire da dove veniva la barca."

Il viottolo s'ingolfava tra le montagne e la vegetazione era cosí fitta che i rami sbattevano contro la macchina; poi formava una doppia curva, riprendeva a salire, girava intorno a un costone di roccia e passava davanti a un piccolo capanno, che comparve all'improvviso, sul fianco erto della montagna, tutto circondato dagli alberi.

D'un tratto dalla casa, o molto vicino ad essa, giunse un grido acuto, che terminò in un ululato soffocato. Poi silenzio.

Barron aveva appena aperto bocca per dire "Abbassa..." che Andy aveva già spento i fari e s'era spinto all'estremo margine della strada. "Troppo tardi, ho paura," disse, seccato. "Certo ci han visti, se qualcuno teneva gli occhi aperti."

Barron scese dalla macchina. "Sembrava proprio un coyote, vero Andy?"

"Se'."

"Troppo vicino a una casa, per essere un coyote. Non trovi, Andy?"

"No," bofonchiò Andy. "La luce è spenta, un coyote è capace che si avvicina al capanno per annusare i rifiuti."

"Oppure potrebbe essere quella cagnetta," disse Barron.

"O una gallina che deponeva un uovo quadrato," feci. "Cosa stiamo aspettando? E perché non mi restituisce la pistola? Siamo qui per stare addosso a qualcuno o soltanto per far congetture all'aria fresca di montagna?"

Lo sceriffo si sfilò la mia pistola dalla tasca dei pantaloni e me la porse. "Non abbiamo tanta fretta," disse, calmissimo. "Visto che neppure Luders ha fretta. Sennò sarebbe già a mille chilometri da qui. Avevano fretta di sistemare Rooney, perché lui sapeva qualcosa. Ma ora non hanno piú fretta perché Rooney è morto, la sua casa è vuota e la sua macchina è scomparsa. Se lei non avesse sfondato la porta sarebbe rimasto in quella latrina ancora qualche paio di settimane prima che a qualcuno scappasse qualche voglia. Quelle tracce ci sembrano eloquenti solo perché sappiamo da dove partono, ma loro non hanno nessun motivo per sospettare che le abbiamo scoperte e seguite. No, non ho nessuna fretta."

Andy s'abbassò e tirò fuori una carabina da caccia. Aprí lo sportello di sinistra e scese dalla macchina.

"C'è la cagnetta là dentro," disse Barron, sempre tranquillo. "Ciò significa che c'è anche la signora Lacey. E qualcuno per sorvegliarla. Sí, credo che facciamo bene a dare un'occhiata, Andy."

"Spero che tu abbia paura. Perché io ne ho."

Ci avviammo in mezzo agli alberi. Eravamo a un duecento metri dal capanno, ma la notte era molto silenziosa, cosí anche a quella distanza sentii quando la finestra si aprí. Ci spostammo su un lato per una cinquantina di metri. Andy era rimasto indietro per chiudere a chiave la macchina. Poi si avviò compiendo un ampio cerchio, sulla destra.

Quando ci avvicinammo non ci fu nessun movimento nel capanno e nessuna luce s'accese. Il coyote o Shiny, la cagnetta, o chi diavolo fosse, non abbaiò.

Eravamo molto vicini, adesso, a non piú d'una ventina

di metri. E altrettanti metri Barron e io eravamo distanti l'uno dall'altro. Era un capanno piccolo, rozzo come quello di Rooney, ma un pochino piú grande. Sul retro c'era una rimessa aperta: vuota.

Poi dal capanno giunsero dei tonfi, come se qualcuno stesse lottando là dentro, e, all'improvviso, i latrati ripresero. Ma per essere immediatamente soffocati. Barron si chinò a terra e io feci altrettanto. Non accadde niente.

Barron si rialzò lentamente e cominciò ad avanzare d'un passo dopo l'altro, fermandosi ogni volta. Io rimasi dietro. Barron raggiunse lo spiazzo sgombro davanti al capanno e si avviò verso i gradini del portico. Stava lí, grande e grosso, illuminato in pieno dalla luna, con la Colt abbassata lungo la coscia. Mi sembrò la maniera piú grossolana per suicidarsi.

Invece non accadde niente. Barron raggiunse l'ultimo gradino e si appiattí contro la parete; aveva una finestra sulla sinistra e una porta sulla destra. Si passò la pistola nell'altra mano e allungò il braccio per picchiarne il calcio contro la porta, ma lo ritrasse rapidamente e s'appiattí ancor di piú contro la parete.

All'interno della casa il cane abbaiò. Una mano con una pistola in pugno s'affacciò rasente il davanzale della finestra e girò su se stessa.

A quella distanza era un colpo difficile, ma bisognava che provassi. Feci fuoco. Il ruggito dell'automatica fu quasi completamente coperto dal tuono d'una carabina. La mano ebbe un fremito e la pistola cadde sul portico. La mano si sporse ancora un altro poco, le dita si contorsero e presero a graffiare il davanzale; poi rientrarono dentro e il cane ululò. Barron era già balzato contro la porta, e Andy e io stavamo correndo veloci, da due punti diversi, verso il capanno.

Barron spalancò la porta e fu illuminato in pieno da un lampo, come se qualcuno avesse girato due volte di seguito l'interruttore della luce. Raggiunsi il portico quando Barron entrò. Andy era alle mie spalle. Entrammo nel capanno, dietro Barron.

Al centro della stanza, accanto a un tavolo con sopra una lampada, ora accesa, c'era la signora Lacey, con in braccio la cagnetta. Steso su un fianco, sotto la finestra, c'era un tipo biondo. Respirava affannosamente e muoveva la mano a tastoni in cerca della pistola, che era caduta invece fuori della finestra.

La signora Lacey aprí le braccia e lasciò andare la cagnetta. Balzò a terra e prese lo sceriffo in pieno stomaco, col muso acuminato. Poi ricadde a terra e prese a girargli intorno, senza abbaiare, agitando la coda per la contentezza. La signora Lacey, immobile al centro della stanza, aveva la faccia pallida come un cadavere. L'uomo a terra sotto la finestra mandò un gemito, aprí e chiuse rapidamente gli occhi. Poi dischiuse le labbra dalle quali corse via un filo di bava rossastra.

"È proprio una simpatica cagnetta, signora Lacey," disse Barron, sistemandosi la camicia. "Ma non mi sembra l'ora adatta per portarla in giro, e in compagnia di certa gente."
Si voltò a guardare il biondo per terra. Gli occhi di questi s'aprirono e rimasero fissi, puntati nel vuoto.

"Le ho mentito," disse la signora Lacey parlando in fretta. "Ho dovuto mentire. Ne andava di mezzo la vita di mio marito. È prigioniero di Luders. Lo tiene da qualche parte prigioniero, ma non so dove. Non lontano da qui, ha detto. È andato a prenderlo e ha lasciato quest'uomo di guardia. Non potevo farci niente, sceriffo. Mi — mi dispiace."

"Sapevo che aveva mentito, signora Lacey," disse calmo Barron. Guardò la Colt che aveva in mano e se la rimise nella fondina. "E so anche perché. Ma suo marito è morto, signora Lacey. È morto da parecchie ore. Il signor Evans l'ha visto. È un brutto colpo, signora, ma è meglio che lo sappia subito."

Non si mosse, sembrava che non respirasse neppure. Poi fece qualche passo lentissimo e s'avvicinò a una sedia. Si sedette e nascose il viso tra le mani. Stette cosí, silenziosa e, se possibile, ancora piú immobile. Uggiolando, la cagnetta strisciò sotto la sedia.

Il biondo per terra fece qualche movimento, come se volesse mettersi a sedere. Barron si avvicinò a lui e s'abbassò.

"Fa male, figliolo?"

Il biondo si sollevò puntandosi su un gomito, lentamente, molto impacciato. Poi ricadde giú, premendosi il petto con la sinistra. Tra le dita gli scorse del sangue. Poi, sempre lentamente, levò la destra, finché il braccio fu tutto teso.

Sembrava volesse indicare un punto del soffitto. Invece mosse le labbra per concludere tutti quegli sforzi in un:

"Heil Hitler!" Detto proprio con convinzione.

Infine s'irrigidí in quel saluto assurdo, eseguito in posizione supina. Dalle labbra gli uscí qualche altro suono incomprensibile, insieme ad altra bava rossastra. Tutto qui. Persino il cane se ne stette zitto.

"Ha sentito che ha detto?" disse lo sceriffo, ancora pieno di meraviglia.

"Sí," risposi.

"E cosí sono arrivati fin qui, questi benedetti nazisti."

Voltai le spalle al cadavere dell'eroe, uscii dal capanno, scesi i gradini e tornai alla macchina. Mi sedetti sul predellino, mi accesi una sigaretta e me ne stetti lí a fumare e a pensare.

Dopo un po' vennero fuori anche gli altri. Barron con la cagnetta in braccio, Andy con la carabina nella sinistra e la faccia, lunga e ossuta, sconvolta.

La signora Lacey entrò nella macchina e Barron le passò la cagnetta. Mi guardò e disse. "È proibito dalla legge fumare tra gli alberi, figliolo, a piú di venti metri dal capanno."

Buttai la sigaretta e la schiacciai col tacco nella polvere grigia. Poi entrai in macchina e mi sedetti accanto a Andy.

Partimmo e ritornammo su quella che quei montanari chiamavano la strada principale. Per un pezzo nessuno aprí bocca. Infine la signora Lacey disse, a bassa voce: "Luders ha nominato un tale. Un nome che assomiglia a Sloat. Lo ha nominato parlando con quel biondo che avete ucciso. Lo chiamavano Kurt, e parlavano in tedesco. Io lo capisco un po', ma parlavano troppo in fretta. Sloat però non mi sembra tedesco. Le dice qualcosa a lei?"

"È il nome d'una vecchia miniera d'oro non lontana da qui," disse Barron. "La Sloat's Mine. Tu sai dov'è, vero Andy?"

"Se'. Magari l'ho ucciso io a quel tipo."

"Credo di sí, Andy."

"Non ho mai ucciso nessuno prima."

"Forse l'ho colpito io," dissi. "Gli ho sparato contro."

"Nooo," fece Andy. "Lei non stava su abbastanza da pigliarlo al petto. Io sí."

Barron disse: "Quanti erano quelli che l'hanno portata

quassú, signora Lacey? Non mi piace farle troppe domande in un momento simile, signora, ma purtroppo devo."

La voce spenta rispose: "Due. Luders e il biondo che avete ucciso. Era lui che portava la barca."

"Si son fermati da qualche parte — su questa sponda del lago, signora?"

"Sí. Si son fermati a un piccolo capanno vicino al lago. Luders guidava la macchina. L'altro, Kurt, è sceso e noi due siamo andati avanti. Dopo un po' Luders s'è fermato e Kurt ci ha raggiunti su una vecchia macchina. L'ha portata in una gola dietro certi cespugli e poi è ritornato a piedi."

"È tutto quanto ci occorre," disse Barron. "Se pigliamo Luders il lavoro è fatto. Però ancora non so di che si tratta."

Io non dissi niente. Arrivammo fino all'incrocio perpendicolare all'altra strada che avevamo già fatto, lo superammo e andammo avanti ancora per un sei-sette chilometri.

"Meglio che fermi qui, Andy. Faremo il resto della strada a piedi. Tu resta in macchina."

"Nooo. Vengo anch'io."

"Tu rimani in macchina," e il tono di Barron, improvvisamente, s'era fatto aspro. "Devi badare alla signora, e per stasera hai già ammazzato abbastanza. Ti chiedo soltanto di far star zitta la cagnetta."

La macchina si fermò e Barron e io scendemmo. La cagnetta ringhiò, poi stette zitta. Tagliammo la strada e ci avviammo per i prati e attraverso boschetti di pini nani. Camminavamo in silenzio, senza dir niente. Il rumore delle suole sull'erba non l'avrebbe sentito nemmeno un pellerossa, a dieci metri di distanza.

12

In pochi minuti raggiungemmo la fine del boschetto. Davanti a noi il terreno era sgombro e piano. Qualcosa tutto contorto si levava contro il cielo; c'erano una fila di bidoni e delle casse messe l'una sull'altra, come una piccola torre di miniera. Barron m'appoggiò la bocca contro l'orecchio.

"È abbandonata da qualche paio d'anni. Non vale piú la pena lavorarci, non ci si ricaverebbe oro per coniare mezzo dollaro. Il posto è stato sfruttato fino in fondo e ora è abbandonato da una sessantina d'anni. Quell'ombra piatta laggiú deve essere un vecchio autocarro frigorifero. Ha le pareti molto spesse, e quindi è come se fosse blindato. Non vedo nessuna macchina, ma forse è là dietro. O nascosta. Piú probabilmente nascosta. Siamo pronti?"

Feci di sí col capo e avanzammo sullo spiazzo aperto. La luna faceva tanta luce che pareva giorno. Dentro di me mi sentivo come una pipa di gesso: sí, mi sentivo esposto come una di quelle dannate pipe di gesso al tirassegno. Barron, lui, sembrava a suo agio, quasi stesse a casa sua accanto al caminetto. Teneva la grossa Colt giú lungo la coscia, col pollice sul cane.

All'improvviso, su un fianco dell'autocarro frigorifero comparve uno spiraglio di luce. Ci buttammo a terra. La luce proveniva da una porta aperta: una striscia, che pareva una lancia, s'allungava sul terreno. Ci fu del movimento sotto la luna e del rumore d'acqua che gocciola a terra. Aspettammo un po', poi ci alzammo e avanzammo ancora. Non c'era scopo a giocare agli indiani. Potevano uscire da quella porta e potevano non uscire; se uscivano, ci avrebbero visti comunque, sia che strisciavamo sia che camminavamo sia che ficcavamo la testa sotto terra. Lo spiazzo era sgombro e la luna mandava una gran luce. Le suole delle nostre scarpe scricchiolavano appena: il fango era abbastanza indurito, anche se lí c'era stato parecchio traffico. Raggiungemmo una dunetta di sabbia e ci fermammo là dietro. Sentivo il mio respiro e mi pareva un concerto — eppure non ansimavo; e neanche Barron ansimava. All'improvviso, il fatto che respirassi mi interessò. Fino allora era stato un fatto scontato ma ora cominciava a interessarmi moltissimo: speravo che continuassi a respirare per un bel pezzo ancora, ma chi ne era sicuro?

Non che avessi paura: ero un uomo grande e grosso, m'ero svezzato da un pezzo e tenevo una pistola in mano. Però anche quel biondo, là nel capanno, era stato un uomo grande e grosso, svezzato da un pezzo e con una pistola in mano. Per giunta stava anche dietro una parete. No, non avevo paura; pensavo soltanto a certi particolari: per esempio, pensavo che Barron facesse troppo rumore respirando; ma pensavo anche che avrei fatto piú rumore io a dirgli che faceva rumore respirando che non lui con quella casa del diavolo di respiro. Ero preso da questi pensieri, insomma. Ero di questo umore, cioè capace di perdermi dietro a certe fesserie di particolari.

Poi la porta si riaprí. Ma questa volta non ci fu spiraglio di luce. Un uomo piccolo, anzi piccolissimo, ne uscí trascinando quello che sembrava una valigia molto pesante. Percorse tutto il lato dell'autocarro, affannando. Barron mi strinse il braccio. Ora respirando mandava un sibilo. L'ometto con la valigia pesante, o quel che diavolo era, girò intorno all'autocarro dopo che ne ebbe percorso tutta la fiancata. A questo punto pensai che se anche la dunetta di sabbia non sembrava molto alta, probabilmente lo era abbastanza da nasconderci completamente. E se l'ometto non aspettava visite, poteva darsi che non ci vedesse: aspettammo che tornasse indietro. Ma aspettammo troppo a lungo.

Una voce, chiarissima, dietro di noi disse: "Ho in mano un mitragliatore, signor Barron. Vogliate alzare le mani, per cortesia. Se uno di voi due fa invece qualcosa di diverso, apro il fuoco."

Alzai le mani immediatamente; Barron invece esitò un attimo, poi le sollevò anche lui. Lentamente, ci voltammo: Frank Luders stava a pochi metri da noi, reggendo all'altezza della cintola un mitragliatore la cui bocca mi parve, in quel momento, larga quanto il tunnel della Seconda Strada a Los Angeles.

Luders parlò ancora con calma: "Preferisco che vi voltiate di nuovo nella posizione in cui eravate prima. Quando Charlie sarà di ritorno, accenderà la luce all'interno dell'autocarro. E allora ci accomodiamo tutti dentro."

Ci voltammo di nuovo nella posizione in cui eravamo prima. Luders emise un fischio acuto. L'ometto ricomparve, girando dietro l'angolo dell'autocarro, si fermò un attimo, poi andò verso la porta. Luders gli gridò dietro: "Accendi le luci, Charlie. Abbiamo visite." Senza scomporsi, l'ometto entrò nell'autocarro. Sentimmo sfregare un fiammifero e vedemmo una luce accendersi nell'interno.

"Ora, signori, possiamo andare," disse Luders. "Tenendo presente, naturalmente, che la morte vi cammina alle spalle, e che quindi occorrerà comportarsi di conseguenza."
Andammo.

"Togligli le pistole, Charlie, e vedi se ne hanno altre."
Stavamo con le spalle poggiate contro la parete di fianco a un lungo tavolo di legno. C'erano delle panche ai due lati di questo tavolo e sopra un vassoio con una bottiglia di whisky e un paio di bicchieri, una lampada controvento e una vecchia lampada a petrolio, dal vetro molto spesso, del tipo che adoperano i contadini. Le due lampade erano accese e vicino ad esse c'erano due piattini, uno pieno di fiammiferi e l'altro pieno di cenere e mozziconi. In fondo al capanno, lontano dal tavolo, c'era una piccola stufa e due cuccette: una tutta disfatta e l'altra in ordine.

Il piccolo giapponese s'avvicinò mandando riflessi coi vetri degli occhiali.

"Oh, abbiamo armi," gongolò. "Oh, molto male."

Prese le pistole, le posò sul tavolo e le lanciò a Luders all'altro capo del tavolo. Le sue piccole mani tornarono a tastarci. Barron trasalí, arrossí in viso, ma non disse nulla.

Charlie disse: "Niente piú armi. Piacere di incontrarvi, signori. Magnifica notte, mi sembra. Sono qui per un picnic sotto la luna?"

Barron mandò un grugnito. Luders disse: "Prego, sedete, signori. Cosa posso fare per voi?"

Ci sedemmo. Luders sedette di fronte. Le due pistole erano sul tavolo, davanti a lui, e anche il mitragliatore, con sopra la sua sinistra, ben salda intorno al grilletto. Ci guardò con calma, scrutandoci attentamente. Non aveva piú il faccione contento, però gli era rimasta l'espressione viva e intelligente. Son sempre intelligenti, quelli lí.

Barron disse: "Masticherò del tabacco. Mi aiuta a pensare meglio." Tirò fuori la treccia, l'addentò e la rimise via. Masticò per un po' in silenzio, poi sputò sul pavimento.

"Forse le ho rovinato il pavimento," disse. "Non ci farete caso, spero."

Il giapponese sedeva sul bordo della cuccetta ordinata e con i piedi non arrivava al pavimento. "Non è una cosa di gran gusto," disse con un sibilo. "Puzza parecchio."

Barron non gli badò. Parlando con la sua solita calma, disse: "Qual è il suo programma, signor Luders? Ci spara e taglia la corda?"

Luders scosse le spalle, tolse la mano dal mitragliatore e s'appoggiò contro la parete.

Barron disse: "Ha lasciato tracce dappertutto, eccetto che in un punto, quello di partenza. Ma la fortuna ci ha aiutato. Lei però non poteva immaginarlo, altrimenti si sarebbe comportato in maniera diversa. E tuttavia, quando siamo arrivati qui, lei era sul chi vive. Non capisco perché."

Luders disse: "Perché noi tedeschi siamo fatalisti. Quando le cose vanno troppo lisce, come stasera — a parte quello sciocco di Weber — diventiamo sospettosi. Cosí mi son detto: 'Non ho lasciato nessuna traccia dietro di me, né hanno potuto seguirmi attraverso il lago. Non avevano barca né ho sentito alcun rombo di motore. Dovrebbe essere impossibile per loro trovarmi. Assolutamente impossibile.' Poi mi son detto ancora: 'Mi troveranno proprio perché mi sembra impossibile. Perciò, li aspetto.'"

"Mentre Charlie caricava le valige piene di denaro nella macchina," dissi.

"Quale danaro?" chiese Luders, e non sembrò che guardasse nessuno di noi due. Sembrava che guardasse invece dentro se stesso, che si scrutasse ben bene in fondo.

Dissi: "Quei bei biglietti nuovi da dieci dollari portati dal Messico qui in aereo."

Adesso Luders mi guardò, ma con aria del tutto indifferente. "Mio caro amico, non dirà mica sul serio?"

Certo che dico sul serio. È la cosa piú facile del mondo. Le pattuglie di frontiera non hanno piú aerei. Avevano qualche aereo per la guardia costiera, ma visto che non succedeva mai niente furono eliminati anche quelli. Un aereo proveniente dal Messico può atterrare con grande facilità sul campo di golf del Woodland Club — se il signor Luders possiede un aeroplano, e se il signor Luders ha degli interessi nel Woodland Club e abita per di piú anche lí. Infatti, perché la gente si dovrebbe incuriosire con quei voli? Ma al signor Luders non piace tenere un malloppo di mezzo milione di dollari in biglietti falsi in casa, lí al club. Cosí si trova una vecchia miniera da queste parti e ci nasconde il danaro. In questo autocarro frigorifero. È saldo e sicuro come una cassaforte, anche se non ne ha l'aria."

"Le sue teorie mi interessano," disse Luders con calma. "Continui."

Continuai: "Quei biglietti sono un ottimo lavoro. Abbiamo il parere di un esperto in proposito. Sono ben fatti, e questo significa organizzazione. Organizzazione per procurarsi gli inchiostri, la carta adatta e i cliché. Significa un'organizzazione molto piú completa di quanto possa riuscire a metter su una banda di falsari. L'organizzazione di un governo. L'organizzazione del governo nazista."

Il piccolo giapponese saltò giú dalla cuccetta mandando sibili; Luders invece non si scompose. "Lei mi interessa sempre di piú," disse, laconico.

"A me no," disse Barron. "Mi sembra che le si stia avvitando il coperchio della bara sul capo, figliolo."

Proseguii: "Qualche anno fa i russi cercarono di portare a termine anche loro un colpo simile. Produssero una quantità di denaro falso degli Stati, mettendo insieme un bel fondo per finanziare lo spionaggio e, giacché si trovavano, danneggiando un pochino la nostra economia. I nazisti invece son troppo dritti per mettersi su una strada del genere. Essi vogliono soltanto raccogliere dollari buoni per poterli spendere nell'America Centrale e del Sud. Bei biglietti consumati, di vario taglio. Infatti non si può andare in una banca a depositare qualche centinaio di migliaio di dollari in biglietti da dieci nuovi di zecca. Ora, ciò che piú incuriosisce il nostro sceriffo è il motivo per cui abbiate scelto proprio questo posto: un paese di montagna abitato da quattro scalcagnati."

"Ma non incuriosisce lei dotato di mente superiore, vero?" disse Luders, sempre tranquillo.

"Non incuriosisce nemmeno me," intervenne Barron. "Quello che mi incuriosisce e mi rogna è perché siete venuti qui ad ammazzare la gente nel mio circondario. Non ci siamo abituati."

Dissi: "Avete scelto questo posto soprattutto perché è facile trasferirci il danaro. Probabilmente ce ne sono centinaia di posti cosí in tutto il paese, con una piccola forza di polizia e un grande andirivieni di gente d'estate. Posti dove è possibile atterrarci con l'aereo senza che nessuno venga a chiedervi il perché e il percome. Deve esserci dunque qualche altro motivo. E infatti è anche il posto adatto per spacciarci un po' di danaro, un bel po', se si è fortunati. Purtroppo non siete stati fortunati. Uno dei vostri, quel Weber, ha fatto una fesseria e ha rovinato tutto. Devo dirle perché è un buon posto per spacciare moneta falsa, avendo un po' di gente a disposizione?"

"La prego," disse Luders, carezzando la canna del mitragliatore.

"Perché per tre mesi all'anno queste montagne hanno una popolazione fluttuante dalle venti alle cinquantamila persone, per via delle feste e dei week-end. Questo significa un discreto afflusso di danaro e degli ottimi affari. Per di piú non c'è nemmeno una banca. Il che significa che alberghi, bar e commercianti devono cambiare sempre assegni; il che a sua volta significa che i depositi che essi mandano alle banche durante la stagione son tutti di assegni, e che il circolante rimane qui. Fino alla fine della stagione, naturalmente."

"Devo dire che trovo tutto questo abbastanza interessante," disse Luders. "Ma se un'operazione del genere fosse sotto il mio controllo, devo dire anche che non mi azzarderei a spacciare molta di quella moneta quassú. Ne metterei in giro un po' qua e un po' là, mai molta, però saggerei il terreno, per vedere se e come è accettata. E proprio per il motivo cui ha pensato lei: perché buona parte di esso cambierebbe di mano rapidamente e se venisse individuato come danaro falso, o come preferisce lei, circolante falso, sarebbe molto difficile risalire alla fonte."

"Già," dissi. "Sarebbe molto ben fatto. Devo dire a mia volta che lei è stato molto sincero. La ringrazio."

"Sono io a ringraziarla," disse Luders. "Del resto, non ha nessuna importanza se sia stato o no sincero."

Barron si piegò in avanti improvvisamente. "Stia a sentire, Luders, non le servirà a niente ucciderci. Se la finiamo a questo punto, noi non abbiamo niente contro di lei. Può darsi che abbia ucciso questo Weber, ma per come vanno le cose quassú sarebbe un lavoraccio da cane dimostrarlo. Se ha spacciato danaro falso la prenderanno, stia sicuro, ma non ci si busca la sedia elettrica per queste cose Ora, mi trovo per caso un paio di manette, qui legate alla cintola, e la mia proposta è questa: che lei e l'amico giapponese escano di qui tenendosi per mano."

Charlie — il giapponese — disse: "Ah, ah! Divertente, molto divertente. Una bella trovata, sarebbe."

Luders sorrise, con distacco. "Hai caricato tutto nella macchina, Charlie?"

"Ancora una valigia," rispose Charlie.

"Meglio portarla fuori. E metti in moto, Charlie."

"Senta, non vi porta lontano tutto questo," insisté

Barron. "Ho un uomo laggiú tra gli alberi, con una carabina. È una bella serata di luna e c'è luce sufficiente. Lei ha quella bell'arma, ma contro una carabina non ha piú probabilità di Evans e me in questo momento contro di lei. Non riuscirete a mettere il naso fuori, a meno che non veniamo anche noi. Ci ha visti entrare qui dentro e ha visto anche come siamo entrati. Vi darà venti minuti. Poi manderà a prendere della dinamite per stanarvi. Gliel'ho ordinato io, purtroppo."

Calmo, Luders disse: "È un lavoro molto difficile questo. Lo troviamo difficile persino noi tedeschi. Sono stanco. Ho fatto un grosso sbaglio. Mi son servito d'un uomo ch'era uno sciocco e ha fatto una sciocchezza, e poi ha ucciso un uomo perché aveva fatta quella sciocchezza e costui lo sapeva. Ma lo sbaglio è stato anche mio. E non sarò mai perdonato. La mia vita non ha piú importanza. Porta quella valigia nella macchina, Charlie."

Charlie gli si avvicinò con passettini rapidi: "Non piace, no," disse con vocetta acuta. "Quella valigia maledettamente pesante e l'uomo con la carabina che aspetta. All'inferno."

Luders sorrise, annoiato. "Dici molte sciocchezze, Charlie. Se costoro avevano qualcun altro con loro sarebbe già piombato qui dentro da un pezzo. Per questo li ho fatti parlare a lungo, per vedere se erano soli. E sono soli. Su, Charlie, sbrigati."

Charlie disse, sibilando: "Vado, ma continua a non piacermi."

Andò in un angolo e sollevò una valigia che stava poggiata lí a terra. Ce la faceva a stento a portarla. Andò lentamente verso la porta, mise giú la valigia e sospirò. Aprí uno spiraglio e spiò fuori. "Non vedo nessuno," annunciò. "Forse tutte bugie."

Luders disse, pensieroso: "Avrei dovuto uccidere la cagnetta e la donna. Sono stato un debole. Quel Kurt, che ne è di lui?"

"Mai sentito nominare," dissi. "Dov'era?"

Mi fissò. "In piedi. Tutt'e due."

Mi alzai, e una goccia gelata mi corse giú per la schiena. Forse era sudore. Anche Barron s'alzò. Era grigio in faccia. Il sudore gli brillava tra i capelli bianchi, alle tempie. Aveva perle di sudore anche su tutto il viso, ma continuava a masticare.

Disse, parlando a bassa voce: "Quanto le han dato per questo lavoro, figliolo?"

Brontolai: "Cento biglietti. E ne ho spesi già parecchi."

Con lo stesso tono, Barron disse: "Sono sposato da quarant'anni e mi pagano ottanta dollari al mese, piú la casa e il riscaldamento. Non è molto. Perdio, dovrebbero essere cento." Storse le labbra in una smorfia, sputò a terra e guardò Luders. "All'inferno, bastardo d'un nazista."

Luders sollevò lentamente il mitragliatore, stringendo le labbra tra i denti. Respirando adesso emetteva un sibilo. Poi, con un gesto lentissimo, mise giú il mitragliatore e si frugò sotto la giacca. Tirò fuori una Luger e con il pollice tolse la sicura. Poi si passò la pistola nella sinistra e ci guardò per un attimo, con calma. Infine, lentamente, ogni espressione gli scomparve dal volto, su cui parve calare una maschera grigia di morte. Sollevò la pistola e, contemporaneamente, sollevò anche il braccio destro, irrigidito, al di sopra dell'altezza della spalla. Lo tenne dritto come una barra di ferro.

"Heil Hitler!" esclamò all'improvviso.

Voltò la pistola con un movimento repentino, se la puntò in bocca e fece fuoco.

14

Il giapponese lanciò uno strillo e schizzò fuori dalla porta. Barron ed io ci tuffammo sulle nostre pistole rimaste sul tavolo. Le afferrammo. Quando Luders s'abbatté contro la parete delle gocce di sangue mi schizzarono sul dorso della mano. Poi lo vidi scivolare lentamente a terra, dove rimase lungo disteso, inanimato.

Barron era già fuori dalla porta. Quando lo raggiunsi, vidi il piccolo giapponese correre come un coniglio verso un folto di cespugli.

Barron si fermò, sollevò la Colt, poi la riabbassò. "Non è ancora abbastanza lontano," disse. "Do sempre cinquanta metri di vantaggio."

Sollevò di nuovo la grossa Colt, si girò un pochino su un fianco e, quando la pistola fu nella posizione di tiro, la spostò lentissimamente, poi abbassò la testa di poco finché il braccio, la spalla e l'occhio destro furono su una sola linea.

Rimase completamente irrigidito in quella posizione per alcuni secondi, poi la pistola ruggí, rinculò e un leggero filo di fumo fu illuminato dalla luna, prima di sparire.

Il giapponese continuò a correre. Barron abbassò la Colt e lo seguí con gli occhi, finché si tuffò in un cespuglio.

"All'inferno. L'ho mancato." Si voltò a guardarmi un attimo, poi fissò di nuovo il cespuglio. "Ma non andrà lontano. Gli mancano i mezzi. Quelle gambette non son buone nemmeno a fargli saltare una pigna."

"Aveva una pistola," dissi. "Sotto il braccio sinistro."

Barron scosse il capo. "No. Ho notato che la fondina era vuota. Credo che Luders gliel'abbia tolta. Credo che Luders avesse in mente di bruciarlo, prima di partire."

In distanza comparvero i fari di una macchina che avanzava sulla strada.

"Perché si sarà sparato, quel pazzo?"

"Immagino che fosse ferito nell'orgoglio," disse Barron, soprappensiero. "Un grande organizzatore come lui che si fa mandare tutto all'aria da due poveri cristi come noi!"

Girammo intorno all'autocarro frigorifero. C'era un grosso coupé nero parcheggiato là dietro. Barron si avvicinò e aprí lo sportello. L'auto sulla strada adesso era vicina; girò e i suoi fari illuminarono in pieno il grosso coupé. Barron diede una veloce occhiata alla macchina, poi sbatté lo sportello e sputò a terra.

"Cadillac V-12," fece. "Sedili in pelle rossa e valige su quello di dietro."

S'affacciò di nuovo dentro e accese la luce. "Che ora è?"

"Dodici minuti alle due."

"Quest'orologio non va nemmeno mezzo minuto indietro," disse Barron, infuriato. "Questa non l'ha ingarrata. E io che credevo che mi prendesse in giro." Si voltò e mi guardò in faccia, cacciandosi il cappello all'indietro sulla testa. "Al diavolo, l'ha vista parcheggiata davanti all'Indian Head."

"Esatto."

"L'avevo capito che lei era un'aquila."

"Esatto."

"Figliolo, la prossima volta che quasi stanno per spararmi può cercare di trovarsi nei paraggi?"

La macchina era arrivata. Si fermò a pochi metri da noi e

una cagnetta abbaiò. Andy s'affacciò dal finestrino. "C'è qualche ferito?"

Barron ed io ci avvicinammo, lo sportello s'aprí, la cagnetta saltò giú e si precipitò addosso a Barron. Schizzò in aria a piú di un metro da lui e andò a piombargli, con le zampe anteriori in avanti, nello stomaco. Poi appena preso terra, cominciò a girargli intorno.

Barron disse: "Luders s'è sparato là dentro. C'è un piccolo giapponese laggiú tra i cespugli. Ora ci tocca stanarlo. E ci tocca anche prender cura di quelle tre o quattro valige piene di biglietti falsi."

Sollevò il capo e guardò in alto, verso il cielo — un uomo solido, robusto, che pareva una roccia. "Una cosí bella notte," disse, "e doveva portarci tanti cadaveri."

Indice

5 *La giada cinese*

61 *Blues di Bay City*

129 *La donna nel lago*

183 *In montagna non c'è pace*

Stampa Grafica Sipiel
Milano, giugno 2000